高等院校医学实验教学系列教材

临床免疫学检验实验

主　编　徐军发

副主编　徐　霞　张文玲　陈章权

编　者　（按姓氏汉语拼音排序）

陈章权　广东医学院
高尚民　湖北中医学院
蒋红梅　贵阳医学院
刘杰麟　贵阳医学院
唐晓华　广州医学院
王　慧　广州医学院
王晓娟　佛山科学技术学院
吴斌华　广东医学院
吴显劲　广东医学院
徐军发　广东医学院
徐　霞　广州医学院
阎祖炜　中南大学湘雅医学院
张　冉　湖南师范大学医学院
张文玲　中南大学湘雅医学院
赵祖国　广东医学院

秘　书　吴斌华

科学出版社

北　京

内 容 简 介

本教材由国内7所高等院校参与编写，主要供医学检验专业使用。本教材在强调医学检验专业基本实验技术和操作的基础上重视综合性实验和创新性实验的开展。全书共分基本实验技术、经典验证性实验、综合性实验和创新性实验四篇。基本实验技术主要介绍临床免疫学检验工作中常用到的样本采集和免疫细胞分离技术以及常用实验动物。经典验证性实验主要由经典的免疫学实验组成。综合性实验中主要包括抗体的制备、ELISA方法的建立、机体免疫功能的评价、临床免疫学检验以及自动化仪器和试剂盒简介等内容。创新性实验介绍了临床免疫学检验创新实验设计的一般过程并列举了部分创新实验选题。本教材通过基本实验技术和经典验证性实验的教学可以达到验证理论和培养学生的基本免疫学实验技能的目的。综合性实验的教学一方面可以训练学生组织和驾驭大型综合实验的能力，另一方面可以使学生提前了解临床实验室使用的仪器和开展的实验项目，为临床实习和从事临床免疫学检验工作打下基础。创新性实验设计可为医学检验学生进一步开展科研工作奠定基础。

本教材也可用做临床医学、医学影像、医学麻醉、法医学、预防医学以及药学等专业实验教学的参考用书。

图书在版编目(CIP)数据

临床免疫学检验实验／徐军发主编．—北京：科学出版社，2010.8
ISBN 978-7-03-028632-1

Ⅰ. 临… Ⅱ. 徐… Ⅲ. 临床医学-免疫学-实验-医学院校-教材 Ⅳ. R392-33

中国版本图书馆CIP数据核字(2010)第158645号

责任编辑：胡治国／责任校对：张小霞
责任印制：赵　博／封面设计：陈　敬

科学出版社 出版
北京东黄城根北街16号
邮政编码：100717
http://www.sciencep.com

三河市骏杰印刷有限公司印刷

科学出版社发行　各地新华书店经销

*

2010年8月第 一 版　　开本：787×1092 1/16
2025年7月第六次印刷　　印张：10 1/2
字数：243 000

定价：39.80元

（如有印装质量问题，我社负责调换）

丛书编写指导委员会

总　序

随着21世纪经济与社会的发展，科学技术既向纵深发展、不断分化，又互相渗透、不断融合；同时，新兴学科与边缘学科的兴起、新技术的应用、信息量的剧增，对医学的发展产生了重大而深远的影响，这些必将促进医学教育的全面改革。实验教学作为高等教育的重要组成部分，是学生实践能力和创新能力培养的重要途径，其重要性已受到越来越广泛的关注。

目前，传统实验教学模式仍占主导地位，存在不少弊端和不足：以学科为基础构建的课程体系，忽略了生命科学的整体性、系统性；学科体系繁多，相互孤立，学科间联系不够；实验室分散，功能单一，设备重复购置，资源浪费，效率低下，调配困难；实验教学内容陈旧，手段落后，方式老化，实验内容以验证理论为主，缺少现代医学实验内容；医学生学习的积极性、主动性不强。这些明显滞后于现代医学的发展，影响教学质量，不利于大学生创新意识和实践能力的培养，难以培养出高素质、创新型的医学人才。如何改革传统的实验教学模式，培养具有创新精神、知识面广、动手能力强的新型医学人才，已成为当务之急。教育部、卫生部《关于加强医学教育工作，提高医学教育质量的若干意见》（教高〔2009〕4号）明确提出“高等学校要积极创新医学实践教学体系，加强实践能力培养平台的建设。积极推进实验内容和实验模式的改革，提高学生分析问题和解决问题的能力”，进一步明确了医学实验教学的重要性和改革的必要性。根据教育部精神，要对传统医学实验教学模式进行改革，最大限度地整合有限资源，优化重组教学实验室，依托相关学科优势，与学科建设相结合，构建开放共享的实验教学中心，力求突出和贯彻执行教育部提出的“三基”、“五性”和注重实用性的要求，以培养学生的探索精神、科学思维、实践能力和创新能力。构建新型的医学实验教学体系，要求我们从根本上改变实验教学依附于理论教学的观念，理论教学与实验教学要统筹协调，既有机结合又相对独立，建立起以能力培养为主线，分层次、多模块、相互衔接的实验教学体系。

以教学内容和课程体系改革为核心、培养高素质、创新型人才为目标，科学整合实验教学内容，打破既往学科框架，按新构建的科学体系，编写适合创新性实验教学体系的配套实验教材已显非常迫切。在科学出版社的大力支持下，丛书编委会以广东医学院为主体，协同重庆医科大学、中山大学等全国33所高等医药院校相关专业的167名专家、教授共同编写了这套实验教学系列教材。全系列教材共26本，分别是《医学物理学实验》、《医用基础化学实验》、《医用有机化学实验》、《系统解剖学实验》、《医学机能学实验教程》、《病原生物学与医学免疫学实验》、《生物化学与分子生物学实验指导》、《病理学实习指南》、《计算机应用基础上机与学习指导》、《预防医学实习指导》、《卫生统计学实习指导》、《流行病学实习指导》、《临床营养学实习指导》、《营养与食品卫生学实习指导》、《毒理学基础实习指导》、《环境卫生与职业卫生学实习指导》、《健康评估实验指导》、《护理学基础实验指导》、《内科护理学实验指导》、《外科护理学实验指导》、《妇产科护理学实验指导》、《儿科护理学实验指导》、《药理学实验教程》、《药学实验指导》、《临床免疫学检验实验》、《核医学实验教程》。

本系列实验教学规划教材是按照教育部国家级实验教学示范中心的要求组织策划，根据专业培养要求，结合专家们多年实验教学经验，并在调研当前高校医药实验室建设的实际情况基础上编写而成，充分体现了各学科优势和专业特色，突出创新性。同时借鉴国外同类实验教材的编写模式，力求做到体系创新、理念创新。全套教材贯彻了先进的教育理念和教学指导思想，把握了各学科的总体框架和发展趋势，坚持了理论与实验结合、基础与临床结合、经典与现代结合、教学与科研结合，注重对学生探索精神、科学思维、实践能力的培养，我们深信这套教材必将成为精品。

本系列实验规划教材编写对象以本科、专科临床医学专业为主，兼顾预防、基础、口腔、麻醉、影像、药学、中药学、检验、护理、法医、心理、生物医学工程、卫生管理、医学信息等专业需求，涵盖全部医学生的医学实验教学。各层次学生可按照本专业培养特点和要求，通过对不同板块的必选实验项目和自选实验项目相结合修选实验课程学分。

由于医学实验教学模式尚存在地区和校际间的差异，加上我们的认识深度和编写水平有限，本系列教材在编写过程中难免存在偏颇之处，敬请广大医学教育专家谅解，欢迎同行们提出宝贵意见。

丛书编写指导委员会

2010年6月

目　　录

第一篇　基本实验技术

第二篇　经典验证性实验

第三篇　综合性实验

第四篇　创新性实验

第一篇　基本实验技术

第一章　常用实验动物简介

医学教学和科研工作中，不论是从事基础医学、临床医学，还是预防医学，都需要用实验动物(laboratory animal)来进行各种实验。实验动物是指经人工饲育，对其携带的微生物、寄生虫实行控制，遗传背景明确或者来源清楚的用于教学、科学研究、生产、鉴定及其他科学实验的动物。要保证科学实验结果的可靠性、精确性和可重复性，实验动物必须满足科学实验的4条基本要求：对实验处理表现出极高的敏感性；对实验处理的个体反应表现出极强的均一性；模型性状具有遗传上的稳定性；动物来源具有易获得性。

动物实验(animal experiment)方法已成为医学科学研究和教学工作中必不可少的重要手段。动物实验中，为了不损害动物健康，不影响观察，防止被动物咬伤，保证实验顺利进行，正确抓取、固定动物非常必要，抓取、固定动物的方法依实验内容和动物种类而定。抓取、固定动物前，必须对各种动物的一般习性有所了解，抓取固定时既要小心仔细，又要大胆敏捷，以达到正确抓取、固定动物的目的。

实验一　小鼠、豚鼠、家兔的抓取、固定和处死

【实验目的】

掌握常用实验动物的抓取、固定和处死方法，了解动物实验的重要意义。

【实验材料】

(1) 小鼠、豚鼠、家兔。

(2) 固定架、注射器、一次性无菌橡胶手套、帆布手套。

【实验方法】

- **小鼠的抓取固定和处死**

1. 小鼠的抓取、固定方法　小鼠抓取时先用左手抓取鼠尾向后拉，在其向前爬行时，用右手拇指和食指抓住小鼠的两耳和颈部皮肤，其余三指抓住背部皮肤，将鼠体置于右手心中，左手抓取鼠尾向后拉并以右手无名指按住鼠尾(图1-1)。这种固定方式可进行灌胃、皮下、肌内和腹腔注射等操作。如进行尾静脉注射时，可用小鼠尾静脉注射架固定，先根据动物大小选择好合适的固定架，并打开鼠筒盖，手提鼠尾巴，让动物头对准鼠筒口并送入筒内，调节鼠筒长短合适后，露出尾巴，固定筒盖即可进行尾静脉注射或尾静脉采血等操作(图1-2)。

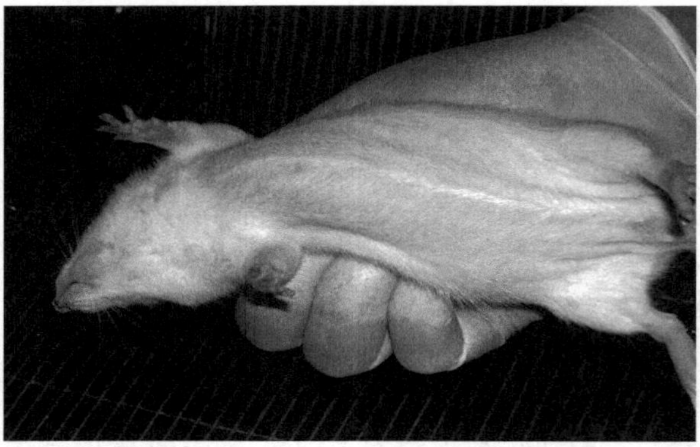

图 1-1　小鼠的抓取固定

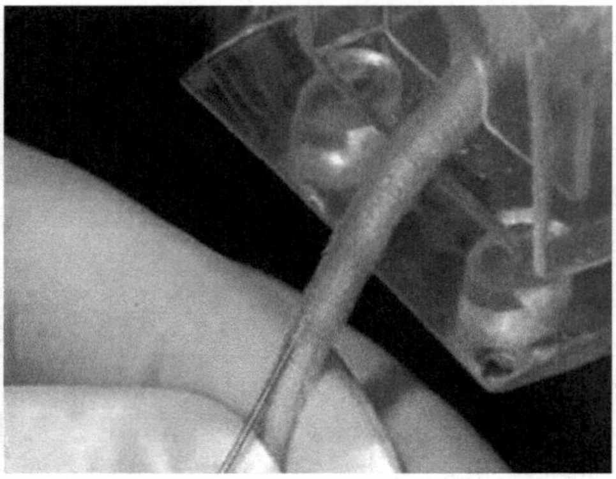

图 1-2　小鼠固定架固定及尾静脉注射

2. 小鼠的处死方法

(1) 颈椎脱臼(断颈)处死法:小鼠常用的处死方法是颈椎脱臼(断颈)处死法。此法是将实验动物的颈椎脱臼,断离脊髓致死,为小鼠最常用的处死方法。操作时实验人员用右手抓住鼠尾放在实验台面上,用左手拇指、食指用力向下按压鼠头及颈部,右手抓住鼠尾根部用力拉向后上方,造成颈椎脱臼,脊髓与脑干断离,小鼠立即死亡。

(2) 断头处死法:实验人员用左手按住实验动物的背部,拇指夹住实验动物右腋窝,食指和中指夹住左前肢,右手用剪刀在鼠颈部垂直将鼠头剪断,使实验动物因脑脊髓断离且大量出血死亡。

(3) 击打头盖骨处死法:操作时抓住实验动物尾部并提起,用木槌等硬物猛烈打击实验动物头部,使大脑中枢遭到破坏,实验动物痉挛并死亡。

(4) 急性大失血法:可采用鼠眼眶动脉和静脉急性大量失血方法使鼠立即死亡。

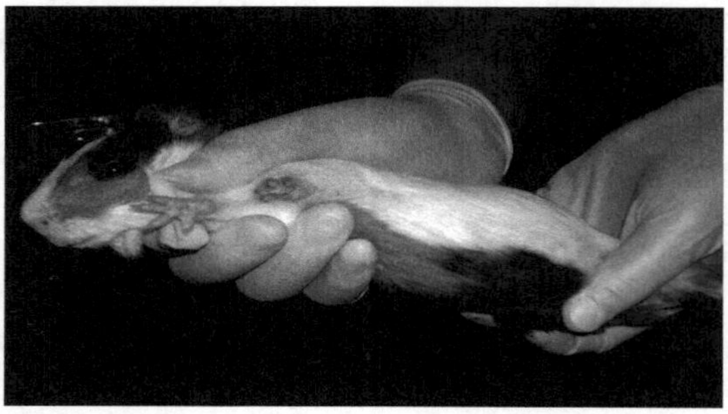

图 1-3　豚鼠的抓取固定

(5) 化学致死法:吸入一氧化碳,小鼠在一氧化碳浓度为 0.2%～0.5% 环境中即可致死。皮下注射士的宁,吸入乙醚、氯仿,均可致死。士的宁注射量,小鼠为 0.76～2.0mg/kg 体重。

- **豚鼠的抓取固定和处死**

1. 豚鼠的抓取固定方法　豚鼠较为胆小易惊,不宜强烈刺激,所以在抓取时,必须稳、准和迅速。一般抓取方法是:先用手掌迅速扣住鼠背,抓住其肩胛上方,以拇指和食指环握颈部,另一只手托住臀部(图 1-3)。

2. 豚鼠的处死方法

(1) 击打头盖骨处死法:同上小鼠。

(2) 过量麻醉处死法:过量麻醉处死法是指快速过量注射非挥发性麻醉药(投药量为深麻醉时的 30 倍),或让动物吸入过量的乙醚,使实验动物中枢神经系统受到过度抑制,导致死亡。

(3) 化学药物致死法:皮下注射士的宁,豚鼠致死剂量为 3.0～4.4mg/kg 体重。经口或注射 DDT[2,2-bis(4-chlorophenyl)-1,1,1-trichloroethane]即 2,2-双(4-氯苯基)-1,

1,1-三氯乙烷,豚鼠半数致死量(median lethal dose,LD_{50})为经口服 0.4g/kg 体重,皮下注射 0.9g/kg 体重。

• 家兔的抓取固定和处死

1. 家兔的抓取固定方法 一般以右手抓住兔颈部的毛皮提起,然后左手托其臀部或腹部(图 1-4),让其体重重量的大部分集中在左手,这样就避免了抓取过程中动物受到损伤。不能抓双耳或抓提腹部。固定一般分为盒式、台式和马蹄形三种。盒式固定(图 1-5),适用于兔耳采血、耳血管注射等情况;若做血压测量、呼吸等实验和手术时,则需将兔固定在兔台上,四肢用粗棉绳活结绑住,拉直四肢,将绳绑在兔台四周的固定木块上,头以固定夹固定或用一根粗棉绳挑过兔门齿绑在兔台铁柱上;马蹄形固定多用于腰背部,尤其是颅脑部位的实验,固定时先剪去两侧眼眶下部的毛皮,暴露颧骨突起,调节固定器两端钉形金属棒。使其正好嵌在突起下方的凹处,然后在适当的高度固定金属棒。用马蹄形固定器可使兔取用背卧位和腹卧位,是研究中常采用的固定方法。

图 1-4 家兔的抓取固定

图 1-5 家兔的盒式固定

2. 家兔的处死方法

(1) 空气栓塞法:是指向实验动物静脉内注入一定量的空气,形成肺动脉或冠状动脉空气栓塞,或导致心腔内充满气泡,从而影响回心血液量和心输出量,引起循环障碍,导致休克、死亡。一般兔静脉内注入 20~40ml 空气即可致死。

(2) 心脏采血处死法:用注射器从家兔的心脏放血,导致急性大出血、休克、死亡(图 1-6)。此法适用于各种实验动物。

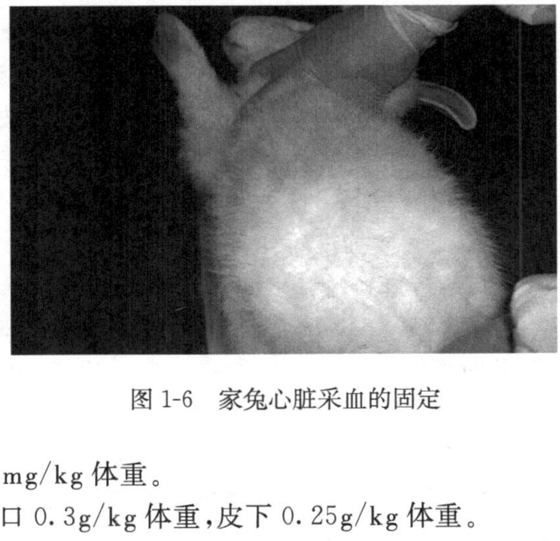

图 1-6 家兔心脏采血的固定

(3) 破坏延髓法:家兔也可用木槌用力槌击其后脑部,损坏延髓,造成死亡。

(4) 化学药物致死法:

1) 静脉内注入氯化钾溶液致死:静脉内注入一定量的氯化钾溶液,使动物心肌失去收缩能力,心脏急性扩张,致心脏弛缓性停跳而死亡。每只成年兔由兔耳缘静脉注入 10%氯化钾溶液 5~10ml 即可致死。

2) 皮下注射士的宁致死:兔 0.25~0.5mg/kg 体重。

3) 经口或注射 DDT 致死:LD_{50} 为兔经口 0.3g/kg 体重,皮下 0.25g/kg 体重。

【注意事项】

(1) 实验时带上橡胶手套或帆布手套,防止动物抓伤。

(2) 掌握正确的抓取固定动物方法,以免伤害动物。

【思考题】

(1) 小鼠、豚鼠、家兔的正确抓取、固定方法有哪些?

(2) 小鼠、豚鼠、家兔常用的处死方法有哪些?

实验二　实验动物的免疫接种法

选择免疫动物后,根据抗原的性质选择适宜的剂量、免疫途径及掌握好免疫间隔的时间,对免疫试验成功与否起重要作用。动物的免疫途径通常有静脉、腹腔、肌肉、皮内、皮下、淋巴结和足掌等。

【实验目的】

掌握实验动物常用的免疫接种方法。

【实验材料】

(1) 细菌培养物(肉汤培养物或细菌悬液)、血液、蛋白质、多肽等。

(2) 家兔、豚鼠、小白鼠、大白鼠及绵羊等。

(3) 注射器、络合碘、棉签等。

【实验方法】

1. 皮内接种　注射部位多选择脚掌、腋窝淋巴结周围、腹壁中线、背部两侧、耳后和颌下等处。去毛消毒后将皮肤绷紧,以左手拇指和食指将局部皮肤提起,右手将 1ml 注射器接上最小针头,针头尖端斜面向上,平刺于皮肤内,然后将左手放松,缓缓注入接种物,此时在注射局部皮肤应出现小圆丘形隆起,否则表示不在皮内。一般采用多点注射,注射量一般在 0.1～2.0ml。

2. 皮下接种　在动物背侧或腹侧皮下结缔组织疏松部分剪毛消毒,术者右手持注射器,以左手拇指、食指和中指捏起皮肤使成一个三角形皱褶,或用镊子夹起皮肤、于其底部进针,感到针头可随意拨动即表示插入皮下。当推入注射物时感到流利畅通也表示在皮下,拔出注射针头时用消毒棉球按针孔并稍加按压。

3. 腹腔接种　在家兔耻骨上缘约二指宽腹中线处,去毛消毒,抓住前后肢,使其头部向下,肠向横隔处垂下。接种者右手持注射器,左手绷紧注射处皮肤,然后刺入腹腔。回抽针芯,无液体或气体抽出时,则将接种物注入。

4. 耳缘静脉接种　以两耳外缘静脉为宜。若作多次注射,应先从耳尖开始,以免因注射造成血栓,下次不能再使用该条血管。注射时,先将家兔固定,轻弹兔耳,并以酒精棉球涂擦,此时耳静脉怒张。接种者以左手拇指和中指夹住家兔耳部,以食指垫于耳外缘静脉下,右手持注射器刺入血管,缓缓注入接种物,可见血管颜色变白,还可见到接种物沿血管向近心端流动。如发现局部有片状隆起,接种物不易推入时,提示针头未刺入血管,应重新注射。注射完毕,针头拔出时,应先以酒精棉球按住刺入处,再拔出针头,继续压迫刺入处,并将兔耳竖起,以免溢血。

【注意事项】

（1）选择合适的动物进行免疫极为重要。要求抗原和动物种系差异较远，动物健康适龄，最好雄性。

（2）一般情况下采用多途径、多点注射，可选择足掌、腘窝淋巴结周围、颈背部、颌下、耳后等处皮内或皮下。其中皮内注射易引起细胞免疫反应，对提高效价极为有利。但天冷时皮内注射很困难，因佐剂乳化抗原黏度较大；用不加佐剂的抗原静脉注射，多次免疫后，抗体效价高，维持时间长。

（3）制定免疫计划以注射次数少、免疫时间短、获得的抗体效价高为依据。

【思考题】

（1）动物常用的免疫接种方法有哪些？

（2）什么叫抗原表位？

（3）颗粒性抗原与可溶性抗原在制备免疫血清时的免疫方案有何区别？

（4）制备免疫血清时，免疫原的选择有何要求？

（5）什么是佐剂？其种类有哪些？作用机制是什么？

（张文玲）

第二章 免疫学检验的标本采集

在检验工作中，标本的采集是直接关系到检验结果能否真实客观地反映病人当前病情的一个重要环节。正确的采血部位、娴熟的采血技术是诊断疾病、分析问题的前提。本章主要介绍人静脉采血的方法以及常见实验动物血液的采集，了解并掌握这些技术方法，可为医学生临床实践和科研工作打下坚实的基础。

实验三 人静脉采血

【实验目的】

掌握人静脉采血的方法和无菌操作技术，为病人正确采集、留取静脉血标本。

【实验原理】

使用注射器或真空采血器刺入浅静脉后，用负压吸取所需的血量。

【实验材料】

(1) 消毒棉签、2～3mm 口径的橡皮软管、垫枕。

(2) 针头及一次性消毒注射器：根据采血量可选用不同型号注射器，配备相应的针头。

1) 针头：30～40mm 长，18 号、19 号、20 号带斜面。若采集 5 岁以下儿童的血液标本，则使用 23 号或 25 号针。针头应储存于无菌小管中。

2) 一次性消毒注射器：2ml、5ml、10ml、20ml 注射器(图 2-1)。

(3) 一次性真空采血装置(图 2-2)。

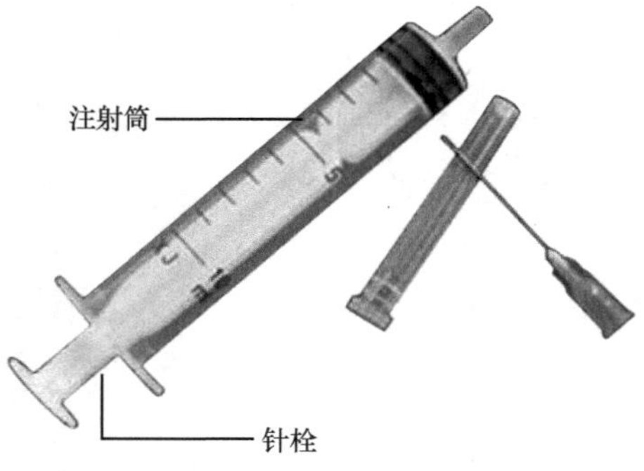

图 2-1 一次性注射器

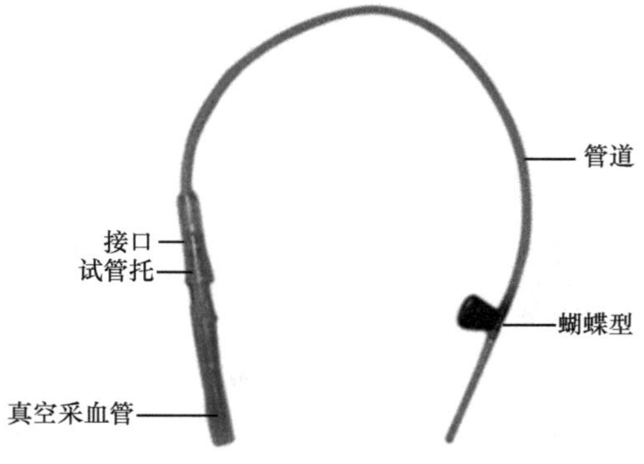

图 2-2 一次性真空采血装置

(4) 试管：含或不含抗凝剂、有采血量标记的刻度试管。

(5) 试剂：30g/L 碘酊、75%(*V*/*V*)乙醇、抗凝剂(109 mmol/L 柠檬酸钠)。

【实验方法】

(1) 准备材料：仔细阅读受检者申请单，准备每个试验所需的试管，并应按一定顺序排列。如病人仅做凝血试验一项，最初 1ml 血液必须丢弃。如做血细胞沉降率测定，需取试管 1 支，加入适量抗凝剂(109 mmol/L 柠檬酸钠 0.4 ml)。某些特殊检查，为避免血小板激活，要使用塑料注射器和硅化处理后的试管或塑料试管。

(2) 标记试管：在试管上贴标签，注明病人姓名、项目名称、采集日期、门诊或住院号。

(3) 消毒双手：采血前，操作人员应用肥皂(或消毒液)和水洗手。

(4) 选择静脉：静脉采血多采用位于体表的浅静脉，通常采用肘部静脉、手背静脉等。小儿可采颈外静脉血液，成人采血位置多用肘前静脉，因其粗大、容易辨认(图 2-3)。采血前，要求受检者端坐在实验台前，将前臂放在实验台上，掌心向上，并在肘下放一枕垫。卧床受检者要求前臂伸展，暴露穿刺部位。

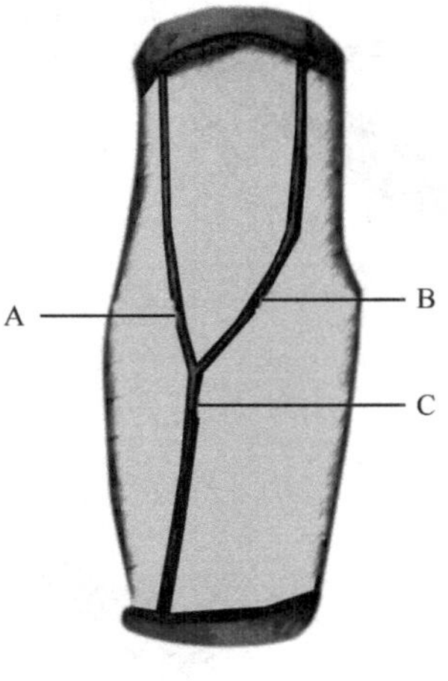

图 2-3　肘前静脉

A 为推荐部位，B、C 为替代部位

(5) 检查注射器：打开一次性注射器包装，左手持针头下座，右手持针筒，将针头和针筒紧密连接，并使针头斜面对准针筒刻度，抽拉针栓检查有无阻塞和漏气，最后排尽注射器中的空气并保持针头无菌状态。

(6) 消毒：用 30g/L 碘酊棉签自所选静脉穿刺处顺时针方向，从内向外消毒皮肤，待碘酊挥发后，再用 75%酒精棉签以同样方式拭去碘迹。

(7) 扎压脉带：在采血部位上端 5～10cm 处，将压脉带绕手臂一圈打一活结，压脉带末端向上。嘱病人握拳，使静脉隆起。如静脉不明显时，可嘱病人握紧和放松拳头几次，使其充盈后采血，对于较肥胖病人，可用左手食指消毒后在肘前轻压，再抬起如触到有波动感，即为肘前静脉(图 2-4)。

(8) 穿刺：取下针头无菌帽，以左手拇指固定静脉穿刺部位下端，右手持注射器，食指固定针头下座，使针头斜面和针筒刻度向上，沿静脉走向使针头与皮肤成 30°角斜行快速刺入皮肤，然后成 5°向前穿破静脉壁进入静脉腔。见回血后，将针头顺势探入少许，以免采血时针头滑出，但不可用力深刺，以免造成血肿，同时立即去掉压脉带。

(9) 抽血：用左手缓缓向后拉注射器针栓，到达采血量刻度后停止。若使用一次性真空采血装置，当针头进入血管后会见少量回血，将真空采血管插入试管托内采血针中，因试管内负压作用，血液自动流入试管，到达采血量刻度后拔出试管即可(图 2-4)。

(10) 止血：嘱受检者松拳，用消毒棉签压住进针部位，迅速向后拔出针头。继续以适当压力按住消毒棉签 3 分钟至止血为止。

(11) 放血：从注射器上取下针头。将血液沿试管壁缓缓注入，到达标记处。含抗凝剂试管需迅速轻轻颠倒混匀几次。

(12) 采血完毕，应再次核对病人姓名和编号。用过的器材应放在固定的回收箱内，不能随意丢弃，污染环境。

【注意事项】

(1) 采血前准备：采血前应尽量消除病人恐惧心理，保持平静。如遇个别病人进针时或采血后发生眩晕，应立即拔出针头让其平卧休息，必要时可给病人嗅吸芳香酊，针刺(或拇指压掐)人中、合谷等穴位。若因低血糖诱发眩晕，可立即静脉注射葡萄糖或嘱病人服糖水

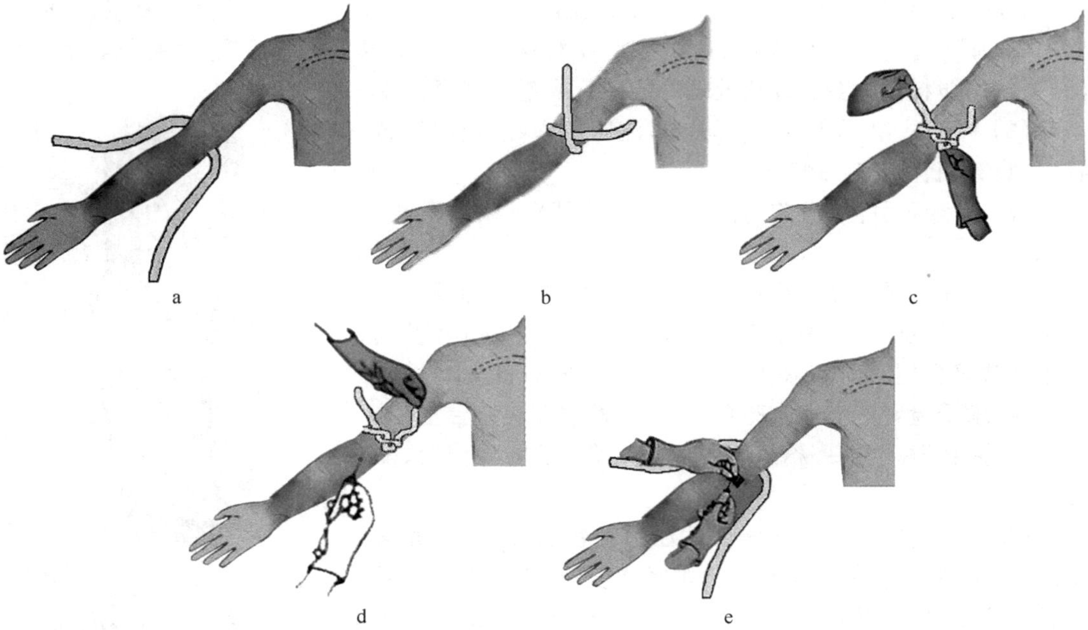

图 2-4　扎压脉带、抽血和止血过程

即可。如有其他情况，应及时找医师共同处理。

(2) 准备试管：根据检测项目选择不同的抗凝剂及血液的稀释比例，如血细胞计数及MCV、MPV 等参数测定时不要用肝素抗凝剂，因为肝素抗凝会影响检查。

(3) 选择静脉：当肘部静脉不明显时，可采用手背静脉、手腕静脉及踝部静脉，如还是无法将血采出时可选用股静脉。如果静脉暴露不明显，可以左手食指碘酊、酒精消毒后，在采血部位触摸，发现静脉走向后凭手感的方向与深度试探性穿刺。

(4) 检查注射器：静脉采血前要仔细检查针头是否安装牢固，针筒内是否有空气和水分。所用针头应锐利、光滑、通气，针筒不漏气。

(5) 扎压脉带：压脉带压迫时间不能过长、绑扎不能过紧，以避免淤血和血液浓缩，最好不超过 1 分钟，否则会影响实验结果，如造成血红蛋白和血细胞比容增高。

(6) 穿刺皮肤：不能从静脉侧面进针。进针时会感觉皮肤有一定阻力，而静脉壁阻力较小，更富弹性。

(7) 抽血、放血：抽血时针栓只能外抽，不能内推，以免形成空气栓塞，造成严重后果。血液加入抗凝试管中应轻轻颠倒混匀，无需抗凝时则将血液直接注入试管中。要防止血液标本溶血，因为溶血后不仅红细胞和血细胞比容减低，还会使血清(浆)化学成分发生变化。造成溶血的原因有：注射器和容器不干燥、不清洁；压脉带捆扎时间太久，淤血时间长；穿刺过程中损伤组织过多；抽血速度过快；血液注入容器时未取下针头或用力推出使产生大量气泡；抗凝血混匀时振荡过度；离心时速度过快等。

(8) 止血：不能弯曲手臂，以免形成血肿。

(9) 放血：颠倒混匀时，需防止溶血和泡沫产生。切忌振荡试管。

(10) 标本的检测与保存：血液采集后应立即送检。标本不能及时检测或需保留以复查时，一般应放 4℃冰箱保存。

(11) 当肢体正在进行静脉输液时，不宜由同一静脉采集标本。

【思考题】

(1) 人静脉采血常见的部位有哪些？

(2) 扎压脉带时有哪些注意事项？

(3) 造成标本溶血的常见原因有哪些？

实验四　动物血液标本的采集

一、小鼠的采血方法

【实验目的】

了解小鼠各种采血方法及操作技术，重点掌握小鼠尾尖采血、眼眶后静脉丛采血、摘除眼球采血和心脏取血四种常用采血方法。

【实验材料】

(1) 小鼠、鼠笼。

(2) 45℃温水或二甲苯等化学药物、6%液体火棉胶、碘酒、乙醇。

(3) 剪刀、7～10cm 玻璃滴管(毛细管端内径 1～1.5mm，长约 1cm)或 7 号针头的 1ml 注射器、4～5 号针头的注射器、弯头眼科镊、固定板。

【实验方法】

(1) 尾尖取血：当所需血量很少时采用本法。固定小鼠，露出鼠尾，用手轻揉鼠尾，或将鼠尾在 45℃温水中浸泡数分钟，也可用二甲苯等化学药物涂擦，使局部血管扩张。将鼠尾擦干，剪去尾尖 1～2mm，血自尾尖流出，让血液滴入盛器或直接用移液器吸取(图 2-5)。

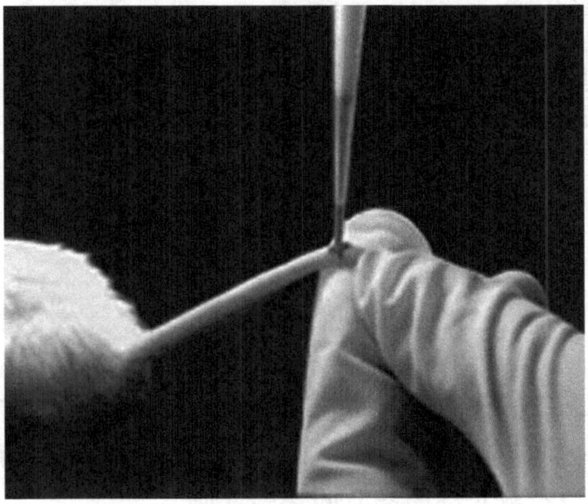

图 2-5　小鼠尾尖取血图

(2) 眼眶后静脉丛取血：当需中等量的血液，而又需避免动物死亡时采用此法。左手抓住鼠耳间头部皮肤，使头固定，并轻轻向下压迫颈部两侧，造成头部静脉血液回流困难，使眼球充分外突，眼眶后静脉丛充血，右手持毛细玻璃管，沿内眦后壁向喉头方向旋转刺入，刺入深度为小鼠 2～3mm，大鼠 4～5mm。当感到有阻力时再稍后退，保持水平位，稍加吸引，由于血压的关系，血液即流入玻璃管中。得到所需的血量后，拨出毛细管。可在数分钟后同一穿刺部位重复采血。每次可采血 0.2～0.3ml(图 2-6)。

(3) 摘除眼球采血：此法既能采取较大量的血液，又可避免断头取血法中因组织液的混入导致溶血的现象，由于取血过程中动物未死，心脏不断跳动，因此取血量比断头法多，一般可取小鼠体重 4%～5%的血液量。用左手将小鼠固定，压迫颈部并拉紧头部皮肤，使眼

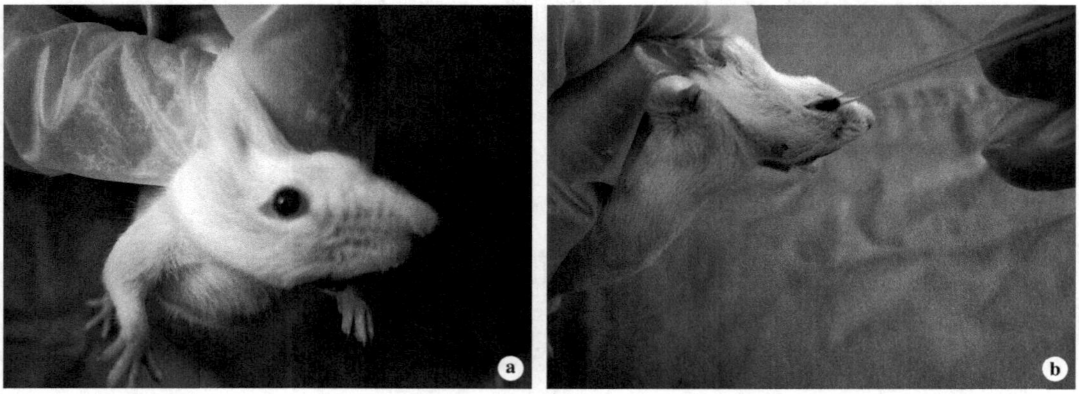

图 2-6　眼眶后静脉丛取血

球突出充血,以弯头眼科镊迅速钳取眼球,并将鼠头向下,眼眶内很快流出血液,让血液滴入盛器,直至不流为止。如取血时眼部血液凝固,可再摘除对侧眼球,并规律性挤压心脏。

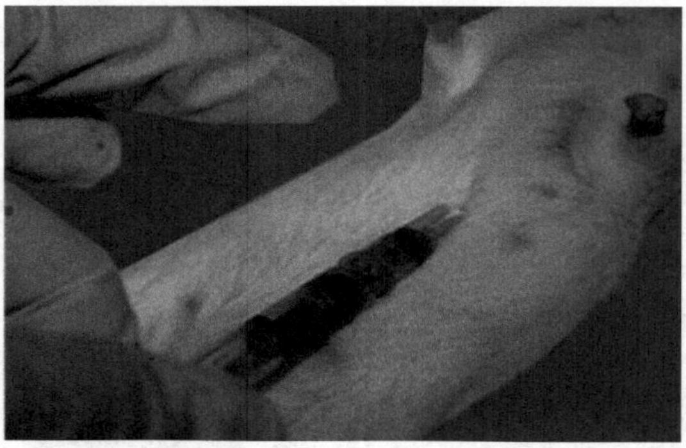

图 2-7　心脏取血图

(4) 心脏取血:动物仰卧固定在固定板上,剪去心前区部位的被毛,用碘酒、酒精消毒皮肤,在左侧第 3～4 肋间,用左手食指摸到心搏处,右手持注射器,选择心脏搏动最强处穿刺。当针刺入心脏时,血液由于心脏跳动的力量自动进入注射器(图 2-7)。

(5) 断头取血:当需要较大量的血液,而又不需继续保存动物生命时采用此法。左手捉持动物,使其头略向下倾,右手持剪刀猛力剪掉鼠头,让血液滴入盛器,小鼠可采血 0.8～1.0ml,大鼠可采用 5～8ml。

【注意事项】

(1) 如需间隔一定时间,多次采取鼠尾尖部血液,每次采血时,将鼠尾剪去很小一段,取血后,先用棉球压迫止血并立即用 6%液体火棉胶涂于尾巴伤口处,使伤口外结一层火棉胶薄膜,保护伤口。也可采用切割尾静脉的方法采血,三根尾静脉可交替切割,并自尾尖向尾根方向切割,每次可取 0.2～0.3ml 血,切割后用棉球压迫止血。这种采血方法大鼠较好,可以在较长的间隔时间连续取血。

(2) 心脏采血法要求迅速而直接插入心脏,否则心脏将从针尖处滑脱。如第一次没刺准,将针头抽出重刺。不要在心脏周围乱探,以免损伤心、肺。要缓慢而稳定的抽吸,否则太大的负压会使心脏塌陷。若不需保留动物生命时,也可麻醉后切开动物胸部,将注射器直接刺入心脏抽吸血液。

二、家兔的采血方法

【实验目的】

了解家兔的各种采血方法及操作技术,掌握家兔耳缘静脉、耳中央动脉及心脏采血方法和操作技术。

【实验材料】

(1) 家兔。

(2) 碘酒、乙醇、消毒纱布。

(3) 解剖台、5 号半针头的注射器、止血钳、镊子等。

【实验方法】

(1) 耳缘静脉采血:将家兔固定好,剃去耳缘毛,用手揉搓动物耳缘或用浸二甲苯的棉球擦拭耳缘静脉使其扩张,然后用酒精棉球擦拭消毒,待耳缘静脉充血后,在靠耳尖部静脉处,用针尖刺破静脉,血液即可流出。也可用 5 号半针头刺入静脉抽取血液,一次可采血5～10ml。

(2) 耳中央动脉采血法:位于兔耳中央的一条较粗、颜色较鲜艳的为中央动脉,用浸二甲苯的棉球擦拭使血管扩张,然后用酒精棉球擦拭消毒,用左手固定兔耳,右手持注射器,在中央动脉的末端,沿向心方向刺入即可见血液进入针管,此法一次可抽血 15ml(图 2-8)。

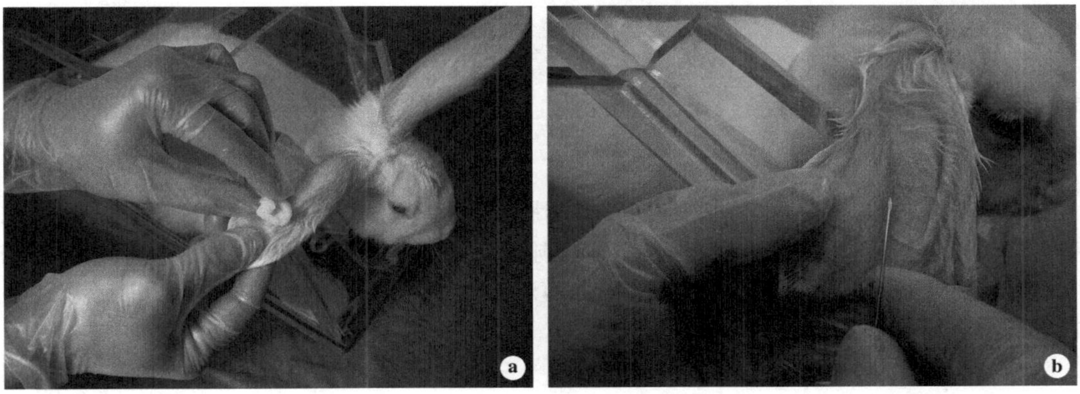

图 2-8　耳中央动脉采血图

(3) 心脏穿刺采血法:将家兔仰卧固定于解剖台上,剪去心前区兔毛,用碘酒、酒精消毒皮肤,在胸骨左缘外 3mm 左右第 3～4 肋间,选心脏搏动最明显处进针,当针头接近心脏时,会感到针头有明显的搏动,此时再进针即可进入心室,血液会自动涌入针管。体重 2kg 重的家兔每次抽血一般不超过 20～25ml,2 周后可再次抽血。

(4) 颈动脉放血法:将家兔仰卧固定,使头部后仰,将颈部伸直露出,用消毒液擦拭,颈部外的其他部位用消毒纱布覆盖起来。将颈下皮肤纵向切开,剥离皮下组织,分离肌肉与气管。在颈静脉下,可见平行于迷走神经的强烈搏动的颈动脉。将颈动脉周围组织分离后,用止血钳夹紧上下两端,在两钳中间切断血管,再用镊子夹住近心端,然后在钳子和镊子中间的血管上切开一小口,放入采血瓶中,松动镊子,血液便可流入瓶中,放血速度可由镊子掌握,以免过快。

三、绵羊颈静脉抽血法

【实验目的】

了解绵羊颈静脉抽血法。

【实验材料】

(1) 绵羊。

(2) 碘酒、乙醇、止血带等。

【实验方法】 绵羊颈静脉抽血法

将绵羊放倒，取侧卧位，一人固定头部，使颈部拉直，头尽量后仰，另一人固定四肢。抽血者先剪去颈部皮毛，消毒皮肤，用止血带扎住颈部下端，使颈静脉怒张，左手抓起皮肤，右手持注射器刺入皮下，针头沿血管平行方向向心端刺入颈静脉，采血后应压迫止血。

四、鸡的采血法

【实验目的】

了解鸡的采血方法及操作技术。

【实验材料】

(1) 成年鸡。

(2) 碘酒、酒精棉球等。

【实验方法】

(1) 静脉采血：将鸡固定，伸展翅膀，在翅膀内侧选一粗大静脉，小心拔去羽毛，用碘酒和酒精棉球消毒，再用左手食指、拇指压迫静脉近心端使该血管怒张，针头由翼根部向翅膀方向沿静脉平行刺入血管。采血完毕，采用碘酒或酒精棉球压迫针刺处止血。一般可采血10～30ml。

(2) 心脏采血：将鸡侧位固定，右侧在下，头向左侧固定，找出从胸骨走向肩胛部的皮下大静脉，心脏约在该静脉分支下侧；或由肱骨头、股骨头、胸骨前端三点所形成三角形中心稍偏前方的部位，用酒精棉球消毒后在选定部位垂直进针，如刺入心脏可感到心脏跳动，稍回抽针栓可见回血，否则应将针头稍拔出，再更换一个角度刺入，直至抽出血液，每只鸡可取血 30ml。

【思考题】

(1) 小鼠有哪些常见的取血方法？

(2) 小鼠心脏采血法应注意哪些事项？

(3) 家兔有哪些常见的取血方法，每种方法的采血量大约是多少？

（徐　霞）

第三章　免疫细胞的分离技术

在体外对各种免疫细胞的数量和功能检测，观察被检者机体的免疫状态，是临床免疫学检验中非常重要的内容。因此，免疫细胞的有效分离是一个非常重要的前提。由于免疫细胞的体积、形态、相对密度、表面电荷、黏附能力，特别是细胞膜表面的特异性标志存在着差异，故可以采用不同的方法进行选择性的分离。本章主要介绍人外周血单个核细胞、人外周血 T 淋巴细胞、人外周血中性粒细胞的分离方法以及小鼠腹腔巨噬细胞的制备方法。

实验五　外周血单个核细胞的分离

人类外周血含有多种细胞成分，其中单个核细胞（peripheral blood mononuclear，PBMC）包括淋巴细胞和单核细胞，其相对密度介于 1.075～1.090 之间，与外周血其他细胞不同，红细胞和多形核细胞的相对密度约为 1.092。因此，利用相对密度在 1.077 左右的介质作为分层液做梯度密度离心，红细胞和多形核细胞由于相对密度较大而沉于管底，PBMC 由于相对密度较小而浮于介质上，呈白膜状，吸出该层细胞，经洗涤可用于有关的细胞实验。目前广泛使用的分层液是等渗的葡聚糖-泛影葡胺(Ficoll-Hypaque)混合液。此法一般每毫升健康成人血可分离出 1×10^6～2×10^6 单个核细胞。

【实验目的】

掌握人外周血中单个核细胞的分离原理和方法。

【实验材料】

(1) 淋巴细胞分层液（葡聚糖-泛影葡胺，市售或自配，20℃时相对密度为 1.077±0.001），肝素溶液（125～250U/ml），无 Ca^{2+}、Mg^{2+} Hank 液，2%台盼蓝染液，10%小牛血清，RPMI 1640 培养基。

(2) 水平式离心机、显微镜、细胞计数板。

【实验方法】

(1) 取静脉血置于抗凝管中（每毫升全血用 125～250U/ml 肝素溶液 0.1ml），轻轻摇匀，然后与同体积的 Hank 液混匀，使之稀释一倍。

(2) 吸取淋巴细胞分层液置于离心管中，然后将离心管倾斜 45°，将稀释血液在距分层液界面上 1cm 处沿试管壁缓慢加至分层液上面（分层液与稀释血液体积比例为 1∶2），应注意保持两者界面清晰，勿使血液混入分层液内。

(3) 将离心管置水平式离心机内，室温下以 1500r/min 离心 30 分钟。离心过程中，速度的增减尽量平缓。离心后，管内可分为以下四层：上层为血浆、Hank 液及绝大部分血小板；下层为红细胞及粒细胞；中层为细胞分层液；分层液与血浆交界部位混浊的白膜层即为单个核细胞层（图 3-1）。

(4) 用毛细吸管轻轻插到白膜层，沿管壁小心吸取白膜层，移入另一试管中。吸取过程应尽量将白膜层吸取完全，又要避免吸入其他的细胞或成分，以免影响分离效果。

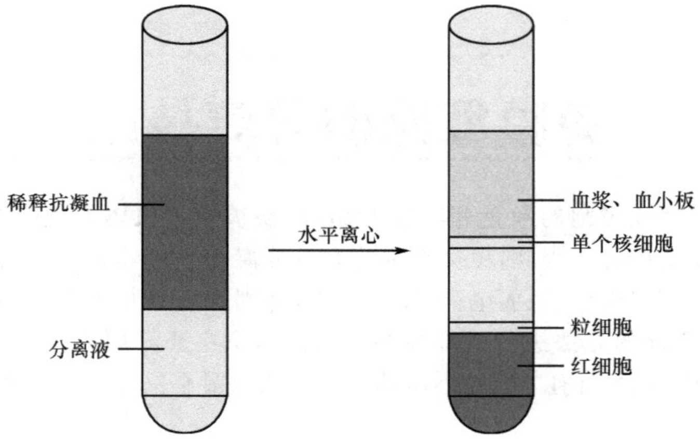

图 3-1　Ficoll 梯度密度离心法分离单个核细胞

(5) 加一滴肝素及 5 倍体积的 Hank 液,混匀,以 1500r/min 离心 10 分钟,弃上清,重复洗涤 2 次,以去除混杂其中的血小板和其他成分。

(6) 以含 10%小牛血清的 RPMI 1640 培养基重悬细胞并定容,取 50㎕ 细胞悬液置细胞计数板计数后,将细胞浓度调至 2×10^6/ml。

(7) 细胞活力检测:取 1 滴细胞悬液加 1 滴 2%台盼蓝染液,5～10 分钟后取样 1 滴于玻片上,加盖玻片,显微镜高倍镜检。计数 200 个细胞,计算活细胞百分率。

【实验结果】

活细胞不着色,折光性强,死细胞因胞膜通透性增加而被染成蓝色,略膨大。正常情况下活细胞比例应在 95%以上。

【注意事项】

(1) 抽血抗凝后必须 2 小时内使用。稀释的全血可降低红细胞的凝聚与吸附,提高分离效果,使单个核细胞的得率增高。

(2) 分离人和不同种类动物外周血单个核细胞要注意使用不同相对密度的分层液。

(3) 稀释血叠加于分层液上时,操作要细致、小心、轻缓,避免冲入分层液面而影响分离效果。

(4) 吸取单个核细胞时,应避免吸出过多的上清液或分层液而导致血小板的污染。

(5) 分离后的单个核细胞宜放置于 1～4℃,可减少细胞的代谢活动。切勿迅速改变细胞所处的温度,以免造成"温度"休克。

(6) 若所分离的细胞将要用于细胞培养,则在分离的过程中必须采用无菌操作,且所用的试剂和器皿等均必须是无菌的。

(7) 在用 Ficoll 分离单个核细胞时,有时含有少量的红细胞,对于一般的实验影响不大。如果实验要求较高,可采用裂解液,并注意裂解时间控制,以免影响单个核细胞的活性。

实验六　尼龙棉柱法分离人外周血 T 细胞

为了深入研究 T、B 淋巴细胞的特性和功能,常需根据两者不同的细胞膜表面标志和黏附能力，以尼龙棉法、E 花结形成法、免疫吸附法或流式细胞术对其进行分离，以获得均质的单一细胞类型或亚群。尼龙棉亦即聚酰胺纤维。单个核细胞中，B 细胞和单核细胞具有易黏附于尼龙纤维表面的特性，借此可将 T 细胞分离。在分离人外周血 T 细胞的各种方法中，尼龙棉柱法操作简单、快速，不需要特殊的仪器设备，淋巴细胞的活性不受影响，纯度与获得率也能满足临床的要求。

【实验目的】

掌握人外周血 T 淋巴细胞的分离原理，掌握尼龙棉柱法分离 T 细胞的方法。

【实验材料】

(1) 尼龙棉：市售。

(2) 肝素溶液(125～250U/ml)，Hank 液，10%小牛血清 RPMI 1640，0.2mol/L 盐酸。

(3) 半透明聚乙烯塑料管。

【实验方法】

(1) 取人新鲜抗凝血分离单个核细胞，调至 2×10^7/ml 浓度的细胞悬液备用(在此实验前宜以贴壁黏附法或磁铁吸引法去除单核细胞)。

(2) 尼龙棉柱的制备：将聚乙烯塑料管(直径 5～6mm，长 16cm)以热切法切出斜角(一端小于 30°，另一端小于 60°)，加热封闭管的锐角一端。称取尼龙棉 40～70mg(用前以 0.2mol/L 盐酸 1000ml 浸泡数小时，5000ml 蒸馏水反复冲洗后，37℃烘干)，撕至松散而均匀，在 Hank 液内浸透后填塞于管内，同时排除气泡。一般情况下，2×10^7 细胞需柱高约 6cm。装好的柱子可冷冻保存，用时去除融化即可。

(3) 细胞过柱：从冰箱取出融化的尼龙棉柱，融化后，将封口的斜角剪去约 1/3，使柱口直径为 2mm。柱内原有的 Hank 液流出。以预温至 37℃的 5ml 10%小牛血清 RPMI 1640 洗柱。加入上述细胞悬液 0.5ml，平放柱体，以细长吸管在柱内近尼龙棉的界面加 0.2ml 10%小牛血清 RPMI 1640 封闭(以免尼龙棉变干后影响淋巴细胞的活力)，置 37℃温箱中 1～2 小时取出。以 37℃预温的 5ml 10%小牛血清 RPMI 1640 分次洗柱，洗下的悬液即 T 淋巴细胞。捏住斜角的开口，取室温或冷的 5ml 10%小牛血清 RPMI 1640 分次加入尼龙棉柱内，每次均上下反复轻柔挤捏柱体，将尼龙棉吸附的 B 细胞洗脱。最后一次以细长玻棒伸入柱内，将尼龙棉压紧，挤压出残留的培养液。

【实验结果】

可分别采用台盼蓝拒染法测定存活率，CD3、CD19 单克隆抗体间接免疫荧光实验鉴定 T、B 细胞的纯度。

【注意事项】

(1) 如果单个核细胞悬液中混有血小板，可采用下列方法去除：在每毫升细胞悬液中加入凝血酶 1 滴，来回混匀 2 分钟，直至出现肉眼可见的乳白色血小板絮状凝块，立即在水平式离心机中 1000r/min 离心 30 秒，吸上层，1000r/min 离心 10 分钟，弃上清，用含 10%小牛血清 RPMI 1640 重悬至所需浓度。

(2) 尼龙棉柱的流量宜为 0.2ml/s 左右。

实验七　小鼠腹腔巨噬细胞的制备

体外研究某些药物或免疫调节剂活化巨噬细胞的作用和抗病能力，常需分离并检测巨噬细胞的功能。人巨噬细胞可从斑蝥敷贴形成的皮疱中获得，但数量较少，对人体亦有损伤。故常采用从小鼠腹腔获得巨噬细胞的方法。

【实验目的】

掌握小鼠腹腔巨噬细胞的制备原理和方法。

【实验材料】

(1) 体重 20～25g 的健康小鼠。

(2) 70%乙醇溶液，无菌石蜡油。

(3) 营养液：在 pH7.2～7.4 的 Hank 液中加入 20%已经灭活和用羊红细胞吸收过的小牛血清，5.0g/L 水解酪蛋白，100U/ml 青霉素，100㎎/ml 链霉素。用于提取腹腔巨噬细胞时，再加入 10U/ml 肝素，防止腹腔细胞的凝集。

【实验方法】

(1) 小鼠经腹腔注射无菌石蜡油 0.1ml。待 2～3 天。

(2) 腹腔注射 37℃预热的含肝素的营养液 3ml，30 分钟后颈椎脱臼处死小鼠，经 70%乙醇溶液消毒后，无菌剪开腹部皮肤，抽取腹腔液，并向不同方向冲洗数次，吸出后加到涂有硅油的试管(或硅化管)中，以防巨噬细胞贴壁。

(3) 2000r/min 离心 10 分钟，弃上清，以营养液洗 2 次。计数巨噬细胞，用营养液调至 $(5\sim10)\times10^6$/ml 细胞悬液。

【实验结果】

此法获取巨噬细胞的量较大，且易于分离。也可用无菌淀粉液代替无菌石蜡油。

【注意事项】

(1) 雌性小鼠更为适合，因雄性小鼠肠壁脂肪较多。

(2) 冲洗过程应小心，避免刺破血管和肠壁导致血液或肠内容物流入腹腔。

实验八　人外周血中性粒细胞的分离

随着对固有免疫研究的不断深入，对中性粒细胞(polymorphonuclear neutrophil，PMN)的研究越来越引起重视，因此建立稳定、高效、快速的人外周血中性粒细胞的分离、提纯方法很有必要。目前，有效获得 PMN 的方法仍是利用各种细胞的相对密度不同而进行分离，葡聚糖-泛影葡胺法主要是在获取外周血后，利用右旋糖酐加速红细胞的沉降，再将富含各种白细胞的上层液用淋巴细胞分层液进行离心分离，使粒细胞沉淀而与淋巴细胞和单核细胞分离。不连续梯度密度 Percoll 离心分离法也能将血细胞进行分离，可得到中性粒细胞层和纯度较高的单个核细胞层(表 3-1)。

表 3-1　人外周血细胞在 Percoll 中的漂浮密度

细胞	漂浮密度	细胞	漂浮密度
红细胞	1.09～1.11	淋巴母细胞	1.043～1.067
嗜酸粒细胞	1.090～1.095	单核细胞	1.050～1.066
中性粒细胞	1.080～1.085	血小板	1.03～1.06
淋巴细胞	1.052～1.077	自然杀伤细胞	1.050～1.070

【实验目的】

掌握人外周血中性粒细胞的分离原理和方法。

【实验材料】

(1) 分层液：葡聚糖-泛影葡胺(Ficoll-Hypaque，市售或自配，20℃时相对密度为 1.077±0.001)，聚乙烯吡咯烷酮包被的硅胶悬液(Percoll，市售，与 8.77%的氯化钠溶液以 9∶1的体积比混合，定为原液，再以无菌生理盐水配制成 75%和 60%的 Percoll 分离液，其中 75%Percoll 相对密度为 1.090，60% Percoll 相对密度为 1.079)，Dextran T-500 粉剂(用无菌生理盐水配成 6%的浓度)。

(2) 6%右旋糖酐生理盐水，0.83% NH_4Cl，0.1%白明胶 Hank 液，3.8%柠檬酸钠，PBS。

(3) 水平离心机等。

【实验方法】

1. 小量分离法

(1) 无菌采集 2～10ml 肝素抗凝外周血，加入 1/4 体积的 6%右旋糖酐生理盐水。混匀后在室温斜置 30～45 分钟，使红细胞下沉。

(2) 取上层液以 1∶1 的比例叠加到葡聚糖-泛影葡胺分离液面上，500r/min 离心 30 分钟。

(3) 将沉淀下来的细胞(含中性粒细胞和红细胞)用 0.83% NH_4Cl 溶液重悬并裂解红细胞，离心洗涤后悬于 2～3ml 含 0.1%白明胶 Hank 液，计数并调整浓度。

(4) 取 1 滴细胞液制成湿片，分别用台盼蓝和 Giemsa 染色，鉴定其存活率(参照本章实验五)和纯度。

2. 大量分离法

(1) 将新鲜全血经外周血计数后，与 3.8%柠檬酸钠以 9∶1 比例混匀，1500r/min 室温离心 15 分钟。

(2) 吸取白色细胞膜层用生理盐水稀释后加入 6% Dextran 1ml，小心充分混匀后室温垂直静置 30 分钟，上清即为白细胞悬液，经 PBS 洗涤离心，沉淀即粗白细胞。同时制备贫血小板血浆(platelet-poor plasma，PPP)：取步骤 1 中的上层血浆，2500g 离心 15 分钟，上清即 PPP，用以重悬粗白细胞。

(3) 在硅化管中相继叠加 75%Percoll、60%Percoll、重悬白细胞的 PPP，三者的比例为 2∶2∶1(要求保护好界面，不能相互混合)，1250r/min 室温离心 14 分钟，吸取 60%Percoll 和 75%Percoll 液界面层中的中性粒细胞。以 PBS 充分洗脱 Percoll 胶粒。

(4) 取样进行台盼蓝染色，并取 40㎕ 稀释 20 倍后在显微镜下计算回收率。用 PBS 配成所需浓度。

【实验结果】

这两种方法均能有效地收获中性粒细胞，一般而言，得率为80%以上，纯度为95%左右。第二种方法可用于大量分离，也可用于小量提取。

【注意事项】

(1) 葡聚糖-泛影葡胺和Percoll-葡聚糖分离白细胞的方法比较，前者也可获得与后者相似纯度的PMN，但葡聚糖法对中性粒细胞本身的影响较大，表现在：①形态改变，前者改变率为30.5 % ±15.8 %，后者仅为3.8 % ±3.6 %；②趋化能力降低；③暴露在相同剂量的LPS环境中释放超氧化物量降低等，经分析认为葡聚糖结构中的长链烃组分具有LPS样作用，导致分离过程对PMN的激活。另外葡聚糖-泛影葡胺法中尚需用氯化铵溶解红细胞，所以PMN中往往混有未被溶解的红细胞，而且溶解过程对PMN也具损害作用。

(2) 在用Percoll配制不连续梯度分离液时，注意各成分体积的准确性，否则相对密度与预期的不一样，影响分离效果。

【思考题】

(1) 简述葡聚糖法分离外周血单个核细胞的原理。

(2) 简述分离小鼠腹腔巨噬细胞的基本过程。

（张　冉）

第二篇　经典验证性实验

第四章　免疫沉淀实验

沉淀反应是指可溶性抗原与相应的抗体结合，在适当电解质（如 NaCl）存在的条件下，形成肉眼可见的沉淀物，包括液相沉淀试验和凝胶沉淀试验。液相沉淀试验分为环状沉淀试验、絮状沉淀试验和免疫浊度分析。凝胶内沉淀试验分为单向免疫扩散试验、双向免疫扩散试验及与电泳技术结合的对流免疫电泳和免疫电泳等。

实验九　双向免疫扩散试验

让抗原和抗体双方都在凝胶中自由扩散，当两者相遇，在比例适当处形成沉淀线的方法称为双向免疫扩散试验（double immunodiffusion test）。双向免疫扩散试验可分为试管法和平板法两种，目前最常用的是平板法。本实验以平板法为例。

【实验目的】

掌握双向免疫扩散试验的原理、操作过程、结果观察与分析，熟悉应用范围与方法评价。

【实验原理】

将可溶性抗原与相应的抗体分别加在含有电解质的琼脂凝胶板上相对应的孔内，两者都各自在凝胶中向周围自由扩散。在对应的抗原和抗体孔之间，扩散的抗原与抗体相遇时发生特异性反应，在浓度比例合适处出现可见的白色沉淀线。由于沉淀线的特征和位置与反应物的特异性、浓度、分子大小及扩散速度等有关，故根据沉淀线的有无、位置、数量、形状等特征，可用已知抗原（抗体）检测和分析未知抗体（抗原）。

【实验材料】

（1）抗原：待检血清、甲胎蛋白（AFP）阳性对照品。

（2）抗体：抗 AFP 抗体。

（3）15g/L 生理盐水琼脂等。

（4）载玻片、湿盒、吸管、打孔器、微量加样器、温箱等。

【实验方法】

（1）制板：15g/L 盐水琼脂隔水煮融，用吸管吸取 4ml，浇注于洁净载玻片上，待凝（10～15 分钟），制成厚薄均匀的琼脂板。

（2）打孔：用打孔器打孔，孔径 3～4mm，孔间距为 5mm，根据需要可成对打孔，或者打梅花型孔、双排孔、三角形孔等（图 4-1）。本试验可作三角形打孔。

（3）加样：用微量加样器将抗 AFP 抗体、待检血清和阳性对照品各 10μl 分别加入三角

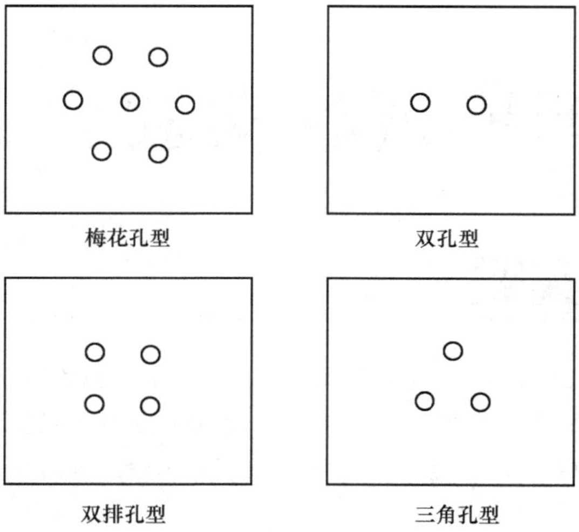

图 4-1　双向扩散试验打孔模型示意图

型孔中。如果做抗体效价测定,可作梅花型打孔,将抗原置中间孔,抗体作系列稀释后置周围孔。

(4) 温育:将加好样的琼脂板放入湿盒中,37℃温育 24 小时,观察结果。

【实验结果】

若待检血清标本与抗体孔之间出现肉眼可见乳白色沉淀线,并与阳性对照所产生的沉淀线完全融合成一线,为阳性(标本中含有 AFP)。如无沉淀线或与阳性对照沉淀线交叉,为阴性(标本中不含 AFP)。

双扩散时,在抗原和抗体的对应孔和临近孔之间,由于加入的抗原和抗体的成分不同,沉淀线的位置、数目与特征也有差别,这些都有助于分析抗原或抗体的成分。

(1) 抗原与抗体浓度判断:抗原、抗体浓度比例合适,在两孔中间形成沉淀线;抗体的浓度比抗原低,沉淀线靠近抗体一方;抗原浓度比抗体低,沉淀线靠近抗原一方。

(2) 抗原或抗体纯度鉴定:一对抗原抗体系统只能形成一条沉淀线。如果含有若干对抗原抗体系统,则因其含量及分子大小不同,扩散速度不同,可在琼脂中出现多条沉淀线(图 4-2)。

(3) 在三角形孔中,若两抗原孔抗原相同,与同一抗体反应,两条沉淀线顶端吻合(即完全一致);若两孔抗原不相同,与各自抗体反应,两条沉淀线相交(即不一致);若一抗原孔有两种不同的抗原,另一种抗原孔只有其中一种抗原,抗体孔有两种相应的抗体,则形成的沉淀线既能连接,又出现一小支带(相切,即部分一致)(图 4-3)。

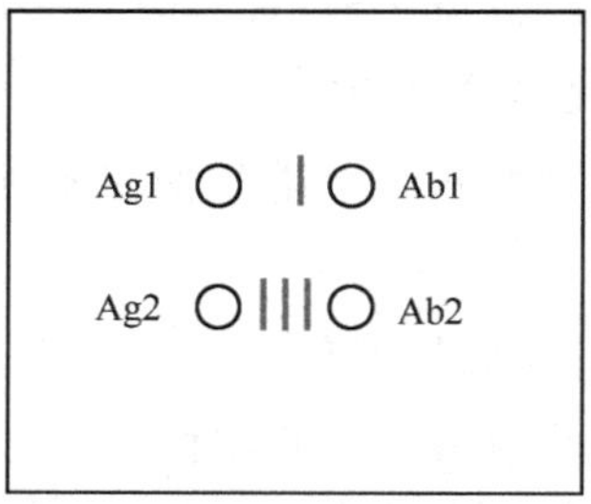

图 4-2　抗原或抗体纯度鉴定示意图
上:单一的抗原抗体系统反应结果;
下:多个抗原抗体系统反应结果

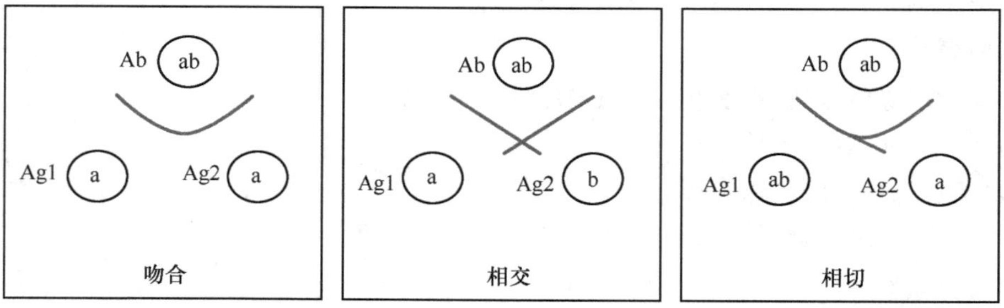

图 4-3　抗原性质分析示意图

(4) 抗原、抗体分子质量的分析:两者分子质量大致相同,沉淀线为一直线;抗体分子质量大,沉淀线弯向抗体孔;抗原分子质量大,沉淀线弯向抗原孔(图 4-4)。

(5) 抗体效价滴定:固定抗原浓度(中间孔),系列稀释抗体(周围孔),以出现沉淀线的抗体最高稀释孔作为抗体的双向免疫扩散效价(图 4-5)。

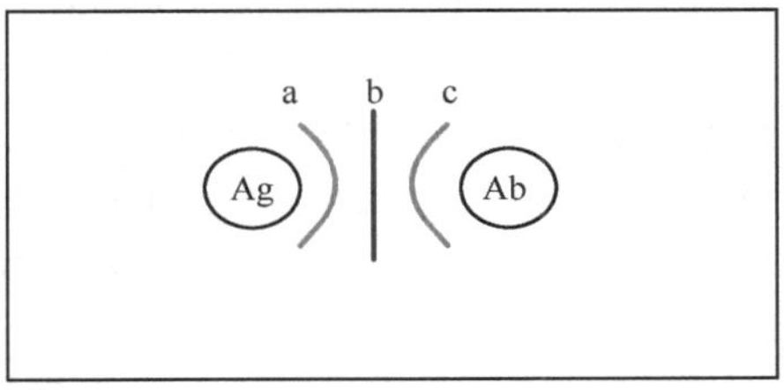

图 4-4　抗原或抗体相对分子量分析示意图

a:抗原分子量较大;b:抗原抗体分子量相同近;c:抗体分子量较大

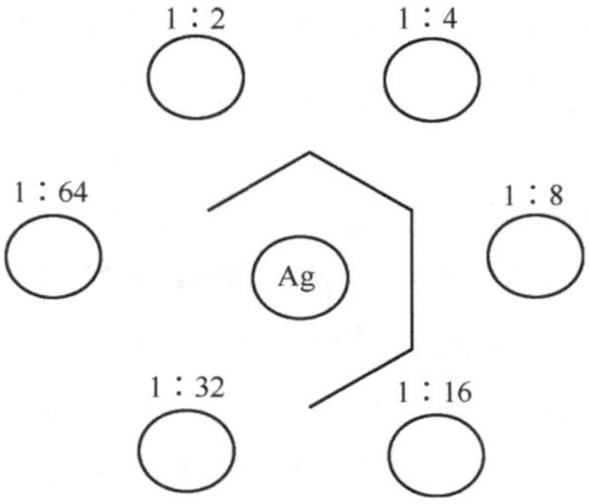

图 4-5　抗体效价滴定示意图

周围为不同稀释度 Ab(图示效价为 1∶16)

【注意事项】

(1) 玻片要清洁,边缘无破损。

(2) 浇制琼脂板时要求厚度均匀、无气泡。动作要匀速,过快易使琼脂溢出玻片之外,过慢易导致边加边凝,使琼脂凹凸不平。

(3) 打孔时避免水平移动,否则易使琼脂板脱离载玻片或琼脂裂开,如此可导致加入的样品顺裂缝或琼脂底部散失。

(4) 根据实验目的不同,打孔形状不一样。一般而言,双孔型用于抗原、抗体分子质量的分析;三角孔型用于抗原性质的分析;梅花孔型用于抗体效价滴定。

(5) 加抗原和抗体时,应注意更换微量加样器吸头。

(6) 加样时应尽量避免产生气泡或加至孔外,以保证结果的准确性。

(7) 扩散时间要适当。时间过短,沉淀线不能出现;时间过长,会使已形成沉淀线解离或散开而出现假阴性现象。

(8) 37℃扩散后,可置冰箱放置一定时间后观察结果,此时沉淀线更加清晰。

【思考题】

(1) 试述双向免疫扩散试验的主要用途。

(2) 如何利用双向琼脂扩散试验检测抗体效价?

(3) 如何判定双向琼脂扩散试验的结果?

实验十　单向免疫扩散试验

单向免疫扩散试验(single radial immunodiffusion test)是指在抗原抗体反应时,只有其中一种成分发生扩散的试验。包含试管法和平板法两种,目前最常用的是平板法。本实验以平板法为例。

【实验目的】

掌握单向免疫扩散试验的原理、操作过程、结果判断,熟悉应用范围及方法评价。

【实验原理】

将一定量抗体混合于琼脂内，倾注于玻片上，凝固后，在琼脂上打孔，再将抗原加入孔中。孔中的定量抗原向四周扩散并与凝胶中的抗体发生反应，在与凝胶中抗体比例适宜的梯度区域内形成白色沉淀环。加入孔中的抗原溶液向孔周的抗体琼脂中呈放射状扩散，故本试验又称放射状免疫扩散。沉淀环直径的大小与孔中抗原的浓度成正比，如事先用不同浓度的标准抗原制成标准曲线，则未知标本中的抗原含量可从标准曲线中求出。

单向免疫扩散试验是一种定量血清学测定方法，一般用已知抗体测定未知量的相应抗原。临床常用于血清中 IgG、IgM、IgA、补体、前白蛋白、白蛋白、蛋白酶等多种血浆蛋白的定量测定，以帮助临床诊断或分析疾病。

【实验材料】

(1) 抗原：待检人血清、已知含量的人 IgG 参考血清。

(2) 抗体：抗人 IgG 抗体(以单扩效价 1∶60 为例)。

(3) 15g/L 生理盐水琼脂、生理盐水。

(4) 载玻片、三角烧瓶、吸管、微量加样器、打孔器、湿盒、温箱等。

【实验方法】

(1) 抗体琼脂的准备：根据单扩效价对抗人 IgG 抗体作适当稀释。以单扩效价 1∶60 的抗人 IgG 抗体为例，吸取已融化琼脂 59ml 于三角烧瓶中，置 56℃水浴保温。将预温的抗人 IgG 抗体 1ml 与 59ml 融化琼脂充分混合，继续保温于 56℃水浴中备用。

(2) 制板：取混有抗人 IgG 抗体的琼脂液 4ml 浇注于载玻片上，待冷却凝固(10～15 分钟)。

(3) 打孔：用打孔器打孔，使孔径 3～4mm，孔间距为 12～15mm。

(4) 加样：将待检血清用生理盐水做 1∶40 稀释，用微量加样器取稀释血清 10ml 加入相应的试验孔中。若同时测定多个样品，应做好标记。

(5) 温育：将加好的琼脂板放入湿盒内，置 37℃温育 24 小时，观察结果(图 4-6)。

(6) 绘制标准曲线：另取已知含量的人 IgG 参考血清 1 支加 0.5ml 蒸馏水溶解，用生理盐水系列稀释。以人 IgG 含量为 10mg/ml 为例：

参考血清稀释度	1∶10	1∶16	1∶20	1∶32	1∶40
IgG 相应含量(μγ≤μλ≤♥	1000	625	500	312.5	250

分别用微量加样器取 10ml 稀释参考血清加入相应孔中，37℃温育后，观察并测量结果。

【实验结果】

取出琼脂板，可见清晰的乳白色沉淀环。测量各试验孔沉淀环的直径，如果沉淀环不太圆，则取最大直径和最小直径的平均值。

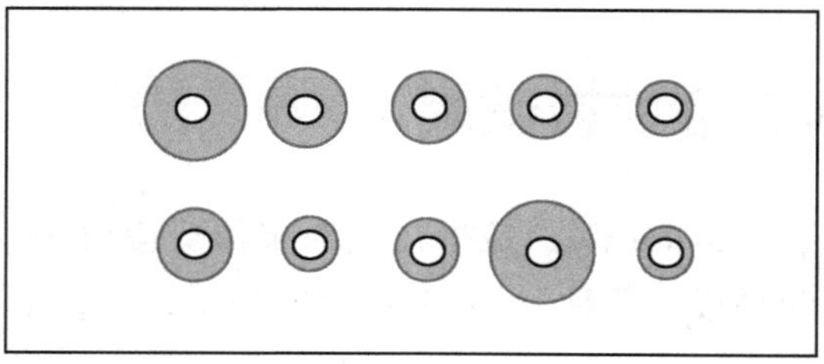

图 4-6 单向琼脂扩散试验

上排为 5 个不同浓度的参考品；下排为病人血清，右 2 为异常血清

【结果计算】

(1) 标准曲线的绘制：以所加各浓度参考血清的沉淀环直径为横坐标，相应孔中 IgG 含量为纵坐标，在半对数纸上绘制标准曲线。

(2) 待测血清 IgG 含量的计算：以待测孔的沉淀环直径查标准曲线，将查得的

IgG 含量乘以标本的稀释倍数，即得 IgG 含量。

【注意事项】

(1) 抗体与融化琼脂混合时，琼脂的温度要控制在 56℃，温度过高会使抗体变性，温度过低会使琼脂凝固，不能浇板或浇板不均匀、不平整。

(2) 浇制琼脂板时，抗体与琼脂要充分混匀，浇板要均匀、平整、厚薄一致，无气泡，铺满整张玻片。

(3) 孔要打得圆整光滑，边缘不要破裂，底部勿与载玻片脱离。

(4) 加样量要准确，加样孔内不得混有气泡。

(5) 沉淀环的直径以毫米为单位测量，测量必须准确，若有误差，再乘以稀释倍数，则误差将成倍增加。

(6) 每批实验均应同步绘制标准曲线，决不可一次标准曲线长期使用。

(7) 待测品含量在 ng/ml 级水平，方可测出。

【思考题】

(1) 单向免疫扩散试验有哪些影响因素？

(2) 简述单向免疫扩散试验的基本原理和技术要点。

(3) 单向免疫扩散试验和双向免疫扩散试验有何区别？

实验十一 对流免疫电泳试验

对流免疫电泳试验(counter immunoelectrophoresis test)是直流电场中进行的双向免疫扩散技术。蛋白质抗原与抗体在电场中作定向加速免疫双扩散，从而加快了沉淀线的形成。本实验以测定血清 AFP 为例。

【实验目的】

掌握对流免疫电泳试验的原理、操作过程、结果观察及分析，熟悉应用范围及方法评价。

【实验原理】

多数蛋白质抗原物质在偏碱性的缓冲液环境中，由于羧基电离而带负电荷，在适当的直流电场作用下，由阴极向阳极泳动。抗体大多属于 IgG 型球蛋白，所暴露的极性基团极少，其等电点较高(pH6～7)，与环境中的 pH 接近，故极性基团解离也很少，而且分子量较大，移动较慢，电泳时在琼脂电渗力的作用下，主要是顺着电子流方向缓慢向阴极移动，这样就使得抗原和抗体定向对流，并于短时间内，在抗原抗体比例适合处相遇并反应形成乳白色沉淀线。

【实验材料】

(1) 抗原：待检人血清、甲胎蛋白(AFP)阳性对照血清。

(2) 抗体：抗 AFP 抗体。

(3) 0.05mol/L pH8.6 巴比妥缓冲液：巴比妥钠 10.3g、巴比妥 1.84g。先将巴比妥置于三角烧瓶中，加入 200ml 蒸馏水，加热溶解后再加入巴比妥钠，最后加蒸馏水至 1000ml。

(4) 12g/L 琼脂巴比妥溶液：按需要量称取琼脂粉，加入 0.05mol/L pH8.6 巴比妥缓冲液，使琼脂浓度为 12g/L，隔水煮沸溶解至澄清，置 4℃冰箱保存备用。

(5) 电泳槽、电泳仪、载玻片、打孔器、微量加样器、湿盒、滴管等。

【实验方法】

(1) 制板:用吸管吸取融化的 12g/L 琼脂巴比妥溶液 4ml,浇注于洁净载玻片上,待琼脂凝固(10～15 分钟)。

(2) 打孔:用打孔器成对打孔,使孔径 3～4mm,孔距为 5mm,行距为 4～5mm(图 4-7)。

(3) 加样:将琼脂板置于盛有 0.05mol/L pH8.6 巴比妥缓冲液的电泳槽中,琼脂板两端用纱布或滤纸做盐桥与缓冲液相接,每端约贴上 1cm。用微量加样器将待检血清和阳性对照血清各 10㎕ 分别加在阴极侧孔内,对应阳极侧孔各加 10㎕ 抗 AFP 抗体。

(4) 电泳:接通电源,控制电流强度在 3～4mA/cm 板宽,或控制电压为 4～6V/cm 板长,电泳 30～90 分钟。

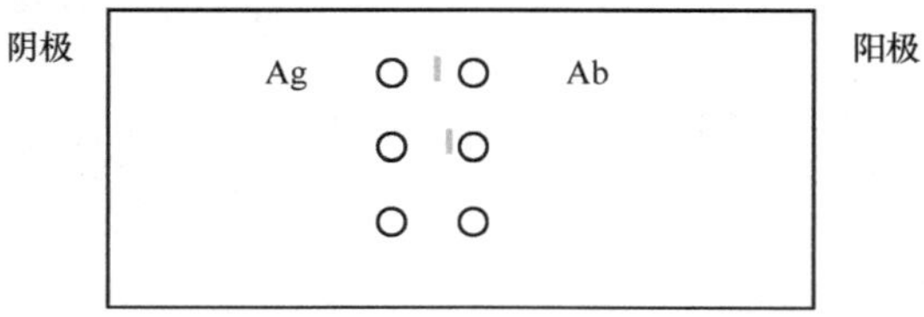

图 4-7 对流免疫电泳打孔

【实验结果】

抗原与抗体孔之间或抗体的另一侧出现乳白色沉淀线为阳性,否则为阴性。如作抗体(或抗原)效价滴定,则抗原和抗体孔之间出现乳白色沉淀线的抗体(或抗原)最高稀释度为抗体(或抗原)的效价。

【注意事项】

(1) 必须选用有高电渗作用的琼脂作支撑介质。

(2) 浇制琼脂板时要求厚度均匀、无气泡。动作要匀速,过快易使琼脂溢出玻片之外,过慢易导致边加边凝,使琼脂凹凸不平。

(3) 搭桥时注意与凝胶接触紧密,否则会使电流不均匀,致使沉淀线歪斜、不规则。

(4) 抗原、抗体要根据所标效价做稀释,两者的相对浓度要适当,否则不易出现沉淀线。

(5) 抗原、抗体的电极方向不能加反。电泳时电流不宜过大,以免蛋白质变性。电泳所需时间与孔间距离有关,距离越大,电泳时间越长。

(6) 电泳完毕,应先断开电源,再取出电泳板,以防积蓄电压触电。

(7) 若沉淀线不够清晰,可在 37℃放置数小时,以增强线条清晰度。

【思考题】

(1) 对流免疫电泳试验中,抗体为什么会泳向阴极?

(2) 对流免疫电泳试验中,抗原端为何接负极?

实验十二 免疫电泳试验

免疫电泳试验(immonoelectrophoresis test)是将电泳和免疫扩散相结合用于分析抗原组成的一种定性方法。

【实验目的】

掌握免疫电泳的实验原理、操作方法、结果分析及临床应用。

【实验原理】

本法是区带电泳和双向扩散相结合的实验,先进行区带电泳,即将待检混合抗原液中多个抗原成分在琼脂凝胶板上进行电泳分离。样品中不同的抗原成分所带电荷、分子量及构型不同，电泳迁移率各异，而被分离成肉眼不可见的若干区带。然后进行双向扩散，停止电泳后，在与电泳方向平行的琼脂槽内加入相应抗体进行双向免疫扩散。分离成区带的各种抗原成分与相应抗体扩散后相遇，在两者比例合适处形成肉眼可见的弧形沉淀线。根据沉淀线的数量、位置和形状，即可对样品中所含成分的种类及其性质进行分析、鉴定。

【实验材料】

(1) 抗原：正常人血清，人 IgG 提取物。

(2) 抗体：兔抗人全血清。

(3) 0.05mol/L pH8.6 巴比妥缓冲液：配制方法同前。

(4) 12g/L 琼脂凝胶：配制方法同前。

(5) 电泳仪、电泳槽、37℃温箱。

(6) 载玻片、吸管、打孔器、毛细滴管、5.0cm×0.6cm×0.2cm 的聚苯乙烯塑料条(或挖槽刀)、湿盒、水平台等。

【实验方法】

(1) 制板：将洁净玻片置于水平台上(图 4-8)，将塑料条放置于玻片正中，用吸管吸取热融的 12g/L 琼脂液(按 0.16～0.17ml/cm^2 计算琼脂量，使琼脂厚度约 1.6～1.7mm)加于载玻片上，待凝固(约 10～15 分钟)后打孔，孔径 3～4mm。如没有适当的塑料条，中间槽可以挖槽刀片划制，槽内琼脂暂不挑出。

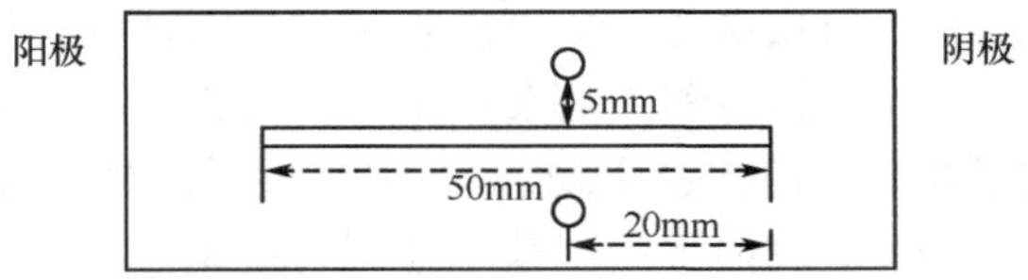

图 4-8 免疫电泳打孔槽示意图

(2) 加样：样品血清以巴比妥缓冲液做 1∶2 稀释，再用毛细滴管或微量加样器加入一个样品孔中，不要外溢。另一孔中加入人 IgG 提取物。为便于观察样品泳动位置，可在正常人血清中加入微量氨基黑染液，使白蛋白着色，观察染成蓝色的白蛋白的电泳速度和位置。

(3) 电泳：以 0.05mol/L pH8.6 巴比妥缓冲液为槽缓冲液，将加样后的琼脂板置于电泳槽上，样品孔靠近阴极端，用缓冲液浸湿的双层纱布搭桥电泳，一般稳定电压 4～6V/cm 板长，当白蛋白泳动至距槽端 1.0cm 即可终止电泳(约 50～90 分钟)。

(4) 双向扩散：取出电泳完毕后的琼脂板，挑出中间槽内的琼脂，用毛细滴管将兔抗人全血清充满槽内，注意勿外溢。将琼脂板放于湿盒内，水平置于 37℃温箱进行双向扩散，24 小时观察结果。

【实验结果】

(1) 在黑色背景下观察结果，已分离的各血清成分与相应抗体形成的沉淀弧。根据各蛋白所处的电泳位置可分为白蛋白区、球蛋白 α_1 区、α_2 区、β 区和 γ 区。高质量的免疫血清经免疫电泳与正常血清可出现二十多条沉淀弧(图 4-9)。

(2) 根据沉淀弧的数量、位置和形状，可对混合物中抗原组分及各组分的性质作出鉴定。每种抗原都和相应抗体起沉淀反应，呈现一条沉淀线，故可从沉淀弧的数目初步判断混合物中抗原数量(但不排除两条以上沉淀弧重叠的情况)。沉淀弧的位置及形态与抗原的电泳迁移率、扩散率及抗原性有关，因此可对各组分的性质作出判断。

【注意事项】

(1) 制板时要求厚度均匀，无气泡。打孔挖槽时要求外壁整齐，防止琼脂破裂。

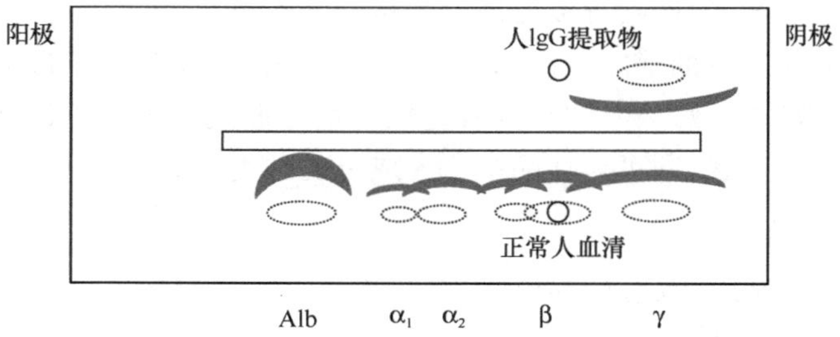

图 4-9 免疫电泳结果示意图

(2) 所用抗血清最好用免疫两只或两只以上动物的混合抗血清,增加抗血清的抗体谱。

(3) 抗原与抗体浓度比例应适当。抗体明显过剩可出现多条同心沉淀弧。抗原明显过剩可使沉淀弧增宽,边缘不清甚至消失。当蛋白质抗原浓度高于 20g/L,应用缓冲液稀释后再进行电泳和扩散。

(4) 搭桥应完全紧密接触,以免因电流不均而发生沉淀线歪曲。

(5) 电泳完毕,应先断开电源,再取出电泳板,以防积蓄电压触电。

(6) 每次电泳后应倒转正负极或将两槽缓冲液混合后再使用。

(7) 扩散过程中需要在不同时间进行结果观察,做好记录或摄影,因抗原明显过剩时,在最初几小时内会出现沉淀弧,扩散时间延长可以消失。

(8) 凝胶内沉淀试验结果可直接观察,也可干燥染色后观察保存。

【思考题】

(1) 简述免疫电泳技术的基本原理和优点。

(2) 为什么每次电泳后应倒换正负电极或将两槽缓冲液混合后再使用?

附:琼脂凝胶板染色法

1. 试剂配制

(1) 氨基黑染液:氨基黑 10B 1.0g,1mol/L 冰乙酸 500ml,0.1mol/L 乙酸钠 500ml。先将染料溶于冰乙酸溶液中,充分溶解后再加入乙酸钠溶液,棕色瓶保存。

(2) 脱色液:取 2~5ml 冰乙酸,加蒸馏水至 100ml。

2. 染色方法

(1) 除盐和去除游离蛋白:用湿滤纸盖于凝胶表面,再依次加盖数张吸水纸(或废报纸)与一块玻璃板,上压 1~5kg 重物,挤压 15~30 分钟,再将凝胶板置于生理盐水中浸泡 30~40 分钟。如此反复挤压、浸泡3~4 次,最后在挤压后将凝胶板置于烤箱(50~60℃)烘干,待染。

(2) 染色:将干凝胶板置于染液中 10~20 分钟,再用脱色液反复脱色至背景无色,水中轻洗,干燥,在室温中可保存数年。在干燥前将染色片浸泡于 5%~10%甘油中 30 分钟,保存效果更好。

实验十三 免疫浊度测定

免疫浊度测定(immunoturbidimetry)本质上属于液相中的沉淀反应,是将液相内的沉淀试验与现代光学仪器和自动分析技术相结合的一项分析技术。免疫浊度测定可分为透射免疫比浊法和散射免疫比浊法,两者又可分为终点法和速率法。本实验以微量终点透射免疫比浊法为例。

【实验目的】

掌握终点透射免疫比浊法的实验原理，了解实验方法和应用范围。

【实验原理】

当可溶性抗原与相应的抗体特异结合，并有一定浓度的电解质存在时，可以形成不溶性免疫复合物，使反应液出现浊度，这种浊度可用肉眼或仪器测知。当一定波长的光线通过反应液时，被其中的免疫复合物反射、吸收或散射而减弱。在一定范围内，入射光被吸收的量（吸光度或 *A* 值）与免疫复合物量呈正相关，当抗体量恒定时，应用标准品与相应抗体反应制备标准曲线，根据所测吸光度值可算出待检抗原的量。反应液中加入增浊剂聚乙二醇（PEG）6000 能明显加速免疫复合物的形成，并提高试验敏感度。

【实验材料】

（1）抗原：IgG 含量标准品、待检人血清。

（2）抗体：抗人 IgG 血清。

（3）稀释液：PEG6000 43.5g、NaF 21.0g、NaCl 9.0g、NaN_3 1.0g。加蒸馏水溶解后补水至 1000ml。过滤后，室温保存。

（4）酶联免疫检测仪、微量振荡器、96 孔聚苯乙烯反应板、微量加液器。

【实验方法】

（1）取聚苯乙烯反应板，每个微孔内加入最适稀释度（预试选定）的抗人 IgG 血清 330ml。

（2）分别加入待检血清 5ml，微量振荡器上混匀 1 分钟，置 37℃温箱或水浴箱 30 分钟。

（3）取出后用空白孔（含稀释抗血清 335ml，不含待检样品）调零，于酶联免疫检测仪 492nm 处读取吸光度值。

（4）将标准参考品稀释成不同浓度，同上测定，以 IgG 含量为横坐标，相应吸光度值为纵坐标，制作标准曲线。

【实验结果】

待检样品中 IgG 含量可根据所测吸光度自标准曲线上换算。

【注意事项】

（1）抗人 IgG 血清要求效价高（双向扩散效价 1∶32 以上），特异性强，亲和力强。特异性差的抗血清由于含有大量杂抗体，反应后可出现假性增高。使用低效价抗体会使试剂消耗增多，同时也可增加浊度。亲和力弱的抗体与抗原结合后极易解离，而且抗原或抗体过剩易形成可溶性复合物。

（2）反应液的最适 pH 为 6.5～8.5，超过此限度不易形成复合物。

（3）标准曲线须与待检样品同时制备，不可一次做成，反复应用。

（4）操作中最好设置质控血清孔，建立室内质控，以保证实验的精确度。

【思考题】

（1）免疫比浊测定中的稀释液为什么常加入聚乙二醇？

（2）免疫比浊技术的主要影响因素有哪些？

（蒋红梅）

第五章　免疫凝集实验

细菌、螺旋体和红细胞等颗粒性抗原或表面覆盖了抗原(或抗体)的颗粒状物质(如醛化红细胞、聚苯乙烯胶乳颗粒等)与相应抗体(或抗原)特异结合后,在适当条件下可出现肉眼可见的凝集现象,此为凝集反应。根据检测凝集反应的条件可将其分为玻片凝集法和试管凝集法两种,也可根据试验中抗原抗体的检测方式,将凝集反应分为直接凝集反应、间接凝集反应、间接凝集抑制试验等。凝集反应的检测方法比较简单,但因敏感性较差,一般只用于细菌检测、ABO 血型检测、颗粒性抗原免疫后抗体效价的检测以及抗血清的定量检测等方面。

实验十四　直接凝集试验

直接凝聚试验(direct agglutination test)是将细菌、螺旋体和红细胞等颗粒性抗原与相应抗体直接反应,在适当条件下出现肉眼可见的凝集现象。常用的试验方法有玻片凝集法和试管凝集法两种。本实验以检测抗体效价的试管法凝集试验——肥达反应(Widal test)验证免疫凝集反应及其特点。

【实验目的】

掌握直接凝集试验的原理、实验方法、结果判断,熟悉应用范围及方法评价。

【实验原理】

细菌、螺旋体和红细胞等颗粒性抗原与相应抗体在适当条件下发生反应,出现肉眼可见的凝集现象。试验中先将待测血清(抗体)进行系列倍比稀释,再加入已知定量抗原,根据每个血清稀释度的凝集情况,测定血清中有无相应抗体及其相对含量。

【实验材料】

(1) 诊断菌液:伤寒沙门菌 H 或 O 诊断菌液。

(2) 待检血清:用生理盐水作 20 倍稀释。

(3) 生理盐水、小试管、试管架、吸管、恒温水浴箱等。

【实验方法】

(1) 取干燥、洁净的小试管 7 支排列于试管架上,依次编号并做好标记。

(2) 每支试管加生理盐水 0.5ml。

(3) 倍比稀释血清:取待测血清 0.5ml 加入到第一管,充分混匀后吸取 0.5ml 加入到第 2 管,混匀后吸取 0.5ml 加入第 3 管,如此连续稀释至第 6 管,混匀后,从第 6 管吸取 0.5ml 弃去,第 7 管不加血清,作为抗原对照。至此 1~6 管的血清稀释倍数依次为 1∶40、1∶80、1∶160、1∶320、1∶640、1∶1280。

(4) 加定量抗原,每管加入伤寒沙门菌 H 或 O 诊断菌液 0.5ml,加入菌液之后,此时每管的液体总量为 1.0ml,各管的血清又稀释了一倍,故血清最终稀释度依次为 1∶80、

1:160……1:2560(表 5-1)。

表 5-1 试管凝集法操作步骤

试管号	1	2	3	4	5	6	7
生理盐水(ml)	0.5	0.5	0.5	0.5	0.5	0.5	0.5
待测血清(ml)	0.5 ↘	0.5 ↘	0.5 ↘	0.5 ↘	0.5 ↘	0.5 ↘	弃去
诊断菌液(ml)	0.5	0.5	0.5	0.5	0.5	0.5	0.5
血清稀释度	1:80	1:160	1:320	1:640	1:1280	1:2560	

(5) 摇匀,置 37℃水浴 2～4 小时,取出置 4℃或室温过夜后观察结果。

【实验结果】

判断凝集试验的结果,要选择良好的光源和黑暗的背景。先不要振摇试管,观察管底凝集物的范围和上清液的浊度。然后轻轻摇动试管使凝集物悬浮,观察凝集颗粒的大小和悬液浊度等。

(1) 首先观察盐水对照管,应无凝集现象,管底沉淀物呈圆形,轻轻摇动试管则细菌分散呈均匀混浊。

(2) 再观察试验管,伤寒沙门菌 O 抗原凝集块沉于管底,轻摇时不易散开,往往黏附于管底。根据凝集的程度,可将实验结果分为五级,通常以"+"号表示。

"++++":上清液澄清,细菌全部凝集,凝集块全部沉于管底。

"+++":上清液稍混浊,细菌大部分凝集并沉于管底。

"++":上清液稍混浊,细菌部分凝集(大约一半细菌凝集)沉于管底。

"+":上清液混浊,仅少量细菌凝集。

"—":不凝集,液体混浊度与对照管相同。

(3) 血清抗体效价:效价(或滴度)是指将标本作一系列倍比稀释后进行反应,以出现阳性反应的最高稀释度作为效价(或滴度)。只要待测血清管出现"++"以上的凝集现象即可判断为反应阳性;以出现"++"凝集的最大血清稀释度为待测血清的抗体效价。

【方法评价】

本试验是一种经典的定量凝集试验。敏感度不高,特异性受诊断菌液不稳定、易自凝的影响。本方法操作较简单,在某些情况下仍使用。

【临床意义】

本方法在临床上主要用已知抗原检测受检者血清中有无某种特异性抗体及其含量(效价),以协助临床疾病诊断或供流行病学调查研究。如诊断伤寒和副伤寒的肥达反应,诊断斑疹伤寒、恙虫病等立克次体病的外斐反应(Weil Felix test),以及诊断布氏菌病的瑞特反应(Wright test)等。

【注意事项】

(1) 凝集反应只有在抗原、抗体比例适当时才能出现肉眼可见的反应。一般情况下,随着血清浓度的逐渐稀释,凝集反应越来越弱,但在抗体浓度过高时反而无凝集现象出现,此为前带现象。出现该情况时,须加大抗体稀释倍数重新试验。

(2) 判定实验结果时,应在黑暗的背景下透过强光观察。

(3) 注意温度、电解质、振摇等对本试验的影响。水浴箱的水面勿高出试管内液面以利于试管内液体的对流，增加抗原与抗体的接触。抗原、抗体加入后，要充分混匀，以增加抗原与抗体接触的机会。

【思考题】

(1) 什么是直接凝集反应？

(2) 什么是抗血清的效价？

实验十五　间接凝集试验

间接凝集试验(indirect agglutination test)是将可溶性抗原(或抗体)先吸附于一种与免疫无关、适当大小的惰性载体颗粒表面，使其成为致敏载体，然后再与相应抗体(或抗原)结合，在适当电解质存在的条件下，载体颗粒被动地发生凝集，出现肉眼可见的凝集现象，称为间接凝集试验。可用作载体的物质有红细胞(人 O 型血红细胞、绵羊红细胞、家兔红细胞等)、聚苯乙烯胶乳颗粒、活性炭以及硅酸铝颗粒等。若所用载体为红细胞，称间接血凝试验，如载体为胶乳颗粒，则称间接胶乳凝集试验。根据致敏载体的方式，间接凝集试验又可分为正向间接凝集试验、反向间接凝集试验、间接凝集抑制试验和协同凝集试验等。这种反应适用于各种抗体和可溶性抗原的检测，其敏感度高于沉淀反应，因此被广泛应用于临床检验。本实验以胶乳凝集试验检测类风湿因子(rheumatoid factor，RF)为例，观察和验证致敏的胶乳颗粒可以产生凝集反应。

【实验目的】

掌握间接凝集试验的原理、实验方法、结果判断，熟悉应用范围及方法评价。

【实验原理】

胶乳凝集试验是以聚苯乙烯胶乳颗粒为载体的间接凝集试验。聚苯乙烯胶乳颗粒具有很强的吸附蛋白质等多种生物大分子的能力，借此将抗原与胶乳颗粒结合成致敏颗粒，直接与待测标本中的抗体发生凝集反应。

【实验材料】

(1) 人 IgG 致敏胶乳试剂：类风湿因子检测试剂，有商品出售。

(2) 类风湿因子阳性血清和阴性血清：临床标本筛选获得。

(3) 生理盐水、黑色方格反应板、牙签、毛细滴管、刻度吸管、试管、水浴箱等。

【实验方法】

(1) 待测血清、阳性血清、阴性血清分别经 56℃水浴 30 分钟灭活，用生理盐水作 1∶20 稀释，备用。

(2) 在黑色方格反应板上取 3 个格，用毛细滴管分别滴加稀释待测血清、阳性血清、阴性血清各 1 滴(约 50 ml)，然后每格加入 IgG 致敏胶乳试剂 1 滴(约 50 ml)。

(3) 在反应板上用牙签充分混匀后，连续摇动 2～3 分钟后与对照比较，观察结果。

【实验结果】

如胶乳颗粒凝集且液体澄清者为阳性反应；如胶乳颗粒不凝集仍保持均匀胶乳状者为阴性反应。

【方法评价】

间接凝集试验具有特异性强、操作简便、快速、结果清晰易观察判断、无需特殊仪器设备等优点，而且实用性强，既可测抗原（包括可溶性抗原和颗粒性抗原），又可测抗体，因此在临床上应用较多。但随着灵敏度更高的各种免疫标记技术的发展，间接凝集试验的实用性取决于临床的要求。

【临床意义】

(1) 类风湿性关节炎（RA）病人 RF 阳性检出率很高，可达 79.6%，是 RA 病人血清中常见的自身抗体。高效价 RF 阳性支持对早期 RA 的诊断，且 RF 的效价与 RA 病人的临床表现呈正相关，即随症状加重而效价升高。

(2) 除 RA 外，在系统性红斑狼疮（SLE）、干燥综合征、进行性全身性硬化症等多种自身免疫性疾病病人 RF 的阳性率可达 28.9%～50%。因而，RF 对 RA 病人并不具有严格特异性，RF 阳性不能作为诊断 RA 的唯一标准。

(3) 部分老年人以及多次疫苗注射和输血者 RF 效价亦可增高。

【注意事项】

(1) 试剂应保存在 4℃，切勿冻存。使用前应使试剂接近室温并摇匀。

(2) 日光灯光线不利于结果观察，观察时应排除非特异性凝集反应。

【思考题】

(1) 什么叫间接凝集试验？有何优点？

(2) 间接凝集试验分为几种类型？

(3) 试分析如何判定实验的非特异凝集反应。

(4) 利用本法是否可以进行定量或半定量分析？如何进行？

实验十六　间接凝集抑制试验

间接凝集抑制试验（indirect agglutination inhibition test）是以抗原致敏的载体及相应抗体作为诊断试剂，用于检测标本中是否存在与致敏载体相同的抗原的试验。检测时先将抗体试剂与待测标本混合，再加入抗原致敏载体。若标本中没有与抗体试剂相对应的抗原，抗体试剂与后加入的抗原致敏载体结合而出现凝集；若标本中存在与抗体试剂相对应的抗原，抗体试剂先与之结合，而后加入的抗原致敏载体无抗体结合，则凝集现象被抑制。同时也可用已知抗体致敏的载体及相应的可溶性抗原作为诊断试剂，以检测标本中的抗体，此时称反向间接凝集抑制试验。

本实验以检测绒毛膜促性腺激素（HCG）为例进行胶乳凝集抑制试验的验证。

【实验目的】

掌握间接凝集抑制试验的原理、实验方法、结果判断，熟悉应用范围及方法评价。

【实验原理】

孕妇尿液中含有 HCG，正常人尿中无 HCG。当向孕妇尿中加入一定量 HCG 抗体时，由于发生抗原抗体反应，抗体被消耗。此时，再往尿中加入胶乳抗原（吸附有 HCG 的聚苯乙烯胶乳颗粒），因已无抗体，故不能发生凝集，即凝集被抑制，为凝集抑制试验阳性；反之，被检尿中无 HCG(非妊娠尿),加入 HCG 抗体后未被结合和消耗。胶乳抗原加入后,抗原与抗体发生反应,出现肉眼可见的均匀细小颗粒,即凝集未被抑制,为凝集抑制试验阴性。

【实验材料】

(1) HCG 致敏胶乳试剂:妊娠诊断试剂,有商品出售。

(2) 抗 HCG 抗体:与妊娠诊断试剂配套供应。

(3) 孕妇尿液、正常人尿液、待测尿液:临床筛选获得。

(4) 生理盐水、黑色方格反应板、牙签、毛细滴管、刻度吸管、试管、水浴箱等。

【实验方法】

(1) 在黑色方格反应板上取 3 个格,用毛细滴管分别滴加待测尿液、孕妇尿液、正常人尿液(或生理盐水)1 滴,然后每格滴加抗 HCG 抗体 1 滴,分别用牙签混匀后连续摇动 1～2 分钟。

(2) 于上述 3 格中每格滴加 HCG 致敏胶乳试剂 1 滴,分别用牙签混匀后,连续摇动2～3 分钟后观察结果。

【实验结果】

阴性对照格应出现明显均匀一致的凝集颗粒,液体澄清。如试验格出现明显的凝集为阴性反应,即 HCG 阴性;而不出现凝集者,则为阳性反应,即 HCG 阳性。

【方法评价】

间接凝集抑制试验具有特异性强、操作简便、快速、结果清晰易观察判断、无需特殊仪器设备等优点。

【临床意义】

临床常用胶乳凝集抑制试验诊断早期妊娠。停经 35～40 天以上的孕妇可测得阳性结果。

【注意事项】

(1) 测定 HCG 时最好取晨尿标本,待测标本和试剂的加入顺序应遵照规定的步骤,否则无法判定结果。

(2) 试剂应保存在 4℃,切勿冻存。使用前应使试剂接近室温并摇匀。

【思考题】

(1) 简述间接凝集抑制试验的原理和检测方法。

(2) 如何用间接凝集抑制试验确证呈阳性反应的间接凝集实验是否是非特异凝集反应?

(高尚民)

第六章 免疫标记技术

免疫标记技术是目前应用非常广泛的一种免疫学检测手段，已经成为免疫学检验的主流技术，许多相应的高精度检测仪器也应运而生，又有力地促进了免疫学检验的快速发展。免疫标记技术在检测的特异性、敏感性与快速性上，以及对抗原、抗体的定量、定性、定位检测方面，较之血清学方法都有很大的进步与提高。免疫标记技术的基础，是将抗原或抗体用可以微量检测的标记物进行标记，包括放射性核素、荧光素、酶、化学发光剂、镧系元素、胶体金等。形成的标记抗体或抗原，既保留其抗原抗体特异性结合的活性，又具有标记物的示踪特性，大大地提高了检测的灵敏度。标记抗体或抗原的制备方法因标记物的不同而异，但基本过程相类似。

实验十七 酶联免疫吸附试验

酶联免疫吸附试验（ELISA）为一种固相酶免疫测定技术，先将已知抗原或抗体包被于固相载体的表面，与待检样品中的相应抗体或抗原发生反应，再加入酶标记抗体或抗原与免疫复合物结合，最后加入酶的作用底物，根据产物颜色的深浅或测定其 A 值，可进行定性或定量分析。实验的方法类型有多种，如双抗体夹心法、间接法、竞争法和捕获法等，虽然原理不尽相同，但实验特点和影响因素基本一样。

一、酶标抗体的制备

【实验目的】

熟悉酶标抗体的制备方法。

【实验原理】

用过碘酸钠氧化辣根过氧化物酶（HRP）的碳水化合物基团，使 HRP 成为有多个醛基的蛋白质聚合剂“HRP-CHO”。让“激活”的 HRP 的醛基和第二蛋白质（一般用抗体）的自由氨基反应，形成 Schiff 碱后使两个蛋白质分子发生交联，最后用硼氢化钠还原成稳定的酶结合物。

【实验材料】

（1）辣根过氧化物酶。

（2）抗体（IgG）。

（3）0.1mol/L 过碘酸钠、乙二醇、4mg/L 硼氢化钠、1.0mol/L pH9.5 碳酸盐缓冲液、0.01mol/L pH7.2 PBS、Sephadex G-25、Sephadex G-200、0.001mol/L pH4.2 乙酸盐缓冲液。

（4）磁力搅拌器、层析柱（规格为 0.9cm×24cm 和 1.6cm×90cm）、紫外分光光度计等。

【实验方法】

(1) HRP 8.0mg 溶于蒸馏水 2.0ml 中。加 0.1mol/L 过碘酸钠 0.8ml,22℃轻搅 20 分钟。加 2.5% 乙二醇 6 滴,继续搅拌 5 分钟。

(2) 过 Sephadex G-25(0.9cm×24cm),用 0.001mol/L pH4.2 乙酸盐缓冲液平衡,洗脱,分别收集后合并棕色部分,浓缩为 2.0ml。

(3) 在上述溶液中加抗体 14.0mg。逐滴加入 1.0mol/L pH9.5 碳酸盐缓冲液,使 pH 升至 9.0~9.5,室温轻搅 2 小时。加 4mg/L 硼氢化钠 0.2ml,置 4℃ 2 小时。在 0.01mol/L pH7.2 PBS 中平衡。

(4) 反应混合物过 Sephadex G-200(90cm×1.6cm)纯化柱,用 0.01mol/L pH 7.2 PBS 平衡和洗脱,流速为 15ml/h,分部收集,每管 3ml,测定各管的 A_{403} 和 A_{280} 值。

(5) 将洗脱图形中第一峰合并,分装后储存于 4℃,备用。

【实验结果】

根据下列公式计算试验结果

酶结合物中 HRP 浓度(mg/ml)=酶结合物 $A_{403}\times 0.4$

酶结合物中抗体(1gG)量(mg/ml)=($A_{280}-A_{403}\times 0.3$)×0.62

酶/抗体摩尔比=HRP 浓度/IgG 浓度×4

该比值在 1~2 之间者为宜。

【注意事项】

(1) 严格控制影响标记效率的因素,如温度、时间、pH、酶和抗体量等。

(2) 装层析柱时要使柱体均匀、柱面平整,无气泡、裂隙。

二、ELISA 双抗体夹心法——检测 HBsAg

【实验目的】

掌握 ELISA 双抗体夹心法的基本原理、方法及应用。

【实验原理】

ELISA 夹心法是将抗 HBs 与固相载体连接,形成固相抗体。加待检标本,使之与固相抗 HBs 接触反应一段时间,让标本中的 HBsAg 与固相载体上的抗 HBs 结合,形成固相载体-抗 HBs-HBsAg 复合物。洗涤后再加酶标抗 HBs,使固相免疫复合物上的 HBsAg 与酶标抗 HBs 结合,形成固相载体-抗 HBs-HBsAg-酶标抗 HBs 复合物。加底物后,复合物中的酶将底物催化成为有色产物(图 6-1)。根据颜色反应的程度进行 HBsAg 的定性或定量。固相载体上复合物带有的酶量与标本中受检的 HBsAg 量呈正相关。

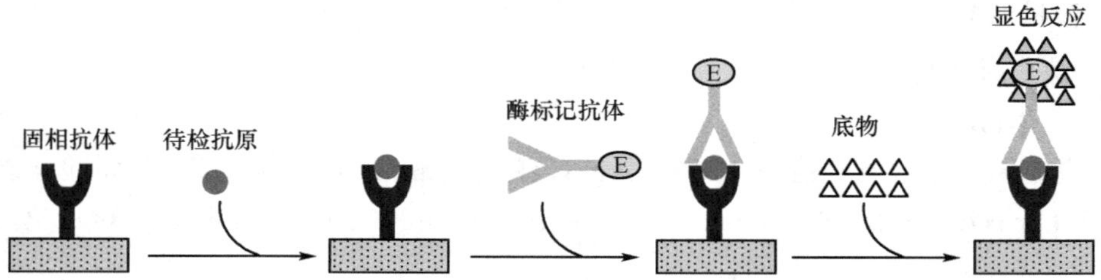

图 6-1 ELISA 双抗体夹心法原理

【实验材料】

(1) 包被稀释液：0.05mol/L pH 9.6 碳酸钠-碳酸氢钠缓冲液。

(2) 洗涤液：0.02mol/L pH 7.4 Tris-HCl-Tween20 或 pH 7.4 PBS。试剂盒配有浓缩的洗涤液，使用时用蒸馏水稀释即可。

(3) 抗体：抗 HBs 和酶标抗 HBs。

(4) 辣根过氧化物酶底物液(TMB-过氧化氢尿素溶液)：底物液 A 和底物液 B 均有商品成套出售，也可按附录推荐的配方配制。

(5) 终止液：2mol/L HCl 或 H_2SO_4溶液。

(6) 待检血清。

(7) 阴性对照、阳性对照由试剂盒生产厂家提供或购买。

(8) 微量酶联反应板、微孔条、试管、微量加样器、微量振荡器、水浴箱、酶标仪、吸水纸等。

【实验方法】

(1) 包被抗体：将抗体用包被稀释液作 1∶20 稀释，每孔加入 100㎕，置 37℃作用 2 小时或 4℃作用 18～24 小时。

(2) 洗涤：弃去孔中液体，用洗涤液洗 3 次，每次 1 分钟。于吸水纸上充分拍干，4℃储存备用(若使用成品试剂盒，抗体已经包被好)。

(3) 加入待检样品：取待检血清样品及阴、阳性对照血清各 100㎕ 分别加入酶标板反应孔中，阴、阳性对照均设两孔，同时设一空白对照孔(加入洗涤液 100㎕)，然后将反应板放入湿盒，置于 37℃温育 60 分钟。注意每份样品均做复孔检测。

(4) 洗涤：取出反应板，弃去孔中液体，用洗涤液洗 3 次，每次 3 分钟。于吸水纸上充分拍干。

(5) 加入酶标抗 HBs：将工作浓度的酶标抗 HBs (或根据试剂盒说明书提供的参考工作稀释度进行预试确定稀释倍数)加入反应孔中，每孔 100㎕，置于 37℃作用 30 分钟。

(6) 洗涤：同第(4)步。

(7) 加入底物溶液：按照顺序每反应孔先加底物液 A 50㎕(或 1 滴)，再加底物液 B 50㎕(或 1 滴)，置 37℃避光显色 15 分钟。

(8) 终止反应：每孔加入终止液 50㎕(或 1 滴)终止反应，于 10 分钟内完成判读，以空白对照调零，用酶联免疫检测仪在 450nm 波长处测定 *A* 值。

【实验结果】

(1) 肉眼判定：在白色背景下观察各孔显色情况，有明显显色者(≥阳性对照孔)者为 HBsAg 阳性；无色者为 HBsAg 阴性。现临床不主张以此法判读结果。

(2) 酶标测定仪判断：每孔加终止液后，在 450nm 波长下读数：$P/N \geq 2.1$ 者，判为 HBsAg阳性；$P/N < 2.1$ 者 HBsAg 阴性(阴性对照 $A < 0.05$ 时，以 0.05 计)。

(3) 阳性对照 *A* 值小于或等于 0.4 时，实验无效，应查明原因，重新实验。

(4) 如事先以参考标准品的浓度为横坐标，以其相应吸光度值为纵坐标，在坐标纸上绘出标准曲线。测得样品的 *A* 值可由标准曲线查出相应的抗原浓度。如使用自动化仪器，可直接计算出样品内含量。

【注意事项】

(1) 样品和试剂从冰箱取出后,应在室温下(18~25℃)平衡 30 分钟。

(2) 须确保样品加样量准确,如果加样量不准确,可能会导致错误的实验结果。建议采用微量移液器加所有组分,而且每次应该更换吸头吸取样品。

(3) 在操作过程中,应尽量避免反应微孔中有气泡产生。

(4) 洗涤时,各孔均须加满,防止孔口内有游离的酶不能洗净。因为通过洗涤来分离结合和游离的酶标记物。因此,洗涤过程在 ELISA 操作中是不能忽视的,尤其是在加酶标记抗体后,应按要求作彻底洗涤。

(5) 显色液 B 应 2~8℃避光保存,如发现显色液变色,请勿使用。

(6) 在 ELISA 双抗体夹心法中,应注意 RF 的干扰。RF 具有和多种动物 IgG 的 Fc 端结合的能力。测定时可同时结合固相抗体和酶标抗体,也能催化底物显色,出现假阳性反应。

(7) 标本应无溶血,因红细胞溶解会释放出有过氧化物酶活性的底物。在以 HRP 为标记的 ELISA 测定中,溶血标本有可能导致非特异显色。

(8) 标本以新鲜采集为好,污染细菌的标本也可能产生非特异显色,因菌体中可能含有内源性 HRP。

三、ELISA 间接法——检测抗 HBs

【实验目的】

掌握 ELISA 间接法的基本原理、方法及应用。

【实验原理】

ELISA 间接法是检测待检血清中特异性抗体的方法。将 HBsAg 结合到固相载体上,形成固相-HBsAg,然后加入待检血清,使其和待检血清中的相应抗体(抗 HBs)结合,形成固相-HBsAg-抗 HBs 免疫复合物。再加入酶标记抗人 IgG,免疫复合物则与酶标抗 IgG 结合形成固相-HBsAg-抗 HBs-酶标抗 IgG 复合物,加入底物显色,以判断标本中抗 HBs 的含量(图 6-2)。

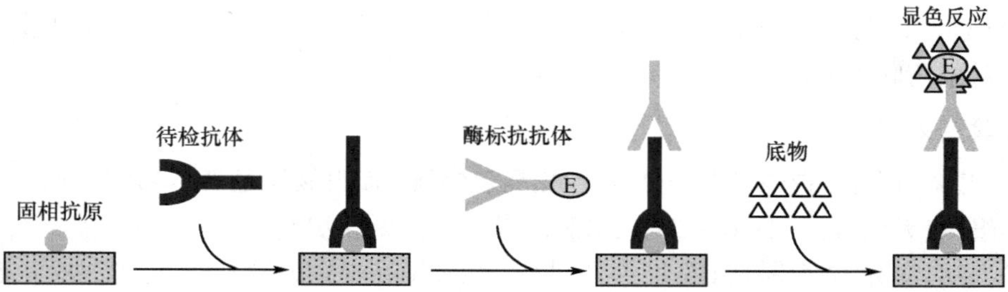

图 6-2 ELISA 间接法原理

【实验材料】

(1) 包被稀释液:0.05mol/L pH 9.6 碳酸钠-碳酸氢钠缓冲液。

(2) 洗涤液:0.02mol/L pH 7.4 Tris-HCl-Tween20 或 pH 7.4 PBS。试剂盒配有浓缩

的洗涤液，使用时用蒸馏水稀释即可。

(3) 酶联试剂：酶标记兔抗人-IgG。

(4) 辣根过氧化物酶底物液（TMB-过氧化氢尿素溶液）：底物液 A 和底物液 B 均有商品成套出售，也可按附录推荐的配方配制。

(5) 终止液：2mol/L HCl 或 H_2SO_4 溶液。

(6) 待检血清。

(7) 阴性对照、阳性对照由试剂盒生产厂家提供或购买。

(8) 微量酶联反应板、聚苯乙烯微孔条、试管、微量加样器、微量振荡器、水浴箱、酶标仪、吸水纸等。

【实验方法】

(1) 包被抗原：将抗原用包被稀释液作 1∶20 稀释，每孔加人 100㎕，置 37℃作用 2 小时或 4℃作用 18～24 小时。

(2) 洗涤：弃去孔中液体，用洗涤液洗 3 次，每次 1 分钟。于吸水纸上充分拍干，4℃储存备用(若使用成品试剂盒，抗原已经包被好)。

(3) 其余同夹心法。

【实验结果】

结果判定同夹心法。

【注意事项】

同夹心法。

四、ELISA 竞争法——检测抗 HBc

【实验目的】

掌握 ELISA 竞争法的基本原理、方法及应用。

【实验原理】

竞争法可用于测定抗原，也可用于测定抗体。以测定抗体为例，受检抗体和酶标抗体竞争与固相抗原结合，因此结合于固相的酶标抗体量与受检抗体的量呈反比。

本实验是将特异抗原 HBcAg 与固相载体连接，形成固相-HBcAg。再加入受检标本和一定量酶标抗 HBc 溶液，使之与固相抗原反应。受检标本中无抗 HBc，则酶标抗体能顺利地与固相抗原结合，加酶底物后，能使底物显色。如受检标本中含有抗 HBc，则与酶标抗体以同样的机会与固相抗原结合，竞争性地占去了酶标抗体与固相载体结合的机会，使酶标抗体与固相载体的结合量减少。标本中抗 HBc 越多，则与固相-HBcAg 结合越多，相应的酶标抗 HBc 与固相-HBcAg 结合则越少，加底物显色越浅，待测管颜色越淡，表示标本中抗体含量越多(图 6-3)。

【实验材料】

(1) 酶联试剂：酶标抗-HBcIgG。

(2) 待检血清。

(3) HBcAg 阳性、阴性对照由试剂盒生产厂家提供或购买。

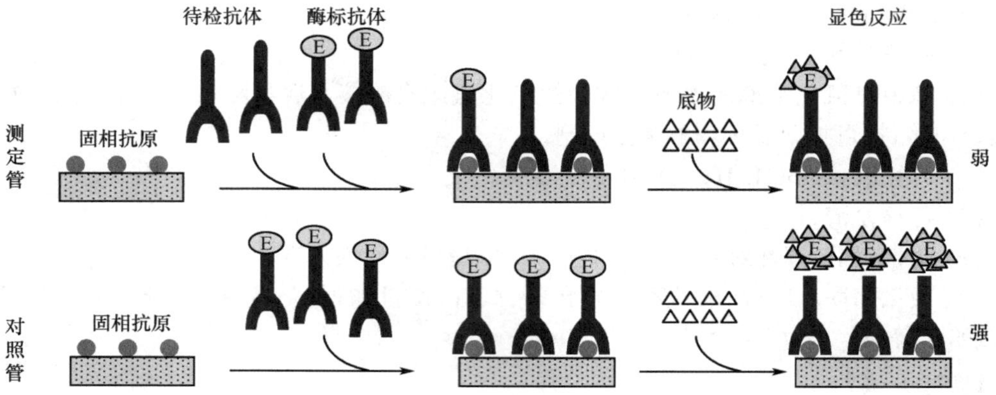

图 6-3 ELISA 竞争法原理

(4) 包被稀释液、洗涤液、显色系统、终止液同夹心法。

(5) 微量酶联反应板、聚苯乙烯微孔条、试管、微量加样器、微量振荡器、水浴箱、酶标仪、吸水纸等。

【实验方法】

(1) 包被抗原：将抗原用包被稀释液作 1∶20 稀释，每孔加人 100㎕，置 37℃作用 2 小时或 4℃作用 18～24 小时。

(2) 洗涤：弃去孔中液体，用洗涤液洗 3 次，每次 1 分钟。于吸水纸上充分拍干，4℃储存备用(若使用成品试剂盒，抗原已经包被好)。

(3) 其余同夹心法。

【实验结果】

(1) 肉眼判断：检测孔无色或显色比阴性对照孔明显浅者为阳性；检测孔显色与阴性对照孔相近或高出为阴性。

(2) 酶标测定仪判断：同夹心法。取 $\lambda=450nm$，测 A 值，检测孔 A 值比阴性对照孔 A 值下降 50%以上为阳性(用空白对照孔校正 $T=100\%$)。

【注意事项】

同夹心法。

五、ELISA 捕获法——检测抗登革病毒-IgM

【实验目的】

掌握 ELISA 捕获法的基本原理、方法及应用。

【实验原理】

血清中针对某些抗原的特异性 IgM 常与特异性 IgG 同时存在，后者会干扰 IgM 抗体的测定，所以测定 IgM 多用捕获法，其原理是将包被抗人 IgM(μ 链)于固相载体，加入被检血清，血清中抗登革病毒(DengueV)-IgM 即被固相抗人 IgM 所捕获而固定。再加入登革病毒(DengueV)抗原，若血清中有特异性抗 DengueV-IgM，它们就与登革病毒抗原结合，形成固相载体-抗 IgM-抗 DengueV-IgM-登革病毒的复合物。然后加入酶标记抗 DengueV-IγΓ≤[illegible]HPΓ[illegible]Γ≤[illegible]反应后形成固相载体-抗 IgM-抗 DengueV-IgM-DengueV-抗 DengueV-HPΓ[illegible]Γ 大分子复合物,加底物使之显色(图 6-4)。

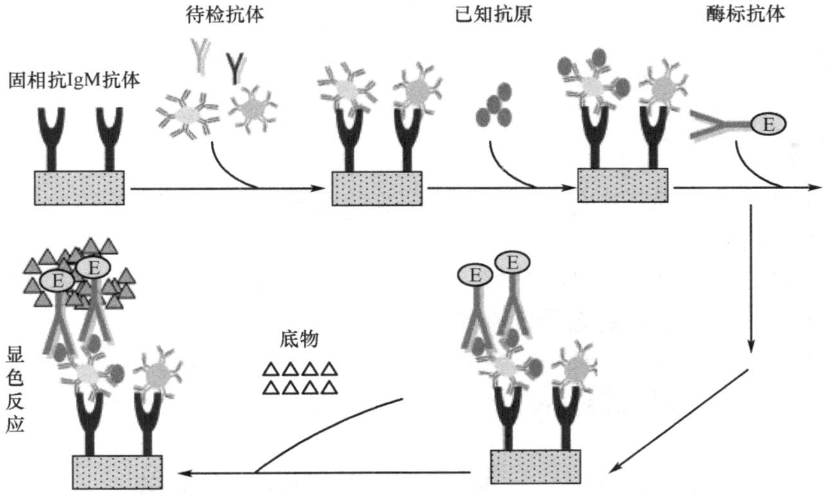

图 6-4　ELISA 捕获法原理

【实验材料】

(1) 抗人 IgM(μ 链):为抗人 m链单克隆抗体。

(2) 酶联试剂:酶标记抗登革热病毒-IgG(HRP-IgG)。

(3) 特异性抗原:登革病毒。

(4) 待检血清。

(5) 阳性对照和阴性对照血清。

(6) 其他试剂:同 ELISA 夹心法。

(7) 微量酶联反应板、聚苯乙烯微孔条、试管、微量加样器、微量振荡器、水浴箱、酶标仪、吸水纸等。

【实验方法】

(1) 包被抗体:将抗体用包被稀释液作 1:20 稀释,每孔加人 100μl,置 37℃作用 2 小时或 4℃作用 18～24 小时。

(2) 洗涤:弃去孔中液体,用洗涤液洗 3 次,每次 1 分钟。于吸水纸上充分拍干,4℃储存备用(若使用成品试剂盒,抗体已经包被好)。

(3) 稀释待检血清:被检血清用生理盐水做 1:1000 稀释。

(4) 加样:分别取稀释血清、阳性对照、阴性对照和空白对照(洗涤液)100μl 加入各孔,置室温 1 小时,弃去孔内液体,洗三次(洗涤方法同夹心法)。

(5) 加登革热病毒:每孔加入纯化的登革热病毒液 100μl,置 4℃过液,弃去孔内液体,洗 3 次,甩干。

(6) 加酶标抗体:每孔分别加适当稀释的酶标记抗登革热病毒-IgG 结合物 100μl,放 37℃ 2 小时,弃去孔内液体后洗 4 次,甩干。

(7) 加底物液:每孔 100μl,37℃20 分钟,然后每孔加 2mol/L H_2SO_4 50μl 终止反应。

【实验结果】

在酶标检测仪上读取各孔吸光度值。波长 450nm,以空白孔校零。

$$\text{阳性}:\frac{\text{测定孔吸光度值}}{\text{阴性对照吸光度值}}\geqslant 4$$

【注意事项】

同夹心法。

【思考题】

(1) ELISA 夹心法是将酶与________用胶联剂结合起来,此种酶结合物能与相应的________发生特异性结合反应,形成________大分子复合物,再加入相应的________,使其被催化成有色的产物,最后借助反应体系的________变化来推断样品中检测对象的有无。

(2) ELISA 法检测肝炎病毒的抗原或抗体,一般采用哪种方法?

(3) ELISA 法主要有哪些种类?各为酶与何物结合?如何判断结果?

(4) 归纳 ELISA 法检验操作的基本程序。

实验十八　酶免疫组织化学技术

酶免疫组织化学技术(enzyme immunohistochemistry technique,EIH)是直接以细胞或组织切片为抗原相,以酶联免疫技术检测抗原或抗体的存在与否或定位的一类酶标技术。本实验以酶免疫组化间接法检测血清中 EB 病毒衣壳抗原(virus capsid antigen,VCA)的 IgA(VCA-IgA)为例。

【实验目的】

掌握酶免疫组化技术的原理,熟悉酶免疫组化间接法的操作及应用。

【实验原理】

带 EB-VCA 的类淋巴母细胞作抗原靶细胞,制备成抗原片,加入待检血清,抗原片上的 EB-VCA 可与病人血清中的特异性 IgA 结合,形成 EB-VCA-IgA 复合物,再加入酶标抗人 SIgA(HRP-SIgA),与 EB-VCA-IgA 抗体结合,形成 EB-VCA-IgA-HRP-SIgA 大分子复合物。加入底物后酶催化底物变为有色产物,使靶细胞着色,产物的量与病人血清中的抗体量直接相关,故可根据颜色反应的深浅对抗体定性或定量分析(图 6-5)。

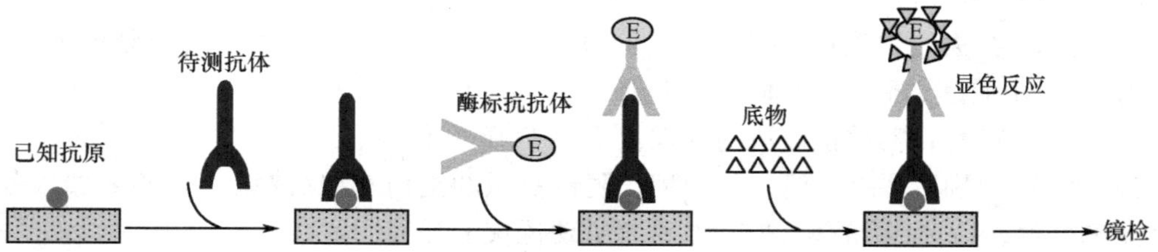

图 6-5　酶免疫组化间接法原理

【实验材料】

(1) 试剂盒:有商品供应,包含以下试剂。

1) EB病毒VCA细胞涂片(密封干燥冷藏)。

2) 酶标羊抗人SIgA(冻干制品,每支用酶标抗体稀释液0.5ml溶解后使用)。

3) 洗涤液(pH7.4 0.01mol/L PBS,1ml/支)。

4) 酶底物[3,3′二氨基联苯胺(DAB),冻干制品,避光保存,不要潮解]。

5) 底物缓冲液(pH7.6 0.05mol/L Tris-HCl,供溶解3,3′二氨基联苯胺用)。

(2) 标本:待检血清、阴性对照血清、阳性对照血清。

(3) 其他:显微镜、微量加样器、湿盒等。

【实验方法】

(1) 将细胞涂片从冰箱取出,放入盛有洗涤液的平皿中,洗涤5分钟,吹干(去除水汽)。

(2) 稀释待检血清,用PBS将待检血清稀释成1∶10或1∶20。

(3) 分别将待检血清、阴性对照、阳性对照、空白对照滴加于细胞涂片各小孔中,不使溢出。

(4) 置37℃湿盒30分钟,取出,以PBS轻洗3次,每次5分钟,洗后电吹风吹干。

(5) 加酶标抗体,每孔1滴,置37℃湿盒60分钟,同法洗3次,待显色。

(6) 底物液配制:将少量底物缓冲液加入DAB瓶中充分溶解,再混匀在总量为10ml的底物缓冲液中。将30% H_2O_2吸取2ml加入已溶解的DAB溶液中混匀(本液现用现配)。

(7) 滴加底物液于待显色的涂片上,避光作用15～20分钟,倾去显色液,置无水乙醇浸3分钟脱水。

(8) 加中性树胶于涂片上,加盖玻片封固。

【实验结果】

(1) 阳性细胞和阴性细胞判断标准:低倍镜下不着色或显浅棕色的背景为阴性细胞;阳性细胞为棕色细胞、细胞膜周围着色较深。

(2) 阳性细胞判断标准:

"++++":每低倍镜视野100个以上阳性细胞,呈深棕色。

"+++":每低倍镜视野10～100个阳性细胞,呈棕色。

"++":每低倍镜视野5～10个阳性细胞,呈浅棕色。

"+":在若干个低倍镜视野有少数阳性细胞,呈浅棕色。

【注意事项】

(1) 每次检测要作阳性血清对照和PBS空白对照。

(2) 如初测病人血清1∶20阳性时,应进行复测,将血清稀释至能测得抗体的终点滴度(终点稀释度)。

(3) 阳性细胞必须具有一定细胞形态的棕色细胞,勿将无结构的棕色异物误认作阳性细胞。

(4) 按说明书规定存放试剂盒,酶标抗体不能反复冻融,底物溶液要新鲜配制,H_2O_2溶液须常更换,否则均会影响实验结果。

【思考题】

(1) 酶免疫组化试验的基本原理,与其他酶标免疫试验有何区别?

(2) 影响酶免疫组化方法的因素有哪些?如何保证实验的稳定性?

(3) 酶免疫组化方法有哪些类型?各有什么特点?

实验十九 免疫荧光抗体技术

免疫荧光抗体技术是指用荧光抗体对细胞、与组织切片或其他标本中的抗原或抗体进行鉴定或定位检测，可在荧光显微镜下直接观察结果，又称为免疫荧光显微技术。

一、荧光抗体的制备

【实验目的】

熟悉荧光抗体的制备方法。

【实验原理】

异硫氰酸荧光素(fluoresceinisothiocyanate，FITC)是目前最常用的荧光抗体标记物。在碱性溶液中，FITC上的化学基团异硫氰基(—N ═C ═S)与抗体蛋白的自由氨基(主要是赖氨酸的 ε-氨基)结合，形成荧光抗体。荧光素标记抗体的纯化采用凝胶过滤法，又称分子排阻层析或分子筛层析，是以多孔网状结构凝胶颗粒作为层析介质。每种型号的凝胶颗粒，其所具有的海绵状立体网孔结构的孔径较一致，犹如分子筛一样，可以分离一定大小的分子。当不同大小分子的混合物加至柱表面时，大分子不能进入胶粒的网孔内，在胶粒之间的空隙中向下移动，首先被洗脱；而小分子则在下移的过程中，可不断进入胶粒的网孔内而反复遏阻，下移速度慢，逐渐与大分子分开，而较大分子晚些被洗脱。本实验根据所提纯的分子大小采用葡聚糖凝胶 Sephadex G-25，分离荧光素标记抗体与游离荧光素。

【实验材料】

(1) 抗体。

(2) 异硫氰酸荧光素(FITC)。

(3) 葡聚糖凝胶(Sephadex G-25)。

(4) 0.5mol/L pH 9.5 碳酸缓冲液。

(5) 0.005mol/L pH 7.0 磷酸缓冲液。

(6) 紫外分光光度计、铁立架、蝴蝶夹、层析柱、洗脱瓶、搅拌器、磁棒。

(7) 烧杯、试管、滴管、吸管、洗耳球、标准曲线纸、pH 试纸、黑纸或铝箔。

【实验方法】

(1) 抗体标记：

1) 取已知浓度的抗体蛋白溶液，用 0.5mol/L pH 9.5 碳酸缓冲液稀释至最终浓度为 20mg/ml。置于有盖的称量杯中，并放入磁棒用黑纸包好。

2) 称取适量的 FITC，按 FITC∶抗体蛋白的质量比为 1∶100，计算出需要的 FITC 量。即

$$待标记抗体蛋白总量(mg)\times 0.01=FITC 的量(mg)$$

3) 将称好的 FITC 放在试管中，并用黑纸包好，然后取相当于稀释后抗体蛋白溶液体积 1/10 的 0.5mol/L pH 9.5 碳酸缓冲液溶解 FITC。

4) 开启搅拌器，将 FITC 溶液用毛细滴管逐滴滴入含抗体蛋白溶液的称量杯中，加完

后用 pH 试纸测试，如 pH 低于 9.5，则用 0.2mol/L Na_2CO_3 调整 pH 至 9.5，室温下加盖搅拌 1 小时。

(2) Sephadex G-25 装层析柱：

1) 用蝴蝶夹将玻璃层析柱垂直固定于铁立架上，于柱内加入约 1/3 柱高的 0.005mol/L pH7.0 磷酸缓冲液，赶尽孔腔内的气泡，关紧止水夹。

2) 将经过缓冲液平衡过的 Sephadex G-25 凝胶轻轻搅匀，沿管壁缓缓加满层析柱，待凝胶下沉压积约 1cm 高度时打开止水夹，控制流速为每分钟 20～30 滴。

3) 将凝胶不断搅拌加入层析柱，直至凝胶沉积面离管口 4～5cm 为止。

4) 接上 0.005mol/L pH 7.0 磷酸缓冲液，流穿层析柱平衡 45 分钟。

(3) 标记抗体的纯化：

1) 上述搅拌 1 小时后的标记液上 Sephadex 柱，上样量为柱床体积的 1/6～1/10 为宜。

2) 0.005mol/L pH 7.0 磷酸缓冲液洗脱，控制流速为每分钟 20～30 滴，可见标记物逐渐向下移动并分离成 2 个节段，走在前面的淡黄绿色(荧光素标记抗体)和走在后面的黄色(荧光素)节段。

3) 用 3 支试管收集：待淡黄绿色成分走至离下端 2cm 时，用第 1 支试管开始收集；当淡黄绿色成分出现在洗脱液时，用第 2 支试管收集黄绿色液体；待淡黄绿色将消失时，收集第 3 管。

(4) 洗脱物测 A 值：

1) 第 2 管洗脱物作适当稀释，使测出的 A 值在 0.2～0.7 范围内为宜，此时分光光度计的准确性较高。

2) 紫外分光光度计开机预热，用 0.005mol/L pH 7.0 磷酸缓冲液调零。

3) 分别测上述三管洗脱物的光密度 A 值，记录 A_{495} 与 A_{280} 的读数。

【实验结果】

根据 A 值，按下列公式计算荧光素与蛋白结合比例 F/P 值

$$F/P=\frac{2.87\times A_{495}}{A_{280}-0.35\times A_{495}}$$

F/P 值越高，说明抗体分子上结合的荧光素越多，标记抗体的灵敏度就高，但 F/P 过高会增加荧光素标记抗体的负电荷，从而增加与组织细胞的非特异性吸附。一般用于固定样品的荧光抗体以 F/P=1.5 为宜，用于活细胞的以 F/P=2.4 为宜。

【注意事项】

(1) 影响标记效率的因素有温度、时间、pH、荧光素和蛋白的量等，需注意控制。

(2) 荧光素及其标记抗体的操作过程注意避光，搅拌速度应适当以避免气泡产生。

(3) 层析柱装柱注意正确操作，使柱体均匀、柱面平整，无气泡、裂隙。

(4) 上样和洗脱时应做到“前切”和“后切”。“前切”指柱顶缓冲液与凝胶平面相切时再加样品；“后切”指样品走至与凝胶平面相切时再加入洗脱缓冲液。

二、间接免疫荧光法——检测 T 淋巴细胞

【实验目的】

掌握间接免疫荧光染色的原理和方法。

【实验原理】

间接免疫荧光法是用荧光素标记的二抗来检测 Ag 或 Ab 的技术，即抗原首先与一抗结合，然后一抗再与荧光素标记的抗球蛋白抗体（抗抗体，二抗）结合，形成抗原-抗体-荧光素标记抗抗体的复合物，在荧光显微镜下显示特异荧光。其敏感性高于直接法，而且只需制备一种荧光素标记的抗球蛋白抗体，就可用于检测同种动物的多种抗原抗体系统（图 6-6）。亦可用荧光素标记葡萄球菌 A 蛋白，代替标记抗球蛋白抗体用于间接荧光法，且不受第一抗体来源的种属限制，但敏感性低于标记抗抗体法。本实验以间接免疫荧光法检测 T 淋巴细胞的不同亚群为例。

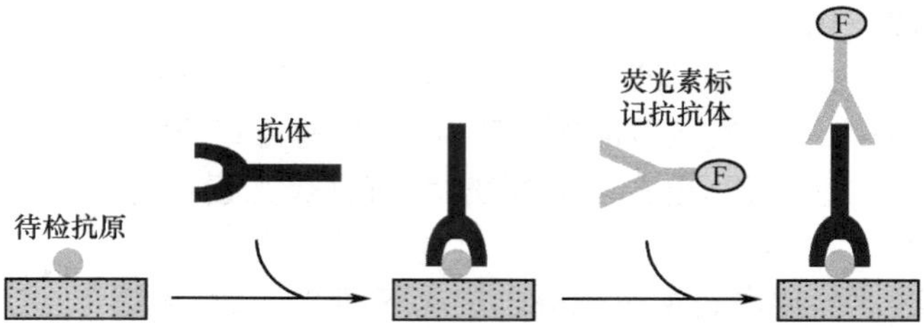

图 6-6　间接荧光抗体技术原理

【实验材料】

（1）一抗：小鼠抗人 CD3、CD4 和 CD8 的单克隆抗体。

（2）二抗：FITC 标记的兔抗小鼠 IgG 抗体。

（3）pH 7.4 Hank 液（含 5%胎牛血清）、肝素抗凝静脉血、淋巴细胞分离液等。

（4）试管、毛细滴管、Eppendorf 管、离心机、荧光显微镜、计数器、微量加样器等。

【实验方法】

（1）PBMC 的分离与悬液的制备：葡聚糖-泛影葡胺分离法分离外周血单个核细胞（PBMC），用毛细吸管吸出富含 PBMC 层，移入清洁试管中，加入 5 倍以上体积的 Hank 液混匀，1500r/min 离心 10 分钟，弃上清液；将沉淀细胞用 Hank 液重悬，再洗涤 2 次，配成 $1\times10^6\sim2\times10^6$/ml 细胞悬液。

（2）取 Eppendorf 管 4 支并编号，分别加入淋巴细胞悬液 100μl，3000r/min 离心 10 分钟，弃上清液。

（3）各管分别加入小鼠抗人 CD3、CD4 和 CD8 的单克隆抗体、Hank 液（对照）各 25μl，混匀，置于 4℃冰箱中 30 分钟。

（4）取出后用 Hank 液洗涤 2 次，以去除游离的一抗。

（5）每管加入 FITC 标记的兔抗小鼠 IgG 抗体 50μl，置于 4℃冰箱中避光作用 30 分钟。

（6）取出，用 Hank 液洗涤细胞 3 次，以去除游离的抗体，末次离心后弃去大部分上清液，留少许回流液，混匀，取 1 滴细胞悬液于载玻片，加盖玻片，用荧光显微镜观察。

【实验结果】

（1）在荧光显微镜下，细胞膜呈现荧光的即为阳性细胞。共计数 200 个淋巴细胞，分别算出各 T 淋巴细胞亚群阳性细胞的百分数。

（2）在 PBMC 中被 CD3 抗体染上荧光的细胞称为 $CD3^+$ 细胞即总 T 细胞。正常人在

PBMC 中 T 细胞占 70%～80%，其中 $CD4^+$ 细胞（40%～60%）与 $CD8^+$ 细胞（20%～30%）的比值约为 2∶1。

【注意事项】

（1）荧光染色后一般在 1 小时内完成观察，时间过长会使荧光减弱。

（2）降低和防止非特异性荧光本底的方法：细胞活性要好，封闭某些细胞表面免疫球蛋白 Fc 受体，加入 5%的与标记二抗来源相同的同种血清、3%BSA 或脱脂奶粉封闭，充分洗涤，以避免游离抗体封闭二抗与细胞膜上一抗相结合，出现假阴性。缩短孵育时间，选用一些非荧光的色素物质如亚甲蓝、碱性复红或低浓度的过锰酸钾、碘溶液等对标本进行复染，荧光标记物使用前应用滤膜或高速离心去除颗粒或沉渣以减少非特异性干扰。

（3）间接免疫荧光法检测细胞内抗原时，在与一抗孵育前，需预先对细胞用非离子去污剂进行透化处理。

（4）实验中每个检测最好设三组对照：与一抗同一种属、类型的无关抗体组，以检测染色的特异性；未加一抗的对照组，以检测二抗染色的背景；用已知阳性样品作为阳性对照组。

三、直接免疫荧光法——检测 B 淋巴细胞

【实验目的】

掌握直接免疫荧光的原理和方法。

【实验原理】

直接免疫荧光法是荧光抗体技术最简单和基本的方法。滴加荧光抗体于有相应抗原的待检标本片上，经反应和洗涤后在荧光显微镜下观察，可见有荧光的抗原抗体复合物（图 6-7）。此方法简单特异，缺点是检查每种抗原均需制备相应的特异性荧光抗体，且敏感性低于间接法。本实验以直接免疫荧光法检查 SmIg 来鉴定 B 淋巴细胞为例。

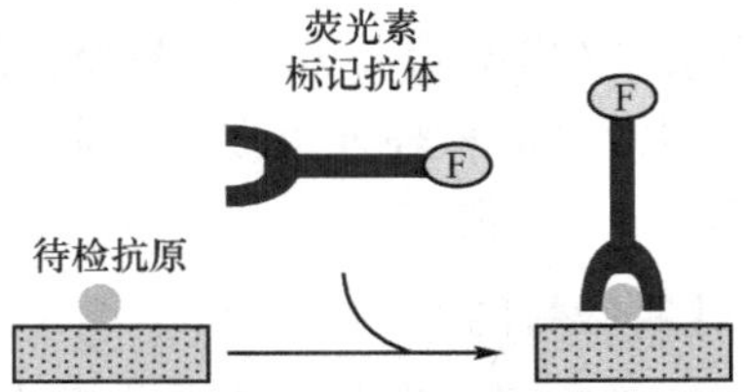

图 6-7　直接荧光抗体技术原理

【实验材料】

（1）抗体：FITC 标记的小鼠抗人 Ig 抗体。

（2）pH 7.4 Hank 液（含 5%胎牛血清）、肝素抗凝静脉血、淋巴细胞分离液等。

（3）试管、毛细滴管、离心机、荧光显微镜、计数器、微量加样器等。

【实验方法】

（1）PBMC 的分离与悬液的制备（见间接免疫荧光法）。

（2）取 2ml 离心管两支，各加细胞悬液 1ml，2000r/min 离心 3 分钟，弃上清液。一支加入 FITC 标记的鼠抗人 Ig 抗体 100μl，另一支不加抗体作对照，置于 4℃冰箱中 30 分钟。

（3）取出离心管，用 Hank 液洗涤细胞 2 次，每次 1000r/min 离心 5 分钟，以去除游离的抗体，末次离心后弃大部分上清液，混匀沉淀，滴加于载玻片上，盖上盖玻片，用荧光显微镜观察并计数荧光阳性细胞。

【实验结果】

紫外光源下荧光阳性细胞(即 SmIg 阳性细胞)呈现较强荧光,有清晰细胞轮廓,可见环状或斑点状或在细胞一侧有帽状结构。而呈现较弱、均匀一致暗淡荧光者为荧光阴性细胞。计数时可先在紫外光源下计数 SmIg 阳性细胞,再用钨灯光源照明计数同一视野内淋巴细胞总数。每份标本共计数 200~300 个淋巴细胞,算出 SmIg 阳性细胞的百分数。

【注意事项】

(1) 荧光素标记抗体应 4℃保存,避免反复冻融,使用前新鲜配制。

(2) 标本染色后应立即在荧光显微镜下观察,染色当天荧光最强最明显。需保存时应置湿盒内 4℃避光保存,以防光照的淬灭作用。

(3) 在滴加于载玻片前要彻底去除游离的抗体,以避免假阳性结果。

【思考题】

(1) 实验操作中应注意哪些方面以控制荧光素标记效率及均匀度?有何意义?

(2) 免疫荧光技术操作过程为何要注意避光?

(3) 常见的免疫荧光技术有哪些类型?其原理如何?

实验二十　时间分辨荧光免疫分析

时间分辨荧光免疫分析技术(time-resolved fluoroimmunoassay,TRFIA)是自 80 年代以来发展起来的一种新型分析技术,与其他免疫分析技术相比,有其独特的优点。它克服了放射免疫分析法(RIA)中放射性同位素带来的污染问题,克服了酶免疫分析法(EIA)中酶不稳定的缺点。而且,由于 TRFIA 法能够很好地消除背景荧光的干扰,使其灵敏度比普通荧光法(FIA)高出几个数量级。正是由于 TRFIA 的独特优点,使得它成为免疫分析中最有发展潜力的一种分析方法。本实验以时间分辨荧光免疫测定固相双位点杂交法定量测定 HBsAg 为例。

【实验目的】

熟悉时间分辨荧光免疫分析的原理和方法,了解时间分辨荧光免疫分析仪器的主要组成和操作程序。

【实验原理】

使用针对 HBsAg 不同决定簇的两种特异性抗体,一种在微孔条上预先包被,另一种配以铕标记(HBsAb-Eu^{3+})。标准品或待检样品先与固相抗体反应,洗涤后再加入 Eu^{3+} 标记的抗体,再次孵育,形成固相 HBsAb-HBsAg-HBsAb-Eu^{3+} 复合物,充分洗涤后加入增强液,测定荧光强度,所测得的荧光强度与待测抗原浓度成正比(图 6-8)。

【实验材料】

(1) 试剂:TRFIA 法乙型肝炎表面抗原试剂盒、卫生部临检中心质控血清。

(2) 待检血清或血浆。

(3) 仪器:半自动时间分辨荧光免疫分析仪、加样枪、微孔酶标板(条)、全自动洗板机等。

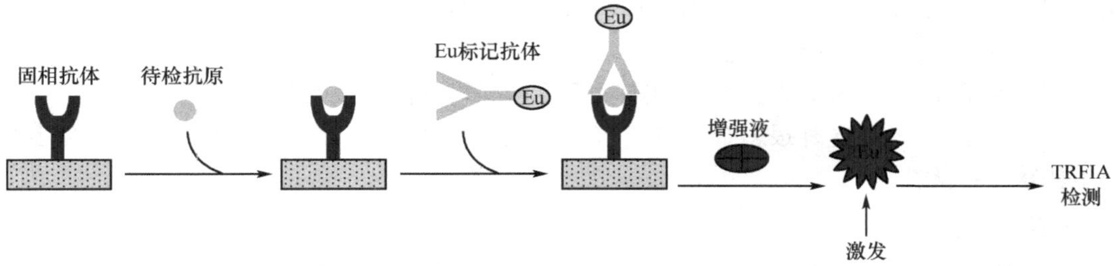

图 6-8　固相双位点夹心法 TRFIA 原理(反应程序)

【实验方法】

(1) 准备试剂：

1) 平衡试剂盒温度：将试剂盒各组分取出，平衡至室温(18～25℃)，微孔板开封后，余者以自封袋封存。

2) 编号：将微孔条固定于支架，按顺序编号。

3) 稀释洗涤液：将浓缩洗涤液用蒸馏水作 1∶25 稀释后备用。

4) 稀释铕标记物：稀释使用前 1 小时内，使用一次性的干净塑料容器，把铕标记物取所需量用标记稀释液作 1∶100 稀释，并一次用完。未稀释的铕标记物置 2～8℃保存。

(2) 加样：用加样器加入 100㎕ 阴性、阳性对照，质控血清、待检血清或已知不同浓度的 HBsAg 标准品于相应孔，用封口膜封板。

(3) 孵育：放反应板于振荡仪慢速振荡孵育 45 分钟(室温 20～25℃)。

(4) 洗涤：小心揭下封口膜并弃掉，用洗板机洗涤 5 次，最后控干。

(5) 加铕标记物：每孔加入已稀释的铕标记物 100㎕，用封口膜封板。

(6) 孵育：放反应板于振荡仪慢速振荡孵育 45 分钟(室温 20～25℃)。

(7) 洗涤：小心揭下封口膜并弃掉，用洗板机洗涤 6 次，最后控干。

(8) 加增强液：每孔加入增强液 100㎕，慢速振荡孵育 5 分钟。

(9) 仪器测定：用时间分辨荧光测定仪测定各孔的荧光强度。

【实验结果】

以已知不同浓度的 HBsAg 标准品的浓度为横坐标，荧光值为纵坐标，绘制标准曲线，根据标准曲线定值；HBsAg 定值大于 0.5ng/ml 为阳性。

【注意事项】

(1) 试剂：不同批号的试剂不要混用，不要使用过期的试剂；试剂盒应平衡至室温。

(2) 标本：标本保存不当、含血球或溶血的标本会影响结果；如需稀释样本，要用小牛血清。

(3) 吸取试剂：吸取增强液和铕标记物时，使用试剂盒提供的吸头，避免不必要的污染。

(4) 洗板：洗板机在使用时应进行校正注液量和残留量，注意管道是否通畅。洗涤时，确认每孔中的洗涤液都注满微孔，洗涤后，每个孔必须是干的，如果仍有水可倒扣在无尘吸水纸上拍干。

(5) 质控：同一实验中用同一批号的试剂时只需做阴性、阳性对照及质控血清各一孔；

用不同一批号的试剂时每一批号的试剂均做阴性、阳性对照及质控血清。

(6) 封口：封口膜不能重复使用。

(7) 仪器：时间分辨荧光分析仪预热时间不足等均可出现较大的变异。

(8) 其他：尘土中含有很多金属离子，金属离子会产生荧光，影响试验结果，因此实验室环境要求干净无尘。

【思考题】

(1) 简述时间分辨荧光分析的分析原理。常用的标记物有哪些？

(2) 影响时间分辨荧光分析的因素有哪些？

(3) 时间分辨荧光分析和传统的荧光免疫分析各有何优点和不足之处？

(王晓娟)

实验二十一　化学发光免疫分析技术

化学发光免疫分析法是在化学发光反应及抗原-抗体特异性识别基础上建立起来的一种新的非放射免疫分析技术。该方法具有灵敏度高、特异性强、精密度好、线性范围宽、仪器设备简单、试剂价格低廉、方法稳定、快速等优点，已成为一种重要的非同位素标记免疫分析方法，用于各种抗原、半抗原、抗体、激素、酶、脂肪酸、维生素和药物等的检测。

化学发光免疫分析包括三大类型：即标记化学发光物质的化学发光免疫分析；标记荧光物质的荧光化学发光免疫分析和标记酶的化学发光酶联免疫分析。本实验将以偶合放大化学发光酶联免疫分析法检测人血清中乙型肝炎表面抗原(HBsAg)为例。

【实验目的】

掌握化学发光免疫分析技术的实验原理和操作过程。

【实验原理】

辣根过氧化物酶(horseradish peroxidase，HRP)可以催化鲁米诺(Luminol)-H_2O_2反应体系产生化学发光，但由于该体系的检测灵敏度不够高，不能满足酶联免疫测定的要求。因此，为了提高体系的检测灵敏度，可将 HRP 催化 H_2O_2 氧化曙红(Eosin)的反应与该反应产物增强辣根过氧化物酶催化 Luminol-H_2O_2的化学发光反应相偶合，建立偶合放大化学发光酶联免疫分析法。这里酶的活性是基于发光反应进行检测的(图 6-9)。

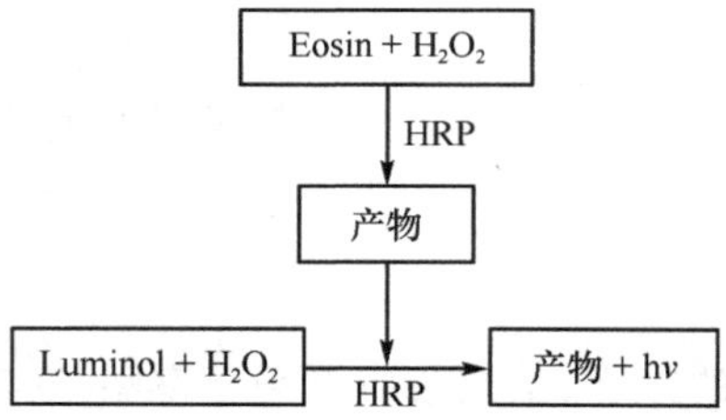

图 6-9　偶合放大化学发光反应

结合的酶标抗体随血清中 HBsAg 含量的增加而增加，偶合放大化学发光强度也就越强。因此，可以根据检测到的化学发光光强度来间接定量人血清中 HBsAg 的水平。

【实验材料】

(1) 包被缓冲液、抗体稀释缓冲液、抗 HBsAg 抗体、HRP 标记的抗 HBsAg 抗体、正常人血清(HBsAg 阴性对照)、HBsAg 阳性标准品、鲁米诺、待检血清、小牛血清等。

(2) 化学发光分析仪、电热恒温培养箱、各种规格加样器、小玻璃试管及聚苯乙烯珠等。

【实验方法】

(1) 包被抗体:在每个小试管中加入聚苯乙烯珠各一枚,再加入 300㎕ 用包被缓冲液稀释的抗 HBsAg 抗体,置 4℃过夜。

(2) 洗涤:用抽滤针头吸干管内液体,加入 2ml Tris-HCl-Tween20 洗涤,共 3 次;放置 3～5 分钟,用抽滤针头吸干管内液体。

(3) 用 0.5%的小牛血清封闭 1 小时。

(4) 标准品和待测样品加样:用 PBS-Tween20 缓冲液稀释 HBsAg 标准品至 640、320、160、80、40、20、10、5、0ng/ml 系列浓度,每个浓度取 300㎕ 加入小玻璃试管中;取 300㎕ 待检血清加入小玻璃管,每个样品重复 2 管,置 37℃孵育 2 小时。实验同时设阴性和空白对照。

(5) 洗涤:方法同步骤(2)。

(6) 加酶标抗体:用含小牛血清的 PBS-Tween 20 缓冲液稀释 HRP 标记的抗 HBsAg 抗体,每管加入 300㎕,空白对照管只加用于稀释酶标抗体的稀释液。置 37℃孵育 2 小时。

(7) 洗涤:方法同步骤(2)。

(8) 化学发光测定:给每管加入 300㎕ 底物溶液,置 37℃保温 15 分钟。然后将小试管放入化学发光分析仪中,加入 300㎕ 5.0×10^{-4} mol/L Luminol。记录仪记录化学发光强度,记作 L。

【实验计算】

1. 定性检测　按下列公式判断阴、阳性

$$S/N=\frac{L_{样品}-L_{空白}}{L_{阴性对照}-L_{空白对照}}$$

式中,S 表示样品,N 表示阴性对照。如 S/N≥2.1 即为阳性,S/N<2.1 即为阴性。

2. 定量检测　以不同稀释度的 HBsAg 阳性标准品的化学发光强度为纵坐标,以对应的参考浓度为横坐标,作出标准曲线;待测样品中 HBsAg 的含量就可由测量的化学发光强度换算得到。

【注意事项】

(1) 洗涤要彻底,以免因血清中其他来源的过氧化物酶类物质所产生的非特异性反应,而影响测定结果。

(2) 加入曙红是为了增强化学发光强度;曙红氧化反应在 15 分钟时达到平衡时,且在 1 小时内保持稳定,因此,控制底物与酶反应 15～20 分钟内加 Luminol 进行化学发光测定。

(3) 当加入 Luminol 后,迅速产生化学发光并使发光在 1 秒钟内达到峰值,然后很快衰减到基线水平。因此,只有当小试管置于仪器的测量位置时,方可加入 Luminol。

【思考题】

(1) 除化学发光检测法外,HBsAg 还有哪些其他的检测方法?

(2) 还有哪些物质可用作化学发光的酶底物?

实验二十二　斑点金免疫渗滤试验

斑点金免疫渗滤试验(dot immunogold filtration assay,DIGFA)是将抗原或抗体点加

在固相载体硝酸纤维素薄膜上（这种固相载体具有过滤性能）制成抗原或抗体包被的微孔滤膜并贴置于吸水材料上，依次在膜上滴加标本、免疫金及洗涤液等试剂并与硝酸纤维素膜上的相应抗体或抗原发生反应，过量试剂很快渗入吸水材料中。抗原抗体反应后，形成大分子胶体金复合物，从而使阳性结果在膜上呈现红色斑点。

液体通过微孔滤膜时，渗滤液中的抗原或抗体与膜上的抗体或抗原相接触，起到亲和层析的浓缩，达到快速检测的目的（一般在5分钟左右完成），同时洗涤液的渗入在短时间内即可达到彻底洗涤目的，简化了操作步骤，达到简便的目的，成为“床边”检验（point of care test，POCT）主要方法之一。本方法除试验盒本身外，不需要任何仪器设备。

本实验以基于双抗体夹心法的渗滤装置测定尿中HCG。

【实验目的】

掌握斑点金免疫渗滤技术的实验原理和操作过程。

【实验原理】

实验需要两株针对HCG不同表位的单克隆抗体，其中一株抗HCG单克隆抗体吸附在硝酸纤维素微孔滤膜中央，起到捕获HCG的作用；另一株抗HCG单克隆抗体用胶体金标记，在检测时形成斑点。

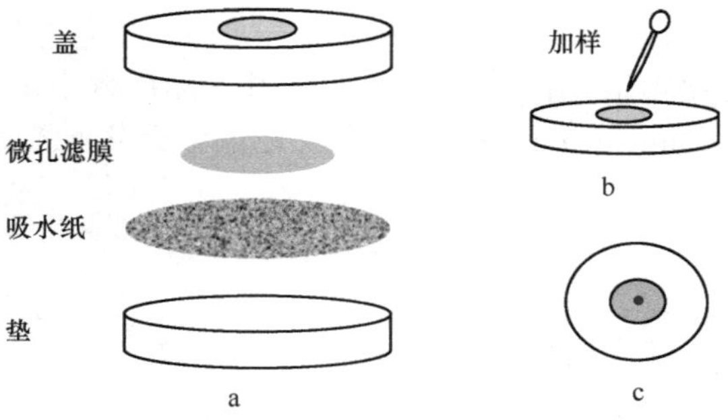

图 6-10　斑点金免疫渗滤试剂盒结构及操作方法

检测装置由盖、硝酸纤维素微孔滤膜、吸水纸和垫组成（图6-10a）。实验时，向微孔滤膜中央滴加待检样品（图6-10b），若样品中含有HCG，则在渗滤过程中HCG与膜上抗HCG单克隆抗体结合，微孔滤膜下的吸水纸的加速渗滤过程；然后滴加金标记抗体，形成双抗体夹心，加洗涤液洗涤，洗去未结合的金标抗体，如在膜中央形成红色斑点，则为阳性结果（图6-10c）。

【实验材料】

(1) 渗滤试剂盒：由渗滤装置、胶体金标记抗体和洗涤液组成。

(2) 新鲜中段孕妇尿液、标准HCG样品。

(3) 一次性塑料吸管等。

【实验方法】

(1) 将渗滤装置平放于实验台上，于小孔内滴加待检样品1～2滴。

(2) 待样品完全渗入后，于小孔内滴加免疫金试剂1～2滴。

(3) 待样品完全渗入后，于小孔内滴加洗涤液2～3滴；目测观察结果。

(4) 实验同时设阳性和阴性对照，以排除假阳性或假阴性。

【实验结果】

在膜中央显示清晰的淡红色或红色斑点者判为阳性反应，反之则为阴性反应。斑点呈色的深浅相应地提示阳性程度。

【注意事项】

(1) 试纸条尽量于4℃保存，以免抗体失效；从冰箱取出的试纸条后，平衡至室温后再打开包装，这样可以避免形成的反应线不清晰。

（2）正确操作，尿液样品量和免疫金试剂量不要加入过多，以免使吸水纸饱和，无法进行后续操作。

【思考题】

（1）斑点金免疫渗滤试验临床应用应注意哪些问题？

（2）斑点金免疫渗滤试验有何不足之处？

实验二十三　胶体金免疫层析试验

斑点金免疫层析试验（dot immunogold chromatographic assay）是将胶体金标记技术和蛋白质层析技术相结合的、以硝酸纤维素膜为载体的快速的固相膜免疫分析技术。该技术主要是将特异性的抗原或抗体以条带状固定在NC膜上，胶体金标记试剂吸附在结合垫上，当待测样品加到试纸条一端的样品垫上后，通过毛细作用向前移动，溶解结合垫上的胶体金标记试剂后相互反应，再移动至固定的抗原或抗体的区域时，待测物和金标试剂的复合物又与之发生特异性结合而被截留，聚集在检测带上，通过可目测的胶体金标记物得到直观的显色结果。本法除层析条装置外，不需任何仪器设备。

目前该技术已经在临床医学检验广泛应用，如激素（早孕、LH等）、传染病病原的抗体和抗原（甲肝、乙肝、丙肝、艾滋病、乙脑、流感等）、性病（梅毒螺旋体抗体、淋球菌等）、细菌（结核杆菌抗体、沙门菌抗体等）、寄生虫（弓形虫、包虫、血吸虫、人囊虫等）、肿瘤标记物（甲胎蛋白、血清癌胚抗原等）、心血管病检测标记物（血清心肌钙蛋白等）以及大麻、吗啡、海洛因等。

本实验以基于双抗体夹心法的试纸条测定β-HCG。

【实验目的】

掌握斑点金免疫层析技术的实验原理和操作过程。

【实验原理】

胶体金标记的（兔）抗β-HCG IgG单克隆抗体干片粘贴在近下端，（羊）抗β-HCG单克隆抗体和（鼠）抗兔IgG单克隆抗体分别包被在NC膜的测试带（T）和质控带（C）。检测时，试纸条下端浸入样品中，在层析流的作用下，液体向试纸条上端移动，β-HCG IgG溶解于液体中，若待测样品中含有β-HCG，即形成金标抗β-HCG -β-HCG复合物，移至测试区时，形成金标抗β-HCG抗体-β-HCG-抗β-HCG抗体的双抗体夹心复合物，多余的金标抗β-HCG抗体移至质控区被（鼠）抗兔免疫球蛋白抗体捕获，呈现红色质控线条。

【实验材料】

（1）胶体金试纸条：为商品化的试剂，所用试剂全部为干试剂被组合在试纸条。

（2）样品：待测尿液和β-HCG阳性样品溶液。

【操作方法】

（1）将试剂条标记线一端浸入待检样品中2～5秒或在样品加样入加一定量待检样品，平放于水平桌面上（图6-11a）。

（2）室温下5～15分钟，目测观察结果。

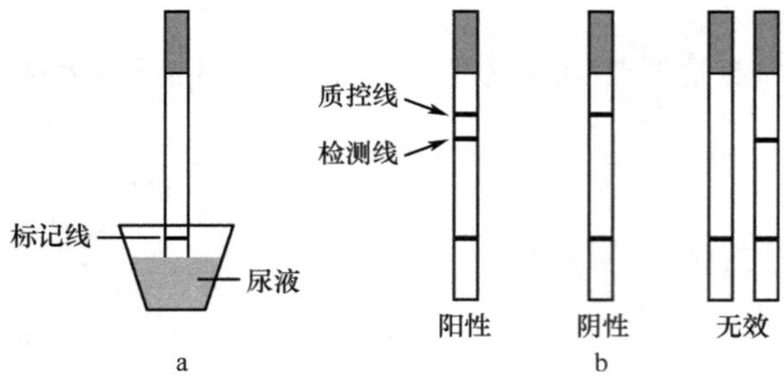

图 6-11　胶体金免疫层析试验操作及结果判断

【实验结果】

结果判断(图 6-11b)。

【注意事项】

(1) 试纸条从包装中取出后应尽快使用,避免失效。

(2) 将试剂条插入样品中时,样品的液面不能超过试剂条的标记线。

(3) 若质控线未出现,则表明试纸条失效。

【思考题】

(1) 斑点免疫层析试验方法学类型有哪些?

(2) 斑点免疫层析试验用于检测时应注意哪些事项?

(赵祖国)

第七章 细胞免疫功能检测技术

细胞免疫功能检测的方法可分为体内试验和体外试验两种。体内试验主要是迟发型超敏反应(DTH)的检测，包括皮肤过敏试验和接触性过敏试验两种方法。在自然条件下，免疫细胞的功能都是在体内完成的。但在进行免疫细胞功能检查时，主要采用体外试验的方法。所用刺激物主要为多克隆刺激物和特异性抗原，植物血凝素(PHA)、刀豆蛋白 A(ConA)、抗 CD2、抗 CD3 McAb 等多克隆刺激剂可选择性地刺激 T 细胞增殖；而抗 IgM、含葡萄球菌 A 蛋白的菌体(SAC)、脂多糖(LPS)则刺激 B 细胞发生增殖；美洲商陆(PWM)、肿瘤刺激剂 PMA 对 T、B 细胞的增殖均有刺激作用。特异性抗原可以是可溶性抗原，也可以是细胞表面抗原。不同的刺激因子可刺激不同的淋巴细胞分化增殖，因而可反映不同淋巴细胞群体的免疫功能。

实验二十四 淋巴细胞增殖试验

T 细胞在体外培养时，受到有丝分裂原如植物血凝素(PHA)、刀豆蛋白 A(ConA)或特异性抗原刺激后，可出现细胞体积增大、代谢旺盛、蛋白和核酸合成增加，即向淋巴母细胞转化和增殖，此称为淋巴细胞转化现象或淋巴细胞增殖试验。淋巴细胞转化率的高低可以反映机体的细胞免疫水平，因此可作为测定机体免疫功能的指标之一。

淋巴细胞转化试验的方法主要有形态计数法、^{3}H-TdR 掺入法和 MTT 法三种。形态计数法简单易行，不需特殊设备。但判断结果时，受主观因素影响较大，重复性和客观性较差。^{3}H-TdR 掺入法比较客观，克服了形态学方法易受主观因素的影响的缺点。但该法需要昂贵的仪器，有放射性污染，并受核素半衰期及其他试验条件的影响。MTT 法具有灵敏、重复性好的优点，常用于评价各种刺激物、抑制物、细胞毒药物或细胞因子等受试物对增殖的影响和作用的程度。本法比较简单、经济，避免使用放射性物质，但敏感性比^{3}H-TdR 掺入法差。

一、形态学方法

【实验目的】

掌握形态学方法检测淋巴细胞增殖的原理及淋巴细胞转化后的形态，熟悉形态学方法检测淋巴细胞增殖的操作。

【实验原理】

T 淋巴细胞在体外培养过程中，受有丝分裂原如植物血凝素(PHA)等刺激后，可转化为淋巴母细胞，表现为细胞变大、细胞质增多、出现空泡、核仁明显等，部分细胞可出现有丝分裂，计数转化细胞的百分率可反映机体的细胞免疫功能。

【实验材料】

(1) RPMI 1640 培养液：含 10%小牛血清、100U/ml 青霉素、100μg/ml 链霉素、30.0g/L 谷氨酰胺，pH7.2～7.4。

(2) PHA:用 RPMI 1640 基础培养液配成(500～1000)μγ≤μλΥ≤

(3) 8.5g/L NH_4Cl。

(4) 姬姆萨(Giemsa)染液。

(5) 固定液:甲醇与冰乙酸按 9∶1 混合。

(6) 离心机、恒温箱、计数器、显微镜等。

【实验方法】

(1) 取无菌肝素抗凝血 0.1ml,加入 1.8ml 细胞培养液中,同时加入 1000ng/ml PHA 0.1ml,对照管不加 PHA,将细胞置 37℃、5% CO_2 培养 3 天,每天摇动 1 次。

(2) 培养结束时吸弃大部分上清液,加入 8.5g/L NH_4Cl 4ml 混匀,置 37℃水浴 10 分钟。

(3) 2500r/min 离心 10 分钟,弃上清液,沉淀加 5ml 固定液,室温作用 5 分钟。

(4) 2500r/min 离心 10 分钟,弃上清液,留 0.2ml 沉淀细胞制片,迅速风干。

(5) 姬姆萨染液染色 10～20 分钟,水洗,干燥。

(6) 油镜计数 200 个淋巴细胞中转化的细胞数,计算转化率。

【实验结果】

(1) 淋巴母细胞的形态学标准:细胞核的大小、核与胞质的比例、胞质染色性及核的构造与核仁有无。各种细胞类型的特征见图 7-1 和表 7-1。

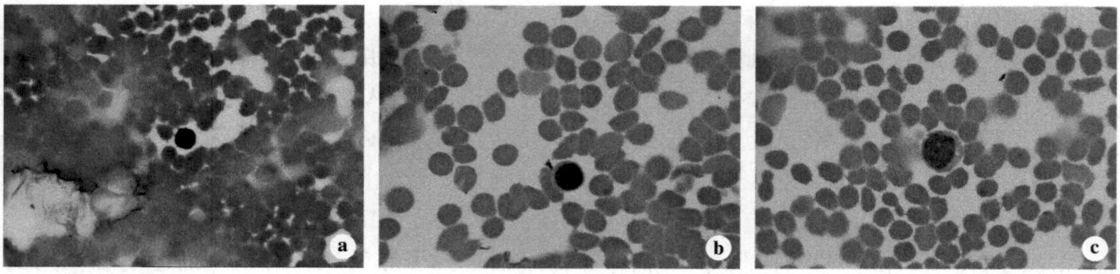

图 7-1 淋巴细胞转化的形态特征

a. 未转化的淋巴细胞;b. 过渡期淋巴细胞;c. 转化的淋巴母细胞

表 7-1 未转化和转化的淋巴细胞形态特征

细胞类别		转化的淋巴细胞		未转化淋巴细胞
		母细胞	过渡型	
细胞体积(直径,μμ≤♥		12～20 或更大	12～16	6～8
胞核	大小	增大	增大	不增大
	染色质	疏松	疏松	密集
	核仁	清晰可见 1～4 个	有或无	无
	有丝分裂	+或−	−	−
胞质	增多	++	+	−
	着色	嗜碱	嗜碱	无青色
	空泡	+或−	+或−	−
	伪足	+或−	+或−	−

1) 成熟的小淋巴细胞：与未经培养的小淋巴细胞大小一样，为 6～8㎜，核染色致密，无核仁，核与胞质比例大，胞质染色为轻度嗜碱。

2) 过渡型淋巴细胞：比小淋巴细胞大，约为 10～20㎜，核染色致密，但出现核仁，此为与成熟小淋巴细胞鉴别要点。

3) 淋巴母细胞：细胞体积增大，为成熟淋巴细胞的 3～4 倍，约 20～30㎜，形态不整齐，常有小突出，核变大，核质染色疏松，有核仁 1～4 个，胞质变宽，常出现胞质空泡。

4) 其他细胞：如中性粒细胞在培养 72 小时后，绝大部分衰变或死亡呈碎片。

(2) 淋巴细胞转化率的计算：按上述分类检查推片头、体、尾三部分，计数 200 个淋巴细胞，算出百分率。转化的淋巴细胞包括淋巴母细胞和过渡型淋巴细胞。在正常情况下，PHA 诱导的淋巴细胞转化率为 60%～80%。

【实验计算】

$$\text{淋巴细胞转化率}(\%)=\frac{\text{转化的淋巴细胞数}}{\text{淋巴细胞总数}}\times 100\%$$

【注意事项】

(1) 培养液 pH 对淋巴细胞转化率影响很大，在 pH 7.2～7.6 转化良好，经 72 小时培养后维持 pH7.0。

(2) 小牛血清用前需灭活。

(3) 为使细胞有足够的氧气以维持其新陈代谢，细胞与培养液的接触面要大。培养容器以斜放为宜。

(4) PHA 的剂量要合适，过大对细胞有毒性，太小不足以刺激淋巴细胞转化，且不同厂家的 PHA 质量也有所不同，因此试验前应测定 PHA 转化反应剂量。

(5) 实验中要严格无菌操作，防止污染。

(6) 在一定限度内，时间越长，转化率越高。但用 PHA 激发，培养超过 4～5 天，转化率反而下降，通常培养时间为 72 小时。如果特异性抗原作为刺激剂，要连续培养 5～7 天。

(7) 实验条件尽量固定，若改变条件，尤其培养液、PHA、小牛血清等，都应预先做好预备试验，找好条件，再进入正式试验。

(8) 取细胞作涂片时，特别是全血标本，必须注意将管内细胞扩散。吸取上层细胞作推片，结果易偏高，因为大的细胞离心后居上层者为多。推片染色后的计数法对转化率的影响极大。一般愈近推片梢部，淋巴细胞或转化细胞愈多，愈近涂片根部转化细胞愈少，甚至没有。因此，计数时应先行鸟瞰，然后取玻片的前、中、后三段计数或作城墙式计数以提高准确性。

二、^{3}H-TdR 掺入法

【实验目的】

掌握^{3}H-TdR 掺入法检测淋巴细胞增殖的原理，熟悉^{3}H-TdR 掺入法检测淋巴细胞增殖的方法。

【实验原理】

T 细胞在 PHA 或特异抗原刺激下转化为母淋巴细胞的过程中，发生有丝分裂，细胞进

入 S 期，其 DNA 合成增加，其转化程度与 DNA 的合成呈正相关。若将^{3}H 标记的 DNA 合成原料胸腺嘧啶核苷酸(TdR)掺入到培养系统，被转化的 T 细胞摄入到 DNA 分子中。通过检测增生细胞掺入放射前体^{3}H-TdR 可以测定 DNA 的合成，从而判断 T 细胞的增生程度。

【实验材料】

(1) RPMI 1640 培养液：含 10%小牛血清、100U/ml 青霉素、100mg/ml 链霉素、30.0g/L 谷氨酰胺，pH7.2～7.4。

(2) PHA：用 RPMI 1640 基础培养液配成(500～1000)μγ≤μλΥ≤

(3) ^{3}H-TdR 工作液：取^{3}H-TdR 原液 37MBq/ml(1mCi/ml)用无菌生理盐水稀释 40 倍即成^{3}H-TdR 工作液 0.925MBq/ml(25mCi/ml)，应用时每孔加 20ml。

(4) 闪烁液：2,5-二苯基恶唑(PPO)5.0g、1,4-双-(5-苯基恶唑基-2)苯(POPOP)0.5g 溶于 1000ml 二甲苯中。

(5) 多头细胞收集器、49 型玻璃纤维滤纸、闪烁杯、β-液体闪烁计数器、抽气泵、96 孔细胞培养板。

【实验方法】

(1) 取无菌淋巴细胞，用 RPMI 1640 培养液调细胞浓度至 1×10^6/ml。

(2) 取上述细胞悬液加入 96 孔细胞培养板内，每孔 100ml。每个样品孔加 6 孔，其中 3 孔为试验组，每孔加 1.0mg/ml PHA 100ml，另 3 孔为对照组，每孔加 RPMI 1640 培养液 100ml。

(3) 置 37℃、5%CO_2孵育 40～48 小时，每孔加^{3}H-TdR 20ml，继续培养 6 小时。

(4) 多头细胞收集器将每孔培养物分别收集于直径 24mm 的圆形玻璃纤维纸上，抽气过滤并用蒸馏水充分洗涤。

(5) 将滤纸片放 50℃烘干约 1 小时后，分别将每片滤纸浸于闪烁液中，每杯 3～5ml。

(6) 在 β-液体闪烁计数器上测定每个样品的每分钟脉冲数(cpm)值。

【实验计算】

$$\text{转化值}=\text{实验组 cpm 值}-\text{对照组 cpm 值}$$

$$\text{刺激指数}(SI)=\frac{\text{试验组(加 PHA)cpm 的平均值}-\text{机器本底}}{\text{对照组(未加 PHA)cpm 平均值}-\text{机器本底}}$$

【实验结果】

$SI\geqslant2$ 为有意义，$SI<2$ 为淋巴细胞转化率低下。

【注意事项】

(1) ^{3}H-TdR 加入的时间：细胞分裂周期中只有 S 期合成 DNA，故应在 S 期加入^{3}H-TdR，加入过早不但不被细胞摄取，反而被降解为胸腺嘧啶，不能为合成 DNA 的原料。一般在培养终止前 6 小时或 16 小时加入^{3}H-TdR，其掺入量高。

(2) ^{3}H-TdR 掺入法影响因素较多，需准确加样，精细操作，严格控制实验条件。

(3) 闪烁液一般可重复使用 3～5 次，重复使用前先测本底，若大于 250cpm 则不能再用。

(4) 平行样品之间的孔间误差应≤20%，否则实验数据不可信。

$$孔间误差=\frac{各孔数据-两孔数据的平均值}{两孔数据的平均值}\times 100\%$$

(5) 应预先摸索出 PHA 最佳刺激浓度，一般为 50～200 ㎎/ml。

(6) 操作时应注意无菌操作，避免细菌污染，导致实验失败。

(7) 细胞操作要轻柔、迅速，以免细胞损伤影响实验结果。

(8) 同位素掺入时，注意防止污染环境。

(9) 细胞培养基 pH 以 7.2～7.4 为宜，偏酸或偏碱影响细胞生长和转化。

(10) 用细胞收集器收集样品时，用蒸馏水反复洗涤，以去除游离 ^{3}H-TdR。

(11) 闪烁液要充分溶解，可加温至 50℃、再放置室温下避光搅拌过夜。闪烁液溶解不充分，或容器混有过量水分，可直接导致 ^{3}H 放射记数率的下降或淬灭。

三、MTT 比色法

【实验目的】

掌握 MTT 比色法检测淋巴细胞增殖的原理，熟悉 MTT 比色法检测淋巴细胞增殖的方法。

【实验原理】

MTT 为淡黄色的四甲基偶氮唑盐，化学名 3-(4,5-二甲基-2-噻唑)-2,5-二苯基溴化四唑，商品名称为噻唑蓝。细胞活化增殖时通过线粒体能量代谢过程，将 MTT 代谢形成蓝紫色的产物甲臜(formazan)，沉积于细胞内或细胞周围，并且形成产物量与细胞增生情况呈现比例关系。产物经异丙醇溶解后呈紫蓝色，根据显色程度即可知甲臜量并反映细胞活化增殖的情况，也可用酶标仪测定细胞培养物的 *OD* 值，测定波长 570nm 和 630nm 下测定 *A* 值。计算刺激指数(*SI*)，以刺激指数(*SI*)判断淋巴转化程度。

【实验材料】

(1) RPMI 1640 培养液：含 10%小牛血清、100U/ml 青霉素、100㎎/ml 链霉素、30.0g/L 谷氨酰胺，pH7.2～7.4。

(2) PHA：用 RPMI 1640 基础培养液配成(500～1000)μγ≤μλ϶≤

(3) 5mg/ml MTT：称取 250mg MTT，加入 50ml PBS(0.01mol/L，pH7.4)在磁力搅拌器上搅拌 30 分钟溶解，经 0.22㎜ 滤膜过滤除菌，分装，4℃避光保存。2 周内有效。

(4) 0.04mol/L HCL-异丙醇。

(5) 酶联免疫检测仪、96 孔细胞培养板等。

【实验方法】

(1) 用梯度密度离心法分离单个核细胞并用 Hank 液洗涤 2 次，用含 10%小牛血清的 RPMI 1640 培养液悬浮细胞，调细胞浓度至 2×10^{6}/ml。

(2) 取上述细胞悬液加入 96 孔板培养中，每孔加 100㎕，每个样品 3 个复孔，并设相应对照孔，对照孔加不含 PHA 的 1640 培养液 100㎕，试验孔每孔加含 PHA(10㎎/ml)的培养液 100㎕，混匀后置 37℃、5%CO^{2}孵育 68 小时。

(3) 每孔弃上清液 100㎕，加 MTT 10㎕/孔，混匀后继续培养 4 小时，培养结束时每孔加 10㎕ 盐酸异丙醇，充分溶解，静置 10 分钟，置酶联免疫检测仪分别在 570nm 和 630nm 下测

定 A 值。

【实验结果】

以刺激指数（SI）判断淋巴细胞转化程度。

【实验计算】

$$刺激指数(SI)=\frac{实验组\ A_{570}-实验组\ A_{630}}{对照组\ A_{570}-对照组\ A_{630}}$$

【注意事项】

(1) 加入 HCl-异丙醇后要在 1 小时内进行测定，若 1 小时内来不及测定，可将未加 HCl-异丙醇的培养板置 4℃保存，测定前取出，置室温数分钟后再加 HCl-异丙醇，依上法测定。

(2) 实验过程注意无菌操作。

(3) MTT 比色法最后吸弃上清时，要小心操作，注意不要将甲臜颗粒吸出，以免影响结果的判定。培养孔也可残留少许液体，并不影响测定的结果判定。

实验二十五　T 细胞亚型分析

T 淋巴细胞是机体免疫系统内功能最重要的一大细胞群，成熟的 T 淋巴细胞表面均可表达 CD3 分子，而 CD4、CD8 不能同时表达于成熟的 T 淋巴细胞表面，故可将成熟的 T 淋巴细胞分为 $CD4^{+}$ T 细胞和 $CD8^{+}$ T 细胞两个亚群。在正常机体内各个 T 淋巴细胞亚群相互作用，维持着机体正常的免疫功能。当不同淋巴细胞亚群的数量和功能发生异常时，就可导致机体免疫紊乱并发生一系列的病理变化。

目前越来越多的研究表明，T 淋巴细胞亚群在某些临床疾病如自身免疫性疾病、免疫缺陷性疾病、变态反应性疾病、再生障碍性贫血、病毒感染、恶性肿瘤等都有异常改变。因此，T 淋巴细胞亚群的检测对控制这些疾病的发生、发展，了解发病机制，指导临床治疗都有极其重要的理论意义和临床意义，它已成为临床检验观察机体细胞免疫水平的重要方法。

目前检测 T 细胞亚群的方法很多，如间接免疫荧光法、微量细胞毒法、葡萄球菌-免疫球蛋白花环法、间接抗球蛋白花环法、抗生物素-生物素-辣根过氧化物酶法、碱性磷酸酶-抗碱性磷酸酶法和流式细胞术法等。这里介绍碱性磷酸酶-抗碱性磷酸酶法和流式细胞术法。

一、碱性磷酶-抗碱性磷酸酶免疫细胞化学法（APAAP 法）

【实验目的】

掌握 APAAP 法检测 T 淋巴细胞的原理，熟悉 APAAP 桥联酶标法 T 细胞亚群检测的方法。

【实验原理】

碱性磷酸酶-抗碱性磷酸酶（alkaline phosphatase anti-alkaline phosphatase，APAAP）法是一种非标记抗体免疫酶组化染色法，用该法检测 T 细胞亚群涉及三种抗体，第一抗体为鼠抗人 CD3、CD4、CD8 单克隆抗体，可与待检测细胞表面抗原结合；第三抗体为鼠抗碱性磷酸酶单克隆抗体，可与碱性磷酸酶结合成复合物；第二抗体为羊（或兔）抗鼠 Ig，其 Fab 段可分别连接第一抗体和 APAAP 复合物，又称桥抗体。将样本（如外周血单个核细胞）固定于载玻片上，利用鼠抗人 CD3、CD4、CD8 单克隆抗体与 T 细胞反应，再用羊（或兔）抗鼠 Ig 进行桥联，其中一个 Fab 段连接 T 细胞 CD 的单克隆抗体，另一个 Fab 段连接 APAAP 复合物的抗碱性磷酸酶抗体，然后通过复合物中碱性磷酸酶催化底物显色，以此鉴定相应的表面抗原。

【实验材料】

（1）APAAP T 细胞亚群检测试剂盒：包括鼠抗人 CD3、CD4、CD8 单抗各 1 瓶，羊（或兔）抗鼠 Ig 二抗 1 瓶，APAAP 复合物 1 瓶，底物液 1 瓶等。

（2）淋巴细胞分离液、Hank 液、0.01mol/L PH7.2 PBS 缓冲液。

（3）水平离心机、显微镜、载玻片、盖玻片、吸管等。

【实验方法】

（1）样品的制备：

1）常规方法分离外周血单个核细胞，洗涤离心后，将试管倒置，去除上清液。用剩余的少许液体将沉淀细胞混匀，制成细胞悬液。

2）取洁净玻片，用棉签取少许粘片剂均匀涂于玻片上，干后备用。

3）将细胞悬液滴于涂有一层粘片剂的玻片上，然后再回吸液滴，剩一薄层细胞，快速吹干；也可以取悬液用推片制片。

（2）样品的保存：样品如不立即染色，放室温可保存 3～5 天。如需较长期保存，可在吹干后用铝箔纸包起来密闭防潮，最好放干燥箱内，然后置－20℃冰箱内，可保存半年至 1 年而抗原不丢失。

（3）样品染色：

1）细胞涂片样品置室温干燥 2 小时或过夜后，先用标记笔在样品外划圈，然后滴加戊二醛固定液，1～2 分钟后用 PBS 冲洗，快速吹干。

2）分别加入鼠抗人 CD3、抗 CD4 和抗 CD8 单克隆抗体 10～15ml，置湿盒内放室温孵育 30 分钟，PBS 洗 3 次，吹干。

3）加羊抗鼠 IgG 二抗 10～15ml，同上孵育，洗涤，吹干。

4）加 APAAP 复合物 10～15ml，同上孵育，洗涤，吹干。

5）加碱性磷酸酶底物显色。临用前取底物液，按每毫升底物液加 1mg 坚固红的比例加入坚固红，充分混匀。取 20～40ml 加于样品上，室温或 37℃反应 15～30 分钟，在低倍镜下观察，可见细胞膜上出现红色标记物，待显色明显时，用自来水冲洗终止显色。

6）加苏木素复染液 1 滴，复染 1～2 分钟，自来水冲洗。如核着色很深影响观察时，可用 1％HCl 分色 5～10 秒，再用自来水冲洗。

（4）甘油明胶封片：如样品需长期保存，可将封片剂瓶放热水中融化，加 1 滴于样品上或加上盖片，封片镜检。如不需保存，可加 1 滴水于样品上，加盖片后观察。

【实验结果】

高倍镜下观察，细胞核呈蓝色，细胞表面有红色标记物的为阳性细胞，无红色标记物的为阴性细胞。分别计算 100～200 个淋巴细胞，计算 CD3、CD4 和 CD8 阳性细胞的百分率。

正常参考值：正常人外周血中 $CD3^+$ T 细胞 60％～80％；$CD4^+$ T 细胞 35％～55％；

$CD8^+$ T 细胞 20%～30%；$CD4^+/CD8^+$ 比值为 1.5～2.0。

【注意事项】

(1) 加各种单抗时，每一种抗体之间不要相混。

(2) 底物应临用前避光配制，显色时应经常观察，显色理想后终止显色。

(3) 注意擦干细胞周围的水滴，以防圈内所加的试剂流散。

(4) 当加抗体或其他溶液于玻片上的细胞处时，应用吸头将溶液铺开分散。

(5) 洗片时，动作要轻柔，以免将细胞冲掉。

(6) 甩片前最好将玻片用 1%的 BSA 进行预处理，使细胞易于黏附。

二、流式细胞术检测 T 细胞亚群

【实验目的】

掌握流式细胞术法检测 T 淋巴细胞的原理及方法。

【实验原理】

将一定体积的抗凝全血加入到一定体积的含 CD45-FITC、CD4-PE、CD8-ECD、CD3-PC5四种单克隆抗体试剂中，一起孵育后，使用红细胞裂解液溶解红细胞。经过洗涤处理后剩下的为外周血白细胞、少量未溶解的红细胞、血小板和残片，通过使用流式细胞仪设淋巴细胞“门”来分析。首先建立 FS 和 SS 直方图，显示出淋巴细胞、单核细胞和粒细胞群。然后建立 CD45 和 SS 直方图，由于淋巴细胞高 CD45 而侧向角散射光(SS)弱，粒细胞弱表达 CD45 而侧向角散射光(SS)强，单核细胞中等表达 CD45 和侧向角散射光(SS)中等强，将淋巴细胞“门”确定为发出明亮的 FITC 荧光和低侧向角散射光(SS)。过对淋巴细胞群圈门，确保目标细胞被包含在门内，同时保证门内细胞的纯度，然后 CD45、CD3、CD4、CD8 相互间建立双参数图，调节四种荧光之间的补偿。双参数图用于确定已彻底染色细胞的百分数：$CD3^+$(仅有 PC5 荧光)、$CD3^+/CD4^+$(PC5/PE 荧光)、$CD3^+/CD8^+$(PC5/ECD 荧光)、$CD4^+/CD8^-$(PE 荧光)和 $CD4^-/CD8^+$(ECD 荧光)，使用计算机分析软件便可自动分析淋巴细胞亚群。

【实验材料】

(1) 各种特异性单克隆抗体：CD45-FITC、CD4-PE、CD8-ECD、CD3-PC5。

(2) 同型对照抗体：抗小鼠 IgG2b-FITC、抗小鼠 IgG1- PE、抗小鼠 IgG1-ECD、抗小鼠 IgG1-PC5。

(3) 磷酸盐缓冲盐水：0.01mol/L 磷酸盐，0.15mol/L NaCl，pH 为 7.0～7.4。不含钙、镁、叠氮钠、用 0.2㎜ 滤膜过滤。

(4) PBS：成分同磷酸盐缓冲盐水，但加入 0.1%叠氮钠防腐，主要用于洗涤细胞。

(5) 固定液：1% 多聚甲醛(PBS 配制)。

(6) 玻璃管、塑料管(12mm×75 mm)、离心机、振荡器。

(7) Flow-Count Fluorospheres 溶血剂。

(8) 装有抗凝血剂(建议使用 EDTA)的血样收集试管。

(9) 移液吸管、微量注射器。

(10) 流式细胞仪，流式细胞仪的单色激光过滤器套件。

【实验方法】

(1) 为每一样品准备两支 12mm×75 mm 试管,各盛有这两个试管组的单克隆抗体试剂。管 A 为检测管,管 B 为同型对照管。

(2) 于 A 管中加入 10㎕ CD45-FITC/CD4-PE/CD8-ECD/CD3-PC5 至,B 管中加入 10㎕ IgG2b-FITC/IgG1- PE/CD8-ECD/IgG1-PC5。

(3) 在两个试管中各加入 100㎕ 静脉血液样本。操作时必须小心,以免血液粘到试管顶部的管壁,否则会导致细胞溶解不完全。

(4) 将两支试管放在振荡器上轻轻混匀,将反应混合物在 20～25℃下孵育 15 分钟。

(5) 摇匀小瓶溶血剂(Flow-Count Fluorospheres),然后在各试管中各加入 100㎕ 放在振荡上轻轻混匀。

(6) 将反应混合物在 20～25℃下溶血 12 分钟。

(7) 加入约 100㎕ PBS(或生理盐水),振荡混匀,以 1500r/min 离心 5 分钟,弃上清。

(8) 加入约 1ml PBS(或生理盐水),振荡混匀,以 1500r/min 离心 5 分钟,弃上清。

(9) 加入 500㎕,1%的多聚甲醛(或 PBS 或生理盐水)。

(10) 流式细胞仪检测。

【实验结果】

图 7-2 为一典型结果,流式细胞术检测 T 淋巴细胞亚群的参考值:$CD4^+$ 细胞 34%～52%,$CD8^+$ 细胞 21%～39%,CD4/CD8 比值为 0.9～2.0。

【临床意义】

T 淋巴细胞亚群的测定是检测机体细胞免疫功能的重要指标,且对某些疾病(如自身免疫病、免疫缺陷病、恶性肿瘤、血液病、变态反应性疾病等)的辅助诊断、发病机制分析、疗效观察及预后监测有重要意义(图 7-3)。

1. CD4 淋巴细胞减少　见于恶性肿瘤、遗传性免疫缺陷病、艾滋病、应用免疫抑制剂的病人。

2. CD8 淋巴细胞增多　见于自身免疫病,如 SLE、慢性活动性肝炎、肿瘤及病毒感染等。

3. CD4/CD8 比值异常　艾滋病病人比值显著降低,多在 0.5 以下。比值降低的还有 SLE 肾病、传染性单核细胞增多症、急性巨细胞病毒感染、骨髓移植恢复期等。比值增高见于类风湿性关节炎、1 型糖尿病等。此外还可用于监测器官移植的排斥反应,若移植后 CD4/CD8 较移植前明显增加,则可能发生排异反应。

【注意事项】

(1) 待测样品必须是单个细胞悬液。

(2) 染色过程必须避光。抗原抗体结合的最佳温度为 26～27℃。

(3) 必须设计同型对照,每种荧光素标记都需要设对照。

(4) 如不能立即检验,应将细胞固定于 1%多聚甲醛中 4℃保存(5～7 天内检测)。

(5) 在染色后分析之前,应将样本在室温下保存于血液收集试管中。冰箱保存的样本可能会导致异常结果。

(6) 为了得到最佳结果,要及时分析染色的细胞。

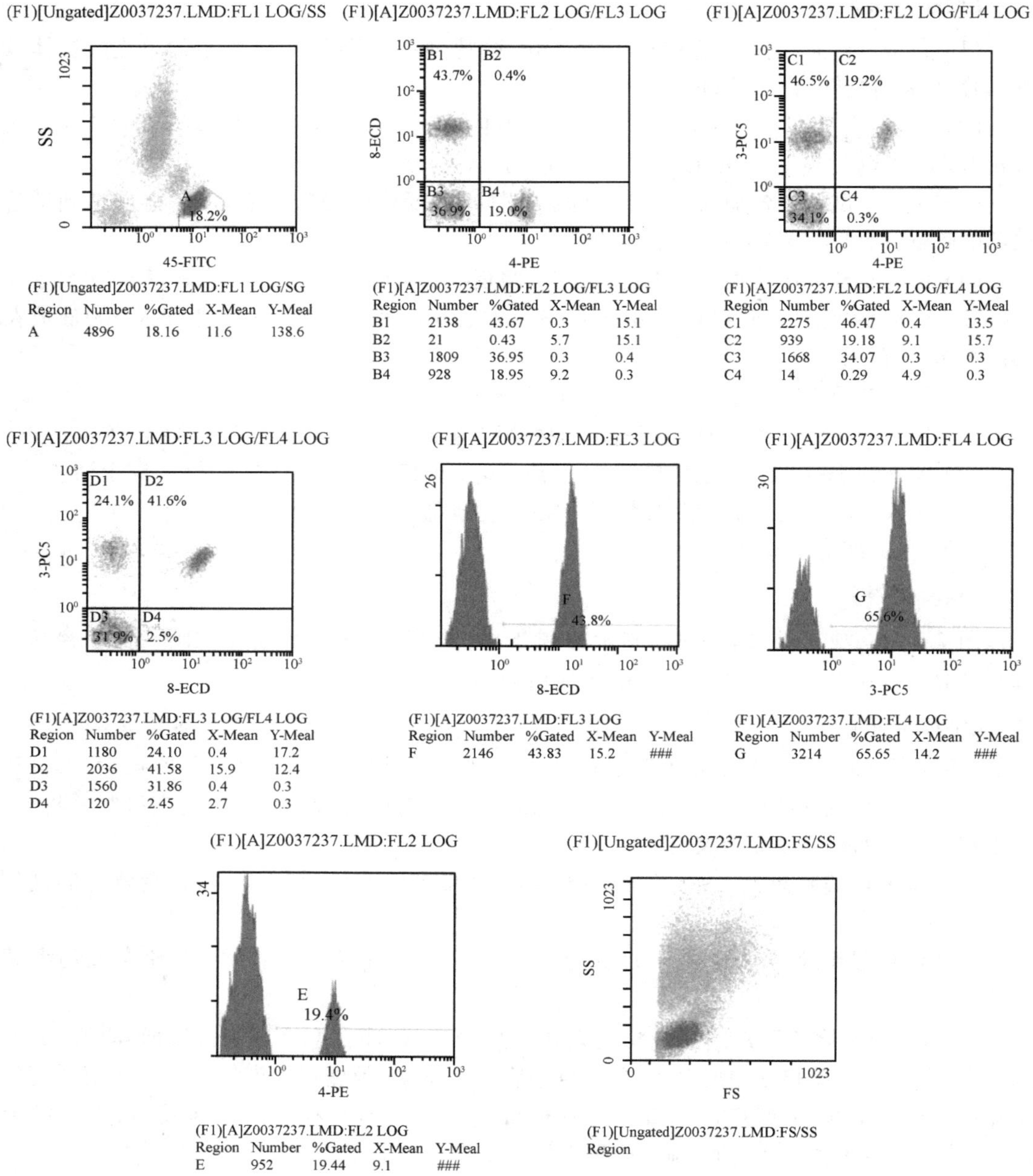

图 7-2　流式细胞术检测结果

(7) 建议静脉血液样本的细胞活性在 90%以上。

(8) 原装试剂不可稀释、分装或冷冻且仅限用于流式细胞仪。

(9) 细胞暴露于溶解试剂时间过长,可能使白细胞遭受破坏,减少要研究细胞的数量。

(10) 有核红细胞、异常蛋白质浓度或血红蛋白病可能造成全部红细胞不溶解。未被溶解的红细胞会被作为白细胞计数,从而造成结果降低的假象。

(11) 如果激光调准或通道的设置不当,用流式细胞仪获得的结果可能有误。

(12) 即使每天工作 24 小时,也至少要关机一次。

(13) 重新启动激光必须在仪器关闭 30 分钟之后。

(14) 每 2～4 周清洗一次空气滤膜,每月清洗鞘液盒一次,每 60 天清洗清洁液盒一次。

流式细胞术检验报告单

姓名:	住院号:	样本种类:外周血
性别:男	科室:肿瘤内科	送检医生:
年龄:40	床号:	临床诊断:
样本号:1	采样日期	备注:

淋巴细胞亚群分析报告

	表面分子	检验结果(%)	参考值(%)
总 T 淋巴细胞	$CD3^+$	65.23	65～79
T 辅助细胞	$CD3^+$ $CD4^+$	19.08	34～52
T 抑制细胞	$CD3^+$ $CD8^+$	41.35	21～39
CD4/CD8 比值		0.46	1.02～2.2
NK 细胞	$CD3^-$ $CD(16+56)^+$	13.06	10.0～19.8
CIK 细胞	$CD3^+$ $CD(16+56)^+$	2.79	<2%
B 细胞	$CD3^-CD19^+$	11.30	0.90－14.1

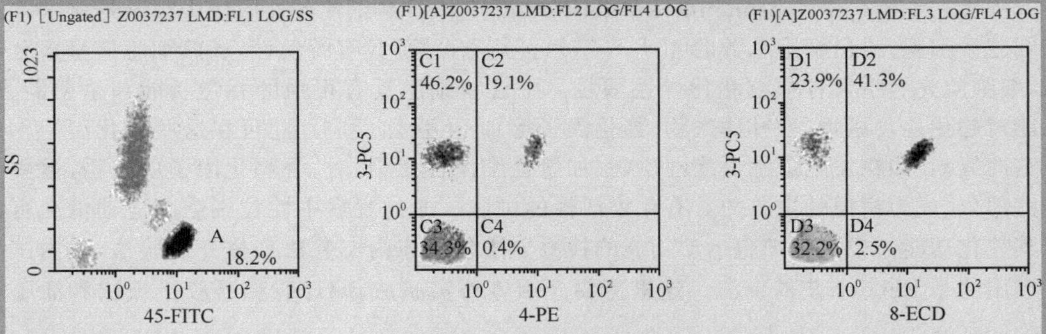

(F1)[Ungated]Z0037237.LMD:FL1 LOG/SG

Region	Number	%Gated	X-Mean	Y-Meal
A	4912	18.22	11.5	1

(F1)[A]Z0037237.LMD:FL2 LOG/FL4 LOG

Region	Number	%Gated	X-Mean	Y-Meal
C1	2267	46.15	0.4	1
C2	937	19.08	9.2	1
C3	1668	34.07	0.3	0
C4	21	0.43	4.7	0

(F1)[A]Z0037237.LMD:FL3 LOG/FL4 LOG

Region	Number	%Gated	X-Mean	Y-Meal
D1	1175	23.92	0.4	1
D2	2031	41.35	15.7	1
D3	1583	32.23	0.4	0
D4	123	2.50	2.7	0

报告日期:　　　　检验医师:　　　　审核者:

图 7-3　××医院淋巴细胞亚群报告单

【思考题】

(1) 形态学方法检测淋巴细胞增殖的原理。

(2) ^{3}H-TdR 掺入法检测淋巴细胞增殖的原理及计算方法。

(3) T 细胞亚群检测的临床意义是什么?

(4) APAAP 法和流式细胞术法检测 T 细胞亚群各有什么特点?

(吴显劲)

第八章 天然免疫功能测定

天然免疫(native immunity)又称固有免疫(innate immunity),是生物在长期进化中形成的一种防御机制,是机体抵抗不同种类传染因子的天然屏障,不具有特异性。天然免疫也是获得性免疫的基础,可直接影响获得性免疫的功能。

天然免疫是一个复杂的系统,包括免疫屏障、免疫细胞和免疫分子。免疫屏障包括皮肤、黏膜、血-脑屏障等;天然免疫细胞主要有粒细胞、单核/巨噬细胞、自然杀伤细胞等;天然免疫分子包括补体、溶菌酶、防御素、甘露糖结合凝集素和某些急性期反应蛋白等。对天然免疫功能的评估是评价机体免疫功能的重要组成部分。本章主要介绍有关天然免疫功能的实验室检测技术。

实验二十六　中性粒细胞趋化功能测定

中性粒细胞(polymorphonuclear neutrophil,PMN)是正常人外周血中数量最多的一种髓细胞系细胞,占白细胞总数的40%～75%。其寿命短,具有游动性,成熟细胞核呈多分叶状,细胞质充满嗜天青颗粒和特异性颗粒。中性粒细胞具有很强的吞噬功能和杀菌能力,还能对趋化性刺激物(如补体产物、趋化因子等)产生强烈反应。它可在这些趋化因子作用下定向运动,如在发生急性炎症性疾病(如急性细菌性感染)时,受趋化因子的吸引,聚集于炎症部位,成为病损处主要的具有免疫活性的细胞。通过观察中性粒细胞的运动情况可判定其趋化功能。中性粒细胞运动功能的检测方法包括体内实验法和体外实验法,体内试验法应用的是Rebuck皮肤窗法。这里主要介绍体外实验法,即琼脂糖凝胶平板法和滤膜小室法。

一、琼脂糖胶板法

【实验目的】

掌握中性粒细胞趋化功能的概念,熟悉琼脂糖凝胶平板法的原理及应用。

【实验原理】

在趋化因子的吸引下,中性粒细胞向趋化因子做定向移动。根据其在琼脂糖胶凝板下移动的距离,即可判定其趋化功能。

【实验材料】

(1) 趋化因子:有以下两种制备方法。

1) 大肠埃希菌培养液:将大肠埃希杆菌接种于TC-199培养基中,35℃培养过夜。2500r/min离心20分钟,取上清液,或用0.2μm滤膜过滤除菌,取滤液。上清液或滤液用1mol/L NaOH调pH至中性。用时以TC-199培养基作1∶5稀释。

2) 酵母多糖活化人血清:用0.01mol/L pH7.4 PBS洗涤50mg酵母多糖3次,加入

5ml 新鲜混合人血清，置 37℃水浴 1 小时，不时振荡混匀。2500r/min 离心 20 分钟后取上清液。用时以 TC-199 培养基作 1∶10 稀释。

(2) 白细胞悬液：PMN 的制备可以用 Ficoll-Hypaque 梯度密度离心法(见实验八)。如果不需要用纯度很高的 PMN，也可以制备白细胞进行实验，即取肝素抗凝血加等体积 30.0g/L 右旋糖酐(dextran T-500)或 30.0g/L 明胶(右旋糖酐或明胶均用生理盐水配制，经 0.2mm 滤膜过滤除菌)，充分混匀后静置 20～30 分钟，吸取血浆层，1000r/min 离心 5～10 分钟，弃上清液。加入等体积 8.3g/L NH_4Cl 或 2.0g/L NaCl 低渗液以破坏残留红细胞。离心弃上清液后，用 TC-199 培养基或 RPMI 1640 培养基洗沉积的白细胞 2 次，并用此培养基配成 2.5×10^7/ml(勿超过此浓度，以免细胞凝集)。

(3) 15.0g/L 琼脂糖：优质琼脂糖粉 1.5g 加双蒸馏水 100ml，沸水浴加速融化。按需要量分装后于 113℃高压灭菌 15 分钟。

(4) 姬姆萨(Giemsa)染液：

1) 姬姆萨染液原液：姬姆萨染料 0.5g，中性甘油 33ml，甲醇 33ml。先将姬姆萨染料置清洁研钵中，加甘油后，研磨片刻，倒入棕色瓶内，放置 55～60℃水浴箱内 2 小时，再加入甲醇混匀，保存备用。

2) 稀释姬姆萨染液：使用时，用 pH6.8 的缓冲液或蒸馏水 8 份，加姬姆萨原液 1 份，即成应用液。

3) pH6.8 PBS：KH_2PO_4 6.66g，$Na_2HPO_4\cdot2H_2O$ 6.38g。将上述试剂溶于蒸馏水，定标至 1000ml。

4) 20%甲醇盐酸脱色液：甲醇 20ml，蒸馏水 80ml。混合后加 2 滴 2ml/L HCl 即成。

【实验方法】

(1) 融化琼脂糖胶液，水浴中冷至 56℃加入等体积二倍浓缩的 TC-199 或 RPMI 1640 培养基(预温至 56℃)、灭活小牛血清(最终浓度为 10%)及适量青霉素、链霉素，混匀。

(2) 在每块洁净载玻片上浇注上述胶液 3ml，置 4℃ 30 分钟使充分凝固。每份检样挖直径 3mm 孔 3 个，按上、中、下排列，孔距 2mm。

(3) 上孔加趋化因子，中孔加白细胞悬液，下孔加对照培养基(TC-199 或 RMPI 1640)。加样量均为 10ml。

(4) 将玻片置湿盒，在含 5% CO_2 的环境中 37℃温育 4～8 小时。

(5) 将玻片浸于甲醇中 30 分钟，剥除胶膜，用姬姆萨染液染 10 分钟，镜检。

【实验计算】

用测微器(40×)观察细胞向上孔(趋化因子)移动距离(mm)，称为趋化运动距离(A)，而细胞向下孔(培养基)移动距离(B)称随机运动距离。A/B 的比值即为趋化指数。每份检样可设 2～3 组复孔，以均值表示。

$$趋化指数=\frac{趋化运动距离(A)}{随机运动距离(B)}$$

【实验结果】

经姬姆萨染色后，中性粒细胞的细胞核显示为深蓝色，胞质为淡蓝色，细胞核及胞质中的颗粒显示较清晰。

新生儿趋化指数的正常参考值为 2.0～2.5；成人为 3.0～3.5。因各实验室的实验环境及操作差别甚大，应建立本室的正常参考值。

【注意事项】

(1) 应通过预试验选择趋化因子和白细胞的最适浓度。

(2) 浇注琼脂糖凝胶板时应于水平台面上进行，以保持胶板厚度均匀。

(3) 为使结果有可比性，孔径、孔距及加样量都应严格标准化。

二、滤膜小室法(Boyden 小室法)

【实验目的】

掌握滤膜小室法的原理及临床意义，熟悉操作方法。

【实验原理】

特制的 Boyden 小室由上、下两室组成，室间隔以微孔滤膜，上室内置中性粒细胞悬液，下室内置趋化因子。趋化因子主要有细菌菌体或其产物、酵母菌活化的血清、fMLF 或 IL-8 等。细胞沉降至滤膜上，如受趋化因子吸引，细胞则可通过微孔爬行至滤膜趋化因子侧的面上。检测从滤膜上穿过来的白细胞数，即可判定受检病人中性粒细胞的趋化功能。本法除用于检测中性粒细胞趋化功能外，还可用于检测淋巴细胞和其他细胞的趋化功能。

【实验材料】

(1) 趋化因子、白细胞悬液：制备方法同琼脂糖凝胶板法。

(2) 培养基：在此实验中，TC-199 培养基、RPMI 1640 培养基、Eagle 培养基、5.0g/L 乳清蛋白水解物(用 Hank 液配制)均可用，加不加小牛血清或 AB 型人血清对最终结果无影响，故可选用 5.0g/L 乳清蛋白水解物。

(3) Boyden 小室：分上、下两室。上室直径 5.5mm，位于螺旋塞中央；下室为直径 5.5mm，深 8mm 的圆形小室，有两条直径 4.5mm 孔道和外界相通。上、下两室间隔以合适的滤膜。上室置白细胞悬液，下室置趋化因子。无专用 Boyden 小室时也可用无菌试管，放入细胞后，用滤膜盖于管口固定，倒转试管放入含有趋化液的小杯中。但正式使用时务必使方法规范化。

(4) 滤膜：混合纤维素滤膜，孔径 3～5 mm。

【实验方法】

(1) 取直径 13.0mm 正中有 5.5mm 小孔的滤纸片，于其上重叠一张滤膜，置 Boyden 小室两室之间。拧紧螺旋塞，压紧滤膜，从外侧孔向下室内注入趋化因子至满，同时设培养基对照(用另一 Boyden 小室)，封闭小孔。取 0.3ml 白细胞悬液加入上室。

(2) 将 Boyden 小室置湿盒于 37℃温育 2 小时。

(3) 取出滤膜，于丙醇或甲醇中固定，苏木素染色 15 分钟，蒸馏水漂洗，再依次于 70%、90%、100%异丙醇(或乙醇)中脱水，每一浓度 3～5 分钟。最后于二甲苯中透明。

(4) 透明后滤膜原来向下的一面朝上，贴于洁净载玻片上，加油后用油镜检查。

【实验结果】

滤膜原来面向上室的一面，镜检时为淋巴细胞与单核细胞，而面向下的一面则含移动过来的 PMN。观察时应移动镜头焦距，计算 5 个高倍视野中的 PMN 数(阴性对照观察

20～30个视野)。

【注意事项】

(1) 为使试验结果有较好的可重复性和可比性,正式试验前应通过预试验选择最适白细胞浓度和趋化因子浓度。

(2) 在测试结果时,应注意固定采用一种计数方法(滤膜下表面计数或滤膜内计数)。

【临床意义】

中性粒细胞趋化功能缺陷见于Chediak-Higashi综合征、迟钝白细胞综合征、肌动蛋白功能不全症、膜糖蛋白缺陷症、高IgE综合征、先天性鱼鳞癣、糖尿病、烧伤、幼年型牙周病、新生儿等。

【思考题】

(1) 如何区分中性粒细胞是趋向运动还是自发运动?

(2) 滤膜小室法是如何检测中性粒细胞的趋化运动能力的?

实验二十七　中性粒细胞吞噬杀菌功能测定

中性粒细胞在组织中的主要功能是吞噬杀菌。中性粒细胞主要吞噬小颗粒和小分子物质,如细菌、免疫复合物和坏死组织等。其杀菌机制较为复杂,目前认为是通过溶酶体内的各种酶类及胞质内的氧依赖性和氧非依赖性两条途径来完成。PMN吞噬与杀菌功能检测方法主要有白色念珠菌法、杀菌法、硝基四氮唑蓝还原试验等。

一、中性粒细胞吞噬、杀灭白色念珠菌

【实验目的】

了解中性粒细胞吞噬杀菌机制,熟悉白色念珠菌法的原理和方法。

【实验原理】

中性粒细胞与白色念珠菌混合温育后加入亚甲蓝染液做活体染色,可观察中性粒细胞对念珠菌的吞噬情况。白色念珠菌体被染成蓝色,说明已被杀死。而活菌对染料排斥,菌体不被染色。

【实验材料】

(1) 中性粒细胞悬液:制备方法同实验二十六,用含10%新鲜的人AB型混合血清的TC-199或RPMI 1640培养基配成的浓度为3～4个细胞/油镜视野。

(2) 白色念珠菌悬液:自血平板培养基上取新生长白色念珠菌菌落1个,于0.5ml生理盐水中混悬,用血细胞计数板计数,调整其浓度约为6×10^6/ml。

(3) 亚甲蓝染液:取0.1克亚甲蓝,溶解于1000毫升蒸馏水中,滤纸过滤后使用。

【实验方法】

(1) 取中性粒细胞悬液0.5ml加白色念珠菌悬液0.5ml,充分混匀后将试管加塞,37℃温育45分钟。

(2) 取出后2000r/min离心10分钟,吸去上清,混匀沉淀后滴片,加亚甲蓝溶液1滴混

匀。覆以盖玻片，5 分钟后油镜检查。

【实验计算】

在油镜下，被中性粒细胞吞噬的白色念珠菌中，如已死亡则染成蓝色。

计数 100 个中性粒细胞中，记录其中吞噬有白色念珠菌的细胞数，和吞噬有染成蓝色的白色念珠菌的细胞数，分别计算吞噬率和杀菌率。

$$\text{吞噬率}(\%)=\frac{\text{吞噬白色念珠菌的中性粒细胞数}}{100\text{ 个中性粒细胞}}\times 100\%$$

$$\text{杀菌率}(\%)=\frac{\text{吞噬染成蓝色的白色念珠菌的中性粒细胞数}}{100\text{ 个中性粒细胞}}\times 100\%$$

【实验结果】

吞噬率：(91.0±5.8)％；杀菌率：(32.7±7.8)％。因各实验室的实验环境及操作差别甚大，应建立本室的正常参考值。

【注意事项】

(1) 所用器材要洁净。

(2) 中性粒细胞浓度、菌液浓度、反应时间和条件均应先通过预实验确定。

二、中性粒细胞吞噬葡萄球菌

【实验目的】

了解中性粒细胞吞噬机制，熟悉葡萄球菌法的原理和方法。

【实验原理】

中性粒细胞具有吞噬功能，当与葡萄球菌等颗粒性物质混合孵育一定时间后，颗粒物质被吞噬。根据吞噬率和吞噬指数可反映该细胞的吞噬功能。

【实验材料】

(1) 0.5％甘油：甘油 0.5ml，加蒸馏水 99.5ml。

(2) 45.0g/L NaCl：4.5g NaCl 溶于蒸馏水，加水至 100ml。

(3) 葡萄球菌菌液：挑取生长于普通营养琼脂上的金黄色葡萄球菌(或表皮葡萄球菌)菌落，混匀于生理盐水中，置沸水浴 20 分钟后，离心洗涤 2 次，用标准比浊管比浊，配成 5×10^8 菌体/ml。

(4) 瑞氏(Wright)染液。

(5) 恒温箱、显微镜、滴管、一次性采血针、微量细胞培养板、无菌干棉球、酒精棉球、碘酒棉球、接种环等。

【实验方法】

(1) 取受检者末梢血 40μl，注入含 25U/ml 肝素的 20μl 生理盐水中，混匀置 37℃水浴 1 分钟。

(2) 注入葡萄球菌菌液 40μl，混匀，秒表计时，振荡温育 5 分钟。

(3) 加入 0.5％甘油 2ml，8 秒后加入 0.5ml 45.0g/L NaCl，混匀。

(4) 将上述反应物置于尖底离心管中，500r/min 离心 10 分钟，倾去上清液，用滴管吸除红细胞膜。

(5) 取沉淀物涂片，用瑞氏染液染色，油镜检查。

【实验计算】

在油镜下计数100个中性粒细胞，记录吞噬细菌的细胞数和被吞噬的细菌总数，计算吞噬细胞百分率（吞噬率）和每个细胞平均吞噬菌数（吞噬指数）。

$$吞噬率=\frac{吞噬细菌的中性粒细胞数}{100个中性粒细胞}\times 100\%$$

$$吞噬指数=\frac{被吞噬的细菌总数}{100个中性粒细胞}$$

【实验结果】

吞噬率99.4%；吞噬指数20～30。因各实验室的实验环境及操作差别甚大，应建立本室的正常参考值。

【注意事项】

(1) 所用器材要洁净。

(2) 由于越接近涂片末梢细胞数越多，故计数时应取涂片的前、中、后三段计数，以提高准确性。

(3) 肝素用量要适当，过高则可抑制吞噬功能，过低血液易凝固。

三、中性粒细胞杀菌试验

【实验目的】

了解中性粒细胞吞噬与杀菌机制，熟悉吞噬与杀菌法的原理及应用。

【实验原理】

中性粒细胞在调理素参与下与细菌混合孵育，然后定时取出，于蒸馏水中使细胞溶解后培养，计算菌落数，即可判定中性粒细胞的吞噬与杀菌功能。

【实验材料】

(1) 白细胞悬液：制备方法同实验二十六，最终用含1.0g/L明胶的Hank液配成溶液浓度为5×10^6/ml。

(2) 取金黄色葡萄球菌或大肠埃希菌纯培养物一接种环，接种于普通肉汤3ml中，37℃培养18小时，取出后2500r/min离心30分钟，弃上清液后用生理盐水洗2次，于620nm波长下测吸光度为0.025，菌数约1×10^8/ml。

(3) 调理素混合的新鲜人血清，用Hank液配成20%浓度。

【实验方法】

(1) 取白细胞悬液0.5ml，加调理素0.4ml和菌液0.1ml，混匀后置37℃水浴，不断地振匀。

(2) 分别于0、30、60、90分钟取1ml混合液加至1ml蒸馏水中，振荡混匀后取出0.1ml涂布于直径9cm的营养琼脂平板表面。

(3) 37℃培养18小时，计算菌落数。从理论上推算，0分钟时菌落数应为1000左右。

【实验计算】

$$杀菌率(\%)=\left[1-\frac{30、60、90\text{ 分钟菌落数之和}}{0\text{ 分钟时的菌落数}}\right]\times100\%$$

【实验结果】

对大肠埃希菌的杀菌率>90%;对金黄色葡萄球菌的杀菌率>85%。因各实验室的实验环境及操作存在不同差异,应建立本室的正常参考值。

【注意事项】

(1) 如用待测血清代替调理素进行检查,可测定待测血清的调理活性。

(2) 如将中性粒细胞、调理素、细菌于37℃共育15~30分钟后作涂片检查,可测定中性粒细胞吞噬率。

【临床意义】

吞噬与杀菌功能缺陷,常见于慢性肉芽肿、肌动蛋白功能不全症、膜糖蛋白缺陷症、葡萄糖-6-磷酸脱氢酶高度缺陷症、Chediak-Higashi综合征等。对白色念珠菌的吞噬与杀菌缺陷,也见于较严重的白色念珠菌感染与恶性肿瘤病人。

四、硝基四氮唑蓝还原试验

【实验目的】

了解中性粒细胞杀菌机制,掌握硝基四氮唑蓝还原试验的原理及临床应用。

【实验原理】

中性粒细胞在吞噬或受到细菌内毒素、PMA刺激时,细胞内氧化代谢明显增加,磷酸戊糖支路被激活,细胞内氧消耗,产生大量 H_2O_2,并在过氧化物酶作用下释放大量单体氧,使硝基四氮唑蓝(nitroblue tetrazolium,NBT)还原为甲臜(formazan)。NBT是一种淡黄色的水溶性染料,其还原产生的甲臜为蓝黑色颗粒,沉淀于细胞质中。常用的刺激物有细菌内毒素和胶乳颗粒。

(一) 胶乳颗粒法

【实验材料】

(1) 30.0g/L右旋糖酐(dextran T-500):右旋糖酐15.0g溶于生理盐水500ml中,必要时用0.2mm滤膜过滤、除菌,4℃保存。

(2) NBT溶液:用0.15mol/L pH7.2 PBS配成1.3g/L,临用前配。

(3) 葡萄糖溶液:3.2mg/ml。

(4) 甲基绿(methyl green)染液:甲基绿0.5g,溶于蒸馏水100ml中,滤纸过滤后置室温保存。

(5) 聚苯乙烯胶乳:直径0.8mm,10%悬液,可购商品试剂。

【实验方法】

(1) 取病人与正常对照者的肝素抗凝血与30.0g/L右旋糖酐等体积混匀。静置1小时，吸取血浆层，计数白细胞数(应含 7×10^6 个细胞)。低速离心，吸弃血浆。

(2) 加入混合正常人新鲜血清 0.35ml、葡萄糖液 0.05ml 和 NBT 溶液 0.1ml，充分混匀，室温放置 2 分钟。

(3) 向管内加聚苯乙烯胶乳 10㎕，混匀，置 37℃ 14～15 分钟。

(4) 低速离心，吸弃上层液，混匀沉积的细胞，涂片，晾干，甲醇固定 3 分钟，水洗，晾干。

(5) 用甲基绿染液染色 3 分钟，水洗，晾干。油镜检查。

【实验计算】

油镜下计数 100 个中性粒细胞，记录甲臜阳性细胞数，算出阳性细胞百分率。甲臜阳性细胞体积大，母细胞样，与正常中性粒细胞形态不同，胞内充满大小不等的深蓝色沉淀物。

$$\text{阳性细胞百分率}=\frac{\text{阳性细胞数}}{100\text{ 个中性粒细胞}}\times100\%$$

【实验结果】

正常人 NBT 试验阳性细胞百分率为 75%～95%。因各实验室的实验环境及操作差别甚大，应建立本室的正常参考值。

【注意事项】

(1) NBT 对光敏感，宜避光保存，新鲜配制。

(2) 应设正常对照，如阳性细胞率少于 95%，需重复试验。

(3) 结果异常时应取新鲜标本重复检查以核对。

(二) 内毒素刺激法

【实验材料】

(1) 0.15mol/L pH 7.2 PBS：$Na_2HPO_4\cdot12H_2O$ 19.34g、KH_2PO_4 2.86g、NaCl 4.25g、加蒸馏水溶解后补加水至 1000ml。

(2) 2.0g/L NBT 溶液：用 0.15mol/L pH7.2 PBS 配制，必要时可于 80℃加热助溶，过滤后存于棕色瓶中，4℃保存(可稳定 3～6 个月)。

(3) NBT-血清 PMA 溶液：2.0g/L NBT 0.9ml，正常人混合血清 0.5ml，PMA 0.7㎕，应临用前配。

(4) 大肠埃希菌内毒素：用蒸馏水配成 0.5g/L 储存液，储存液用蒸馏水按 1∶1000 稀释为工作液，储存液、工作液均分装，每瓶 1ml，冻存于－70℃。

(5) 乙酸佛波醇豆蔻酸酯(phorbol myristate acetate，PMA)：用二甲基亚砜配成 30mg/L，分装，每份 100㎕，存于－70℃，用前取出一份溶化后置冰浴中待用。

(6) 沙黄(safranin O)：取沙黄 1.0g，先加入 1～2ml 95%乙醇助溶，再加入 98ml 蒸馏水，配成 10.0g/L 水溶液，滤纸过滤后置棕色瓶中保存。

【实验方法】

(1) 在 2 张盖玻片中央各滴 30㎕ 内毒素工作液，过夜，空气中干燥。

(2) 取病人和正常对照者全血(或肝素抗凝血)各 20㎕，分别滴在 2 张盖玻片的内毒素涂布区，同时应作记号。然后置于 37℃湿盒中 45 分钟。

(3) 用生理盐水轻轻冲洗除去血液，晾干。

(4) 在每张载玻片上分开滴 2 小滴即配 NBT-血清 PMA 溶液。将每张盖玻片的血膜面分别扣于液滴上。置湿盒中,37℃ 20 分钟。

(5) 小心地取下盖玻片,用生理盐水轻轻冲洗,晾干,浸于甲醇中固定 1 分钟。

(6) 蒸馏水冲洗,晾干,沙黄复染 5 分钟。水洗,晾干,扣于载玻片上,用 40 倍物镜观察。

【实验计算】

每片观察 100 个中性粒细胞,计数 NBT 试验阳性细胞百分率。阳性细胞胞质染成蓝色,胞核呈红色或淡红色。

$$\text{阳性细胞百分率}=\frac{\text{阳性细胞数}}{100\text{ 个中性粒细胞}}\times 100\%$$

【实验结果】

正常人 NBT 试验阳性细胞率应≥95%。因各实验室的实验环境及操作差别甚大,应建立本室的正常参考值。

【注意事项】

(1) NBT 对光敏感,宜避光保存,新鲜配制。

(2) PMA 可能有致癌性,在试验中也可不用,但使用 PMA 可提高试验的敏感性和稳定性,如有些中性粒细胞功能缺陷病人,NBT 试验阳性细胞数甚少时加入 PMA 可得到较好的结果。

(3) 每次应设正常人对照,如阳性细胞少于 95%,应重复试验。

(4) 结果异常时应取新鲜标本重复检查进行核对。

【临床意义】

硝基四氮唑蓝还原试验为慢性肉芽肿(chronic granulomatous disease,CGD)检测的筛选试验,该病病人无甲臜阳性细胞,隐性携带者结果也低于正常人;致死性家族性肉芽肿(fatal familial granulomatosis,FFG)病人阳性细胞率在 10%以下,携带者介于 35%~65%之间;细菌感染(尤其是全身感染)者,NBT 还原阳性率可升高。

【方法评价】

葡萄球菌法、白色念珠菌法、墨汁吞噬试验易操作,不需特殊设备,费用低廉,结果直观。但吞噬率、吞噬指数的测定均需人工检测与计数,结果误差较大。硝基四氮唑蓝还原试验用血量少,操作简单,重复性较好。

【思考题】

(1) 检测中性粒细胞的吞噬功能有哪些检测方法?

(2) 在吞噬细胞中发现细菌时,如何区别吞噬的细菌和黏附在吞噬细胞表面的细菌?

实验二十八　单核-巨噬细胞功能测定

单核-吞噬细胞系统(mononuclear phagocyte system)起源于骨髓内的前单核细胞。外周血中的单核细胞是一种体积较大的吞噬细胞(大吞噬细胞),核呈凹陷状,占正常人血液中白细胞总数的 2%～10%。它在外周血中逗留很短时间，然后进入组织分化为巨噬细胞。单核/巨噬细胞具有抗感染、抗肿瘤、参与免疫应答和免疫调节等多种生物学功能。因能捕捉、加工处理抗原，并提呈给抗原特异性淋巴细胞，故又称抗原提呈细胞。这类细胞具有黏附玻璃和塑料表面的特性。本实验主要介绍检测单核/巨噬细胞吞噬功能的实验方法。

一、小白鼠腹腔单核/巨噬细胞吞噬试验

【实验目的】

掌握小白鼠腹腔单核/巨噬细胞吞噬试验的原理和方法。

【实验原理】

将待测单核/巨噬细胞与某种可被吞噬而又易于计数的颗粒（如鸡红细胞）混合，通过定量地观察单核/巨噬细胞对颗粒的吞噬情况，可粗略地了解单核/巨噬细胞的吞噬功能。

【实验材料】

(1) 动物：昆明种小白鼠。

(2) 6%可溶性淀粉肉汤：取肉汤培养基 100ml，加入可溶性淀粉 6g，混匀后煮沸灭菌，冷却后置 4℃保存（只能保存 1 周）。使用时 37℃水浴溶解。

(3) 1%鸡红细胞悬液：取肝素抗凝鸡血 1ml，加生理盐水 99ml 混合。

(4) 瑞氏染液。

(5) 无菌注射器、针头、玻片。

【实验方法】

(1) 试验前 3 天，于小白鼠腹腔内注射 6%可溶性淀粉肉汤 1ml。注射时切勿刺伤内脏。

(2) 试验当天，于每只小白鼠腹腔内注射 1%鸡红细胞悬液 1ml 并轻揉腹部。

(3) 注射后 30 分钟，用注射器吸取腹腔液少许，置于 2 张洁净载玻片上，推成涂片、晾干。用瑞氏染液染色。

(4) 油镜观察小白鼠单核/巨噬细胞吞噬鸡红细胞现象，并计算吞噬细胞的百分率。

【实验结果】

鸡红细胞是有核红细胞，呈橄榄球形，细胞核亦呈橄榄球形，染色后清晰可见，容易与小白鼠的红细胞相区别。本实验的观察指标是吞噬百分率、吞噬指数，这两个指标是主观指标，客观性差。

在观察时，应同时观察鸡红细胞被消化的程度，借以判定单核/巨噬细胞吞噬和消化功能，通常分为 4 级。

Ⅰ级：未消化。被吞噬的鸡红细胞完整，胞质浅红或浅黄绿色，胞核浅紫红色。

Ⅱ级：轻度消化。胞质浅黄绿色，胞核固缩呈紫蓝色。

Ⅲ级：重度消化。胞质淡染，胞核呈浅灰黄色。

Ⅳ级：完全消化。单核/巨噬细胞内仅见形态类似鸡红细胞大小的空泡，边缘整齐，胞核隐约可见。

【实验计算】

油镜下，计数单核/巨噬细胞，每片 100 个，按下式计算吞噬百分率和吞噬指数。

$$吞噬百分率=\frac{吞噬鸡红细胞的单核/巨噬细胞数}{100个单核/巨噬细胞}\times 100\%$$

$$吞噬指数=\frac{被噬的鸡红细胞数}{100个单核/巨噬细胞}$$

【注意事项】

(1) 实验过程中应注意无菌操作。

(2) 若滴片染色过深,可用 1% HCl 脱色;过浅则可复染。

(3) 每鼠两片的计数应基本一致,若差距过大,应予淘汰。由小鼠腹腔吸出的液体为出血性渗出液时,不宜使用。

(4) 必要时用低渗法溶解胞外红细胞,这样容易鉴别细胞内外的鸡红细胞。

【方法学评价】

小白鼠腹腔单核/巨噬细胞吞噬试验简便易行,但所需时间长,而且难以测定吞噬速率及其动力学改变,试验结果较粗略。

二、人单核/巨噬细胞吞噬试验

【实验目的】

掌握提取人单核/巨噬细胞的操作方法,掌握人单核/巨噬细胞吞噬试验的原理和方法。

【实验原理】

将待测单核/巨噬细胞与某种可被吞噬而又易于计数的颗粒作用后,根据吞噬细胞吞噬颗粒物质的多少,可计算吞噬率和吞噬指数,粗略地了解单核/巨噬细胞的吞噬功能。

【实验材料】

(1) 鸡红细胞(cRBC)悬液:自鸡腋下静脉或心脏采血,Alsever 液(或血库 ACD 保存液)抗凝并保存,置 4℃可有效保存 1 个月,临用前将 cRBC 用生理盐水洗 3 次,配成 5×10^6/ml 悬液。

(2) 斑蝥乙醇浸液:称取中药斑蝥 1g,研磨后加入无水乙醇 10ml,置室温浸 2～4 天,用滤纸或多层纱布过滤,可得 100g/L 斑蝥乙醇浸液。

(3) Giemsa 染色液:配制方法同实验二十六。

【实验方法】

1. 人单核/巨噬细胞收集 将约 1cm^2 的滤纸片在斑蝥乙醇液浸湿,贴在受试者前臂内侧皮肤上;覆盖一块塑料薄膜,用无菌纱布轻轻固定。4 小时后去除滤纸和薄膜,在皮肤红肿处罩一个拱形小盒盖,用胶布固定,纱布覆盖,48 小时后,取下盒盖,可见形成的皮泡。用无菌注射器抽出泡内液(含单核/巨噬细胞)0.5～1ml,注入离心管。

2. 吞噬试验 取洗过的 cRBC 悬液 0.01ml 加于泡液中,混匀,37℃温育 30 分钟,每 10 分钟摇动一次。1500r/min 离心 5 分钟,弃上清液。取沉淀物混匀,涂于玻片上制成薄片,晾干。甲醇固定,Giemsa 染色,油镜检查。

【实验结果】

如果染色结果正确,油镜下可见细胞核及被吞噬的细菌染成紫色,而细胞质则为淡红色。

【实验计算】

油镜下计数 100 个单核/巨噬细胞，记录其中吞噬有 cRBC 的单核/巨噬细胞及被吞噬单核/巨噬细胞吞噬的 cRBC 数，按下列公式计算吞噬率及吞噬指数。

$$\text{吞噬率}(\%)=\frac{\text{吞噬 cRBC 的单核/巨噬细胞数}}{\text{100 个单核/巨噬细胞}}\times 100\%$$

$$\text{吞噬指数}=\frac{\text{单核/巨噬细胞吞噬的 cRBC 数}}{\text{100 个单核/巨噬细胞}}\times 100\%$$

【实验结果】

吞噬率：61.4%～64.2%；吞噬指数：1.01～1.11。

【注意事项】

(1) 实验过程中应注意无菌操作。

(2) 过敏体质者慎用。

【临床意义】

恶性肿瘤病人的单核/巨噬细胞吞噬率和吞噬指数均降低。

实验二十九　NK 细胞功能检测

NK 细胞即自然杀伤细胞(natural killer，NK)，是独立于 T、B 淋巴细胞外能直接杀伤靶细胞的淋巴细胞亚群。NK 细胞对靶细胞的杀伤作用表现为一种速发效应，无须预先致敏，与靶细胞混合后 4 小时内即发挥杀伤效应。NK 细胞杀伤效应的靶细胞包括肿瘤细胞、病毒或细菌感染细胞等。因此，NK 细胞具有抗肿瘤、抗感染和免疫调节功能，同时它也参与移植排斥反应和某些自身免疫疾病的发生。体外 NK 细胞活性测定的方法较多，本实验介绍流式细胞术、LDH 测定法、MTT 法及 ^{51}Cr 同位素法。

一、流式细胞术

【实验目的】

熟悉流式细胞术测定 NK 细胞自然杀伤活性的原理和操作过程。

【实验原理】

NK 细胞自然杀伤活性是一种细胞介导的细胞毒作用，它不需特异性抗体参与，也无 MHC 限制性，不经抗原活化即能直接杀伤靶细胞。本实验选用 K562 细胞为测定人 NK 细胞活性的靶细胞，利用碘化丙啶染料排斥法(碘化丙啶只能渗透到死亡细胞内)，用流式细胞仪检测靶细胞受 NK 细胞作用后的死亡率来反映 NK 细胞的活性。

【实验材料】

(1) 细胞分离液购买商品试剂。

(2) K562 细胞株(红白血病细胞系)。

(3) 肝素：6U/ml。

(4) PBS(pH7.4)：NaCl 8.0g、KH_2PO_4 0.2g、$Na_2HPO_4\cdot 12H_2O$ 2.9g、KCl 0.2g 加双

蒸水溶解，定标至 1000ml。

(5) 碘化丙啶(PI)溶液：加双蒸水溶解，浓度为 50ng/ml。

【实验方法】

(1) 肝素抗凝血 2ml，加等量生理盐水稀释后，用淋巴细胞分离液按常规法分离出淋巴细胞。

(2) 用 PBS 洗涤分离的淋巴细胞 2 次，每次 1000r/min，离心 5 分钟。计数细胞数，作为效应细胞。

(3) 取培养于含 10%小牛血清的 RPMI 1640 培养液中处于指数生长期的 K562 靶细胞，用上述培养液洗涤 2 次、计数、备用。

(4) 按效应细胞：靶细胞 20∶1 的比例取细胞混匀于 200μl 含 10%小牛血清的 RPMI 1640 培养液中。另设单纯 K562 细胞自然死亡对照组，低速离心 1000r/min，1 分钟后，置 37℃ CO_2 温箱，作用 2 小时，置 4℃冰箱。检测时加入碘化丙啶 1ml 到上述试管中，1～2 小时内上流式细胞仪测定 NK 细胞活性。

(5) 流式细胞仪测定按仪器操作说明书进行。以 PI 染色的 K562 细胞为死细胞，NK 细胞活性则以靶细胞死亡率为指标。

【实验计算】

NK 细胞活性(%)＝细胞实验组靶细胞死亡率(%)－对照组靶细胞自然死亡率(%)

二、MTT 法

【实验目的】

掌握 MTT 法的原理及操作方法。

【实验原理】

检测人 NK 细胞杀伤活性常用的敏感靶细胞有 K562 细胞。NK 细胞具有自然杀伤肿瘤细胞的活性，噻唑蓝(MTT)是水溶性浅黄色物质，经活细胞内线粒体代谢而生成蓝紫色的甲臜结晶，沉积于细胞内和细胞周围，在一定条件下甲臜生成量与活细胞的数量呈正比。通过测定该 *OD* 值，可判断 NK 细胞对靶细胞的细胞毒性活性。

【实验材料】

(1) 效应细胞(NK 细胞)：用淋巴细胞分离液从病人的肝素抗凝血中分离出单个核细胞。经 RPMI 1640 细胞培养液洗涤 3 次，置于细胞培养瓶中于室温孵育 1 小时，以去除单核细胞。然后调整细胞浓度为 2×10^6/ml。

(2) 靶细胞(K562 细胞)：取处于对数生长期的 K562 细胞，经细胞培养液洗涤 3 次，调整细胞浓度为 2×10^5/ml。

(3) 5g/L MTT 溶液：用 0.01mol/L 磷酸缓冲液(pH7.4)配制，过滤除菌，于－20℃保存。

(4) 10% SDS-50%二甲基甲酰胺：10g SDS 放入 100ml 50%二甲基甲酰胺中加热溶解。

(5) 酶标仪、96 孔细胞培养板、微量加样器等。

【实验方法】

(1) 取上述效应细胞和靶细胞悬液各 50μl，加到 96 孔细胞培养板内混匀，同时设单独效应细胞对照孔和单独靶细胞对照孔，每个样本做 3 个复孔。

(2) 将 96 孔细胞培养板置于 37℃、5% CO_2条件下孵育 4 小时。

(3) 每孔加入 MTT 溶液 10ml。继续孵育 4 小时。

(4) 加 10% SDS-50%二甲基甲酰胺 100ml，置 37℃ 14～18 小时后，待其充分溶解后在酶标仪上测定光密度值 $OD_{570\sim630nm}$。

【实验计算】

按下列公式计算 NK 细胞的细胞毒活性：

$$\text{细胞毒活性}=\frac{OD_E - OD_T - OD_{(E+T)}}{OD_T}\times 100\%$$

注：OD_E：效应细胞孔 $OD_{570\sim630nm}$；OD_T：靶细胞孔 $OD_{570\sim630nm}$；$OD_{(E+T)}$：效靶混合孔 $OD_{570\sim630nm}$。

【注意事项】

(1) 每次最好取 2～3 个效靶比例，范围一般在(10∶1)～(50∶1)。

(2) 混合前效应细胞与靶细胞的存活力均应大于 90%，否则过多的死细胞影响结果。

三、^{51}Cr 同位素法

【实验目的】

掌握^{51}Cr 同位素法的原理及操作方法。

【实验原理】

将用同位素^{51}Cr 标记的靶细胞与 NK 细胞共同培养时，靶细胞可被 NK 细胞杀伤。同位素从被杀伤的靶细胞中释放出来，其释放的量与 NK 细胞活性成正比。通过测定靶细胞^{51}Cr 的释放率即可反应 NK 细胞的活性。

【实验材料】

(1) 靶细胞的制备：取传代后 24 小时生长良好的 YAC-1 细胞(存活率＞95%)按 1×10^6/ml YAC-1 细胞悬液加^{51}Cr 100mCi 进行标记，于 37℃、5%CO_2 培养 2 小时，每 30 分钟振荡 1 次。标记后的细胞用培养液洗涤 3 次，重悬于培养液中，使细胞浓度为 1×10^5个/ml。

(2) 效应细胞(小鼠脾细胞)的制备：无菌状态下取小鼠脾脏，置于盛有适量无菌 Hank 液的小平皿中，用镊子轻轻将脾撕碎，制成单细胞悬液。经 200 目筛网过滤，用 Hank 液洗 3 次，每次离心 10 分钟(1000r/min)。然后将细胞悬浮于 2ml 的完全培养液中，用台盼蓝染色计数活细胞数(应在 95%以上)，最后用 RPMI 1640 完全培养液调整细胞浓度为 1×10^7个/ml。

(3) Hank 液(pH7.4)：KCl 0.4g、$Na_2HPO_4 7H_2O$ 0.06g、KH_2PO_4 0.06g、NaCl8.0g、$NaHCO_3$ 0.35g，加双蒸水 800mL 溶解，调节 PH 至 7.4，加三蒸水定容至 1000ml。

(4) 液体闪烁仪、多头细胞收集器、二氧化碳培养箱、RPMI 1640 完全培养液、Triton X-100 等。

【实验方法】

(1) 在 96 孔培养板中每孔加 100ml 标记的靶细胞，实验孔加 100ml 效应细胞，空白对照孔加 100ml 培养液，最大释放孔加 100ml 2.5% Triton X-100。每个样品设 3 个复孔。

(2) 置 5%CO_2、37℃培养箱内温育 4 小时。

(3) 用多头细胞收集器将细胞收集在玻璃纤维滤纸上，用液体闪烁仪进行测量。

【实验计算】

按下式计算 NK 细胞活性

$$\text{NK 细胞活性}(\%)=\frac{\text{实验孔}(cpm)}{\text{空白对照孔}(cpm)-\text{最大释放孔}(cpm)}\times 100\%$$

【注意事项】

(1) NK 细胞及靶细胞必须新鲜制备、活细胞数应高于 95%。靶细胞的自然释放率小于 10%～15%。

(2) 严格控制 NK 细胞与靶细胞的比例。效靶细胞比率为 100∶1 较好，如大于 100，其自然杀伤率不再呈对数增加。

(3) 反应液要新鲜配制。

(4) 因试剂中有放射性物质，在操作时注意保护，防止同位素放射性污染。

【临床意义】

NK 细胞活性下降见于大多数肿瘤病人，特别是中晚期或伴有转移的癌症病人；部分白血病和骨髓增殖异常综合征病人，NK 细胞活性随病情进展而逐渐降低，以急性期降低最为明显，即便是缓解期病人的 NK 细胞活性也仍低于正常人；柯萨奇病毒、心肌炎病毒、流感病毒等感染性疾病 NK 细胞活性下降；某些细菌性和真菌感染疾病病人也可见 NK 细胞活性低下；免疫缺陷症 Chediak-Higashi 综合征病人伴有先天性 NK 细胞缺陷；重症联合免疫缺陷症病人体内 T 细胞、B 细胞、NK 细胞的功能同时存在缺陷。

NK 细胞活性增高见于多发性骨髓瘤、肺结核等疾病。

实验三十　溶菌酶测定

溶菌酶是一种小分子蛋白，分子量约 14kD，由 129 个氨基酸组成，属一种碱性蛋白质，等电点约为 pH11.0。溶菌酶广泛分布于各种组织和体液中，人血清中溶菌酶主要来自中性粒细胞、单核细胞和巨噬细胞的溶酶体。它的主要生理作用是可特异性的作用于革兰阳性细菌细胞壁肽聚糖，使细菌发生渗透性溶解。此外，它也能增强补体对革兰阴性细菌的作用。测定体液、分泌液中溶菌酶的含量及其变化情况，可以作为了解机体天然免疫功能的一个辅助指标。测定方法有琼脂平板溶菌环法及 ELISA 法等。

一、琼脂平板溶菌环法

【实验目的】

熟悉琼脂平板溶菌环法的原理，掌握琼脂平板溶菌环法的临床应用。

【实验原理】

在含溶壁微球菌的琼脂平板上打孔，加入检样，检样中的溶菌酶在扩散过程中与琼脂内的溶壁微球菌作用后，可使细菌因细胞壁破坏而溶解，致使加样孔周围出现溶菌环。溶菌环的大小与溶菌酶的含量成正比。

【实验材料】

(1) 0.067 mol/L pH6.4 PBS:磷酸二氢钾溶液(KH_2PO_4 9.08g/L)73ml、0.067mol/L 磷酸氢二钠溶液(Na_2HPO_4 9.47g/L) 27ml、NaCl 0.5g 和硫酸汞 10mg 混匀。

(2) 菌液制备:将溶壁微球菌接种于普通琼脂斜面上,37℃培养 24～36 小时。用 0.067mol/L pH6.4 PBS 洗涤,配成混悬菌液。用 721 型分光光度计波长 640nm 测定,并调整其浓度达到透光率 30%～40%。在缺乏培养细菌的条件时也可使用干菌粉。将溶壁微球菌 24 小时培养物用 60 倍体积蒸馏水洗下,离心沉淀弃上清液,沉积的菌体加约 5 倍体积的丙酮,用玻棒搅匀,放 4℃30 分钟、取出离心沉淀弃上清液。按此法用丙酮浸洗 3 次,再用乙醚洗 2 次,将菌体置于干燥器内过夜,即得干菌粉。用研钵研碎备用。使用时称干菌粉 500mg,放入上述 PBS 液约 50ml,如上操作,调整菌液透光率约为30%～40%。

(3) 含菌琼脂平板:用 0.067mol/L pH6.4 PBS 配制 10.0g/L 琼脂,加热融化,冷至 60℃时加入溶壁微球菌液,使最终浓度为 1mg/ml,充分混匀后浇注平板,板厚 2mm。平板置 4℃低温待琼脂凝固。

(4) 溶菌酶标准液:取溶菌酶 10mg,溶于 0.067mol/L pH6.4 PBS 10ml 中,配成 1000 μg/ml 原液,放冰箱保存。临用前再用 PBS 稀释成 5、10、20、40、80 μg/ml 标准液。

【实验方法】

(1) 在含菌琼脂平板上用打孔器挖 2.5mm 直径的小孔,孔间隔 1.5～2.0cm。

(2) 加检样 10 μl 至含菌琼脂平板的加样孔内。同时将不同稀释度的溶菌酶标准液各取 10 μl 加至同一板上各相应孔内,每个稀释度做复孔。

(3) 平板置 4℃ 12～18 小时。取出后用测微尺测溶菌环直径。

【实验结果】

加检样孔和标准溶菌酶孔周围的溶壁微球菌被溶解,可见圆形透亮区,即溶菌环。溶菌环的大小与溶菌酶的含量成正比。用半对数纸,以标准溶菌酶浓度为纵坐标,标准溶菌环直径为横坐标,绘制标准曲线。待测标本根据所测溶菌环直径由标准曲线求得相应的溶菌酶含量。

溶菌环法检测人血清中溶菌酶含量为 3.0～9.0mg/L,尿液溶菌酶含量小于 1.5mg/L。

【注意事项】

(1) 测量标准样品与待检样品溶菌现象的间隔时间应尽量缩短,最好能在同一块板上同时检测待检样品和标准样品,以作比较。

(2) 应同时作平行实验,取其均值作实验结果。

二、ELISA 法

【实验目的】

熟练掌握 ELISA 原理、方法和应用,掌握实验中的仪器使用和结果判断方法和 ELISA 检测溶菌酶的临床意义。

【实验原理】

采用双抗体夹心法。以抗人溶菌酶抗体包被聚苯乙烯反应板微孔,检样中的人溶菌酶可与之结合,再加入酶标记的抗人溶菌酶抗体,在固相上形成抗体-溶菌酶-酶标记抗体免疫复合物,加入底物后显色。显色强度与检样中溶菌酶浓度成正比。

【实验材料】

(1) 试剂盒组成及试剂配制:

1) 试剂盒组成及试剂配制:一块(96 孔)酶联板,2 瓶标准品(冻干品),1 瓶(1×10ml)检测稀释液 A,1 瓶检测稀释液 B(10ml),1 瓶检测溶液 A(120μl,1∶100),1 瓶检测溶液 B≤◆120μl,1∶100),1 瓶底物溶液(10ml),1 瓶浓洗涤液(30ml,使用时每瓶用蒸馏水稀释 25 倍),1 瓶终止液(10ml,2mol/L H_2SO_4),5 张覆膜。

2) 标准品(冻干品)配制:每瓶临用前以样品稀释液稀释至 1ml,盖好后静置 10 分钟以上,然后反复颠倒、搓动以助溶解,其浓度为 1600pg/ml,将其稀释为 400pg/ml 后,再做系列倍比稀释(不要直接在板中进行倍比稀释),分别稀释成 400pg/ml、200pg/ml、100pg/ml、50pg/ml、25pg/ml、12.5pg/ml、6.25pg/ml,样品稀释液直接作为标准浓度 0 pg/ml,临用前 15 分钟内配制。如配制 200 pg/ml 标准品:取 0.5ml (不要少于 0.5ml) 400 pg/ml 的上述标准品加入含有 0.5ml 样品稀释液的 Eppendorf 管中,混匀即可,其余浓度以此类推。

3) 检测溶液 A:1×120μl(1∶100)临用前以检测稀释液 A 1∶100 稀释,稀释前根据预先计算好的每次实验所需的总量配制(100μl/孔),实际配制时应多配制 0.1~0.2ml。如 10μl 检测溶液 A 加 990μl 检测稀释液 A 的比例配制,轻轻混匀,在使用前 1 小时内配制成检测溶液 A 工作液。

4) 检测溶液 B:1×120μl/瓶(1∶100)临用前以检测稀释液 B 1:100 稀释。稀释方法同检测溶液 A。

(2) 标准规格酶标仪。

(3) 高速离心机。

(4) 电热恒温培养箱。

(5) 干净的试管和 Eppendof 管。

(6) 系列可调节移液器及吸头。一次检测样品较多时,最好用多通道移液器。

(7) 蒸馏水、容量瓶等。

【实验方法】

(1) 全血标本请于室温放置 2 小时或 4℃过夜后于 1000g 离心 20 分钟,取上清(血清)即可检测。也可用 EDTA 或肝素作为抗凝剂制取血浆,标本采集后 30 分钟内于 2~8℃ 1000g 离心 15 分钟。在检测前血清或血浆标本推荐稀释 5 000 倍。

(2) 加样:分别设空白孔、标准孔、待测样品孔。空白孔加样品稀释液 100μl,余孔分别加标准品或待测样品 100μl,注意不要有气泡,加样将样品加于酶标板孔底部,尽量不触及孔壁,轻轻晃动混匀,酶标板加上盖或覆膜,37℃反应 120 分钟。为保证实验结果有效性,每次实验请使用新的标准品溶液。

(3) 弃去液体,甩干,不用洗涤。每孔加检测溶液 A 工作液 100μl(在使用前 1 小时内配制),酶标板加上覆膜,37℃反应 60 分钟。

(4) 温育 60 分钟后,弃去孔内液体,甩干,洗板 3 次,每次浸泡 1~2 分钟,大约 400μl/每孔,甩干(也可轻拍将孔内液体拍干)。

(5) 每孔加检测溶液 B 工作液(同检测溶液 A 工作液) 100μl,酶标板加上覆膜 37℃反应 60 分钟。

(6) 温育 60 分钟后，弃去孔内液体，甩干，洗板 5 次，每次浸泡 1～2 分钟，350μl/每孔，甩干(也可轻拍将孔内液体拍干)。

(7) 依序每孔加底物溶液 90μl，酶标板加上覆膜 37℃避光显色(30 分钟内，此时肉眼可见标准品的前 3～4 孔有明显的梯度蓝色，后 3～4 孔梯度不明显，即可终止)。

(8) 依序每孔加终止溶液 50μl，终止反应，此时蓝色立转黄色。终止液的加入顺序应尽量与底物液的加入顺序相同。为了保证实验结果的准确性，底物反应时间到后应尽快加入终止液。

(9) 用酶标仪在 450nm 波长依序测量各孔的光密度(*OD* 值)。应在加终止液后立即进行检测。

【实验计算】

以标准品吸光度(*A*)值为纵坐标，以标准品浓度为横坐标，制备标准曲线。检样中溶菌酶浓度可根据所测 *A* 值从标准曲线得出，也可由酶标仪的预定模式直接打印结果。

【实验结果】

(1) ELISA 法检测人血清中溶菌酶浓度为 8.5±3.4mg/L，尿液浓度小于 1.5mg/L。

(2) 因各实验室的实验环境及操作差别甚大，应建立本室的正常参考值。

【注意事项】

(1) 采集检样后应在 8 小时内完成检测，如不能短时间内检测，可置 4～8℃保存 6 天。

(2) 实验前应预测样品含量，如样品浓度过高时，应对样品进行稀释，以使稀释后的样品符合试剂盒的检测范围，计算时再乘以相应的稀释倍数。

(3) ELISA 试剂盒自冰箱中取出后应预温至室温再行操作。

(4) 不同厂家、不同批号的试剂不能混用。

(5) 试剂或样品稀释时，均需混匀，混匀时尽量避免起泡。

【临床意义】

(1) 血清溶菌酶测定对鉴别各型急性白血病有一定意义。髓性或单核细胞性白血病血清溶菌酶浓度升高；而急性淋巴细胞性白血病、急性红白血病溶菌酶浓度降低或正常；经化疗病情缓解后，溶菌酶浓度可恢复。

(2) 血清溶菌酶浓度测定可作为判断局限性肠炎活动性的有效指标，并且有助于判断病情的严重程度和治疗效果。

(3) 尿溶菌酶浓度增高的常见原因有肾组织损伤、高溶菌酶血症和急性或复发性尿路感染。各种原因的肾小管损伤都可引起尿溶菌酶浓度升高，所以在临床上，尿溶菌酶浓度的检测可作为肾小管损伤的一个重要指标。例如肾小管炎症或抗生素诱发的肾小管损伤，尿溶菌酶浓度均可显著升高。此外，同种异体肾移植后发生排斥反应，也会引起尿溶液菌酶浓度增高，因此肾移植病人应定期检查尿溶菌酶浓度。如移植肾不受排斥，则溶菌酶浓度在 7 天内恢复正常；若尿溶菌酶浓度持续增高，必须警惕排斥反应的发生。

(4) 脑脊液溶菌酶浓度的检测可作为鉴别各种脑膜炎的一个指标。细菌性脑膜炎病人脑脊液中溶菌酶浓度高于 1.5mg/L；病毒性或结核性脑膜炎、脑肿瘤患儿的脑脊液溶菌酶不升高。此外，脑脊液溶菌酶浓度测定对中枢神经系统的原发性或继发性肿瘤有一定辅助诊断价值。

【方法学评价】

琼脂平板溶菌环法操作简便，不需特殊设备。酶联免疫吸附试验(ELISA)法快速灵敏、特异性较强，可自动化操作。

【思考题】

当体液或分泌液中溶菌酶减少或缺乏时，临床常易引起哪些部位感染和哪类病原感染？

实验三十一　C-反应蛋白检测

C-反应蛋白(C-reactive protein，CRP)是一种由肝脏合成的典型急性时相反应蛋白，在急性相反应高峰时由肝脏合成的蛋白中约占20%，因能和肺炎链球菌荚膜C多糖结合而得名。CRP在炎性反应感染或组织损伤6小时后逐渐上升，到24～48小时到达顶峰，其半衰期约为19小时，在与配体结合后被清除速度加快。CRP的配体包括坏死的内源性物质、衰老的细胞，外源性物质如细菌、真菌和寄生虫中的细胞壁磷酸胆碱。CRP还具有重要的免疫调节作用，可激活补体系统、调节T细胞功能、抑制血小板的聚集及活化反应、增加单核/巨噬细胞的活性和运动、促进对各种细菌和异物的吞噬、刺激单核/巨噬细胞表面的组织因子表达等。目前常用检测CRP的方法有免疫比浊法、ELISA法等。

一、免疫比浊法

【实验目的】

掌握免疫比浊法的原理及分类、胶乳增强的免疫比浊法检测CRP的原理。

【实验原理】

免疫比浊法的原理是可溶性抗原与相应抗体比例合适时可快速形成抗原抗体复合物，使反应液出现混浊。反应液的浊度随复合物的浓度增加而升高。与一系列的标准品对照，即可得出待测物的浓度。它可分为透射比浊测定法和散射比浊测定法两种。透射比浊测定法的原理是一定波长的光线通过免疫反应样品时被免疫复合物反射、吸收而减弱，在一定范围内，透射光被吸收的量(A值变化)与复合物量呈正相关，而复合物的量与抗原和抗体的量呈函数关系。散射比浊法的原理是光线通过检测溶液时，被其中所含的抗原抗体复合物折射而部分偏转，产生散射光，其强度与复合物的量和散射夹角成正比。

值得注意的是，免疫比浊法检测的最低限较高，为1～5mg/L。而一种新的胶乳增强的试验方法可显著提高CRP检测的灵敏度，最低可达0.1～0.01mg/L。其原理是将胶乳颗粒与抗人CRP抗体交联，再与样本血清中的CRP结合形成抗原抗体复合物。在一定量抗体存在时，其浊度高低与血清中CRP成正比。通过测定特定波长的吸光度，参照多点定标校准曲线即可计算出血清中CRP的浓度。

【实验材料】

(1) R1：Tris缓冲液。

(2) R2：抗CRP抗体胶乳颗粒悬浊液。

(3) CRP校准液(1ml×5)。

(4) 全自动分析仪。

【实验方法】

(1) 采集血清或血浆(肝素抗凝)样本，样本应在低温条件下运输保存。

(2) 将血样常规离心 15 分钟。

(3) 将试剂和样本血浆放到全自动分析仪,所有步骤由分析仪自动完成。

【实验结果】

正常人血清 CRP 浓度为 0～6mg/L。

【注意事项】

(1) 在加入稀释液前,应将胶乳试剂充分混匀,并用少量缓冲液冲洗胶乳试剂,以避免任何试剂损失。

(2) 在检测过程中皮肤表面及眼睛等处不慎溅到试剂,须立刻用清水冲洗,如果误食则需要到医院治疗。

(3) 不同的检测系统(仪器和试剂)得出的结果存在不同差异,不同的厂家或批号的试剂不能混用。

(4) 高血脂标本、含类风湿因子或人抗鼠 IgG 抗体的标本都会使结果假性升高。

二、ELISA 法

【实验目的】

掌握 ELISA 法的原理、操作方法、结果判断方法和检测 CRP 的临床意义。

【实验原理】

采用双抗体夹心 ELISA 法。试剂中的两种抗体与 CRP 分子的不同抗原决定簇发生反应。用抗人 CRP 单克隆抗体包被微孔板,加待测样本或标准品,再加酶标记多克隆抗体(HRP-抗人 CRP),使它们特异性地形成“固相抗体-抗原-酶标抗体”复合物,洗去未结合物后,加底物呈色。在一定范围内,呈色强度与待测样本或标准品的 CRP 浓度成正比。

【实验材料】

(1) 试剂盒组成及试剂配制:一块(96 孔)酶联板,2 瓶标准品(冻干品),1 瓶样品稀释液(20ml),1 瓶生物素标记抗体稀释液(10ml),1 瓶辣根过氧化物酶标记亲和素稀释液(10ml),1 瓶生物素标记抗体(120μl,1∶100),1 瓶辣根过氧化物酶标记亲和素(120μl,1∶100),1 瓶底物溶液(10ml),1 瓶浓洗涤液(20ml,使用时每瓶用蒸馏水稀释 25 倍),1 瓶终止液(10ml)。

(2) 标准规格酶标仪。

(3) 高速离心机。

(4) 电热恒温培养箱。

(5) 干净的试管和 Eppendof 管。

(6) 系列可调节移液器及吸头,一次检测样品较多时,最好用多通道移液器。

(7) 蒸馏水、容量瓶等。

【实验方法】

(1) 加样:分别设空白孔、标准孔、待测样品孔。空白孔加样品稀释液 100μl,余孔分别加标准品或待测样品 100μl,注意不要有气泡,加样将样品加于酶标板孔底部,尽量不触及孔壁,轻轻晃动混匀,酶标板加上盖或覆膜,37℃反应 120 分钟。

(2) 弃去液体,甩干,不用洗涤。每孔加生物素标记抗体工作液 100μl(取 1μl 生物素标记抗体加 99ml 生物素标记抗体稀释液的比例配制，轻轻混匀，在使用前 1 小时内配制），37℃，60 分钟。

（3）温育 60 分钟后，弃去孔内液体，甩干，洗板 3 次，每次浸泡 1～2 分钟，200ml/每孔，甩干。

（4）每孔加辣根过氧化物酶标记亲和素工作液（同生物素标记抗体工作液）100ml，37℃，60 分钟。

（5）温育 60 分钟后，弃去孔内液体，甩干，洗板 5 次，每次浸泡 1～2 分钟，200ml/每孔，甩干。

（6）依序每孔加底物溶液 90ml，37℃避光显色（30 分钟内，此时肉眼可见标准品的前 3～4 孔有明显的梯度蓝色，后 3～4 孔显色不明显，即可终止）。

（7）依序每孔加终止溶液 50ml，终止反应（此时蓝色立转黄色）。终止液的加入顺序应尽量与底物液的加入顺序相同。为了保证实验结果的准确性，底物反应时间到后应尽快加入终止液。

（8）用酶联仪在 450nm 波长依序测量各孔的光密度（*OD* 值）。在加终止液后 15 分钟以内进行检测。

【实验计算】

以标准品的浓度为横坐标，吸光度（*A*）值为纵坐标，绘制标准曲线。根据样品的 *A* 值由标准曲线查出相应的 CRP 浓度；或用 CRP 标准品的浓度与对应 *A* 值计算出标准曲线的直线回归方程式，将样品的 *A* 值代入方程式，计算出样品中 CRP 浓度。通常由酶联仪直接打印报告结果。

【实验结果】

新生儿，脐血：≤0.6mg/L；生后 1 周至 1 个月婴儿：1.6mg/L；孕妇：≤47mg/L；成人和儿童：0.068～8.2mg/L。

【注意事项】

（1）试剂自冰箱取出后应预温至室温（18～25℃）后再使用。

（2）不同厂家、不同批号试剂不可混用。

（3）实验开始前，请提前配置好所有试剂，试剂或样品稀释时，均需混匀，混匀时尽量避免起泡。

（4）为保证实验结果有效性，每次实验请使用新的标准品溶液。每次检测都应该做标准曲线。

（5）如样品浓度过高时，用样品稀释液进行稀释，以使样品符合试剂盒的检测范围。

【方法学评价】

免疫浊度法的敏感性较高，特异性较好，获得结果迅速，准确度高，但对仪器要求较高。酶联免疫吸附试验（ELISA）快速灵敏、特异性较强，易于实现自动化，是应用比较广泛的方法。

（吴斌华）

第九章　超敏反应的检测

超敏反应(hypersensitivity)是指致敏机体再次接触同一抗原的刺激时，发生的组织损伤和(或)功能紊乱的免疫应答，是一类异常的病理性免疫应答，其结果对机体不利，可引起多种临床疾病，称为超敏反应性疾病。

1963 年 Coombs 和 Gell 根据反应速度、发病机制和临床特点将超大型敏反应分为Ⅰ、Ⅱ、Ⅲ和Ⅳ型。Ⅰ、Ⅱ、Ⅲ 超敏反应为抗体介导的，可由血清被动转移，而Ⅳ型超敏反应为 T 细胞介导，可由细胞被动转移。引起超敏反应的抗原称变应原(allergen)。某一变应原刺激机体产生何种应答产物，引起哪型超敏反应，与致敏作用的抗原种类、致敏途径、不同个体及物种属有关。

实验三十二　豚鼠过敏反应

Ⅰ型超敏反应即速发型超敏反应，亦称过敏反应，是机体经变应原致敏后，再次接触变应原时，IgE 介导肥大细胞、嗜碱粒细胞释放多种活性介质，引起特有症状。此型超敏反应发生快，具有严格的特异性、个体差异，与遗传背景相关。常见的有过敏性休克、呼吸道过敏反应、消化道过敏反应、皮肤过敏反应等。此型过敏反应使机体出现功能紊乱性疾病，不发生严重的组织细胞损伤。本实验以豚鼠为实验对象，介绍马血清或鸡蛋清引起的豚鼠Ⅰ型超敏反应。

【实验目的】

观察豚鼠的Ⅰ型超敏反应，进一步加深对超敏反应发生机制的理解。

【实验原理】

用小剂量的异种蛋白接种豚鼠，经过一定时间的潜伏期后，豚鼠即可处于致敏状态。当豚鼠再次接受较大量的相同抗原时，抗原激发肥大细胞和嗜碱粒细胞释放多种活性介质，迅速导致严重的过敏反应，使机体出现功能紊乱，最终发生过敏性休克甚至死亡。

【实验材料】

(1) 健康成年豚鼠 3 只，编号分别为 A、B 和 C。

(2) 无菌注射器及针头。

(3) 马血清或鸡蛋清、生理盐水、碘伏、70%乙醇溶液等。

【实验方法】

(1) 经腹腔或皮下，向 A、B 豚鼠注射 1∶10 稀释的马血清或鸡蛋清 0.1ml，另一只仅注射 0.1ml 生理盐水作为阴性对照。

(2) 14～21 日，经耳缘静脉向 A、B 和 C 豚鼠分别注射马血清或鸡蛋清原液和生理盐水 0.3～0.5ml。亦可采用心内注射相同剂量的上述抗原。

(3) 注射后，密切观察豚鼠的反应。

【实验结果】

(1) 注射马血清后的豚鼠在注射同一变应原后数分钟动物出现不安,用前爪搔鼻、咳嗽、打喷嚏、耸毛等表现,重者出现痉挛、大小便失禁、呼吸困难、站立不稳,最后窒息而死于过敏性休克。轻型者可逐渐恢复而不死亡,此时动物处于脱敏状态,在短时间内注射同种过敏原,不出现过敏症状。但是此后仍可处于致敏状态。

(2) 将死亡豚鼠解剖,可见肺气肿,豚鼠肠蠕动正常,颜色正常。

(3) B、C 豚鼠均不出现过敏症状。

【注意事项】

(1) 心脏内注射时,要固定好动物,以免划破心脏;当见到注射器内有回血时再注入抗原。

(2) 豚鼠性情温和,一般不伤人,但胆小易惊,易造成自伤。抓取时,不能太粗野,更不能抓腰腹部,如果豚鼠挣扎,手不要越握越紧,否则会造成豚鼠呼吸困难,甚至死亡。

【思考题】

(1) 过敏反应是如何发生的?

(2) 为何过敏反应不会造成严重的组织损伤?

实验三十三　皮肤速发型超敏反应检测

皮肤过敏反应试验简称皮试,是一种在机体皮肤组织进行的体内免疫学试验。根据变应原的不同,可诱发速发型和迟发型皮肤超敏反应。根据变应原进入皮肤的途径不同,又可分为皮内试验(intracutaneous test)、挑刺试验(prick test)和斑贴试验(patch test)。本实验将采用皮内试验进行皮肤速发型超敏反应检测。

【实验目的】

通过实验强化对过敏反应知识的掌握,掌握皮试检测过敏原的检测方法。

【实验原理】

当诱发Ⅰ型超敏反应的变应原再次进入致敏者皮肤时,皮肤中结合有 IgE 的肥大细胞或嗜碱粒细胞就会与抗原结合,引发速发型皮肤超敏反应。

【实验材料】

(1) 1ml 一次性注射器。

(2) 皮试抗原(如花粉)、0.01mg/ml 的无菌组胺溶液、生理盐水、消毒用碘伏和乙醇。

(3) 毫米刻度尺。

【实验方法】

(1) 用碘伏消毒前臂内侧,如同时检测多种变应原可以选择背部皮肤。

(2) 用 1ml 一次性注射器将 0.02～0.03ml 抗原注入皮内,形成一圆形小皮丘。如注射多种变应原应,则应以数码或符号标记,且注射位置间隔 4～6cm,防止发生重叠。同时用 0.01ml 组胺作为阳性对照,用 0.01ml 生理盐水作为阴性对照。

(3) 注射 15～30 分钟后,观察注射部位。由于反应常是椭圆或不规则形,因此所测直径不一定呈直角。将最大、最小直径之和除以 2,即为反应直径。

【实验结果】

结果判断标准见表 9-1。

表 9-1　过敏反应皮试判断标准

级别	红晕(mm)	风团(mm)
−	<5	<5
±	5～10	5～10
+	11～20	5～10
++	21～30	5～10
+++	31～40	10～10
++++	>40	>15

注：风团的直径为分级的主要依据，红晕大小作为参考；风团若有伪足，可上调一级，但最高级为++++。

正常参考值：红晕或风团在 30 分钟内>1.0cm 者为阳性。

【注意事项】

(1) 试验前应准备好抢救药品及器材，一旦出现全身反应，应立即组织抢救。

(2) 应先用低浓度的抗原进行皮试；如无反应，则可进 10 倍加大抗原浓度，直至到最高允许浓度。

(3) 对试验抗原高度敏感者可能出现明显的局部反应，此时应立即擦净残留在皮肤上的抗原，然后迅速洗净皮肤，避免出现全身反应。

(4) 试验同时应采用生理盐水作为阴性对照，如对照组出现阳性结果，试验结果无意义。

(5) 如出现假阳性，则可能是抗原配制不当如偏酸、偏碱，抗原变质或被细菌污染。

(6) 如出现假阴性，则可能是抗原失效，或皮试对象为免疫力低下，或近期内使用免疫抑制剂。

【思考题】

(1) 皮肤速发型超敏反应的原理是什么？

(2) 皮肤速发型超敏反应试验有哪些注意事项？

实验三十四　血清总 IgE 的检测

IgE 是介导Ⅰ型超敏反应的抗体，血清总 IgE 是针对各种抗原的 IgE 的总和。检测血清总 IgE 对Ⅰ型超敏反应性疾病的诊断具有一定临床意义。

正常情况下血清 IgE 水平较低，用常规测定 IgG 或 IgM 的凝胶扩散法检测不出 IgE，必须用高度敏感的方法如放射免疫测定法、酶联免疫测定法、化学发光法等进行检测。本实验即以双抗体夹心 ELISA 法测定血清 IgE，该方法操作方便，敏感性也很高，在临床上经常应用。

【实验目的】

掌握血清总 IgE 的检测方法，加强对 IgE 在过敏反应中的作用的理解。

【实验原理】

采用双抗体夹心 ELISA 法，用羊抗人 IgE 包被酶标板，加入待检血清后，羊抗人 IgE 抗体捕获人 IgE，洗涤后加入酶标羊抗人 IgE 抗体，最后加入显色底物显色。根据吸光度值判断样品中 IgE 的含量。

【实验材料】

(1) 待测血清、羊抗人 IgE 抗体、HRP 标记的羊抗人 IgE、IgE 标准品、OPD(邻苯二胺，HRP 底物)、包被缓冲液、洗涤缓冲液及反应终止液(2mol/L H_2SO_4)等。

(2) 酶标板、微量加样器、酶联免疫仪、温箱等。

【实验方法】

(1) 用包被缓冲液将羊抗人 IgE 抗体稀释成 10㎍/ml，包被酶标板中所需的孔中，每孔

200㎕;加盖,在湿盒中于37℃温育1小时(或者4℃放置过夜);用洗涤液洗涤3次,每次2~3分钟,洗涤完毕后在吸水纸上拍干。

(2) 加入0.5%的小牛血清或牛血清白蛋白封闭1小时,然后同步骤1洗涤。

(3) 在12个孔中依次加入梯度稀释的IgE标准品200㎕,浓度依次为0.05、0.1、0.2、0.4、0.8、1.56、3.13、6.25、12.5、25、50、100和200IU。

(4) 加入1∶10和1∶100稀释的待测血清样品200㎕,每个样品重复两孔,同时设置阴性、阳性和空白对照。加盖,置37温育1小时。按步骤1洗涤。

(5) 加入工作浓度的HRP标记的羊抗人IgE,每孔200㎕,加盖置37℃温育2小时后,按步骤1洗涤。

(6) 每孔加底物200㎕,室温下,置于暗处,显色20分钟。

(7) 向上述各孔内加入终止液50㎕,终止反应。

(8) 490nm波长测各孔吸光度值(*A*值)。

【实验结果】

以IgE标准品的参考含量(U/ml)为横坐标,以对应的*A*值为纵坐标,绘制标准曲线。根据待测样品的*A*值,在标准曲线中查出稀释后样品中IgE的浓度,再乘以稀释倍数,即为原样品中IgE的浓度。1U=2.4ng。

【临床意义】

婴儿脐带血IgE水平小于1.2ng/ml,出生后随年龄增长而逐渐升高,12岁时达成人水平。成人血清IgE水平约在(48~480)ng/ml之间,一般认为大于333U/ml(800ng/ml)时为异常升高。

与IgE升高相关的常见疾病有:过敏性哮喘、季节性过敏性鼻炎、特应性皮炎、药物性间质性肺炎、支气管肺曲菌病、麻风、类天疱疮及某些寄生虫感染等。上述疾病时,IgE升高的程度并不一致,在过敏性支气管肺曲菌病时最为显著,可达5000~20 000ng/ml,除了此病和特应性皮炎以及在花粉季节之外,任何血清总IgE水平大于5000ng/ml的病人均应考虑寄生虫感染的可能性。

【注意事项】

(1) IgE含量与吸光度值在一定范围内呈线性关系,如果样品的测定结果超出此范围,为获得准确的结果,应调整样品的浓度,使样品中IgE的浓度在线性范围内再行测定。

(2) 包被抗体量、酶标抗体的加入量及温育时间等均可影响测定结果,故需预先摸索最佳条件。

【思考题】

(1) 双抗体夹心ELISA法测定血清IgE时应注意哪些问题?

(2) 测定血清总IgE有何临床意义?

实验三十五　特异性IgE的测定

过敏病人的血清中存在着具有变应原特异性的IgE称之为特异性IgE(specific IgE,sIgE)。如对牛奶过敏者则有针对牛奶变应原的IgE;对蒿草花粉过敏者,则有针对该花粉的IgE。特异性lgE测定是体外检测变应原的重要手段,主要用于Ⅰ型超敏反应的诊断。其试验的灵敏度及特异性都很高,特别是对花粉、螨类、宠物皮屑、牛奶、鸡蛋、坚果等变应原的sIgE

测定，灵敏度和特异性都在 90%以上，有的甚至接近 100%。根据特异性 IgE 含量可确定病人变应原种类，可评价病人过敏状态，脱敏治疗的疗效，对哮喘的诊断和鉴别诊断有重要帮助。

由于特异性 IgE 只能与该变应原特异性结合，因此需要用纯化的变应原代替抗 IgE 进行检测。特异性 IgE 检测方法有许多种，目前临床上常用的有 ELISA、FEIA、免疫印迹等。本实验即用 ELISA 测定法测定血清特异性 IgE。

【实验目的】

掌握特异性 IgE 的检测方法，强化对 IgE 在超敏反应中的作用的理解。

【实验原理】

采用 ELISA 法测定血清中 IgE，用纯化的变应原包被酶标板，加入待检血清，洗涤后加入酶标抗人 IgE 抗体，最后加入底物显色。根据吸光度值判断样品中特异性 IgE 的含量。

【实验材料】

(1) 纯化的变应原、待测血清、HRP 标记的羊抗人 IgE、IgE 标准品、酶底物（邻苯二胺）、包被缓冲液、洗涤缓冲液及反应终止液（2mol/L H_2SO_4）等。

(2) 酶标板、微量加样器、酶联免疫仪、温箱等。

【实验方法】

(1) 取所需用量的反应微孔条，做标记后；用包被缓冲液将变应原稀释成 10μg/ml，加到酶标板的孔中，每孔 200μl；加盖，在湿盒中 37℃温育 1 小时（或者 4℃过夜）；次日用洗涤液洗涤 3 次，每次 3～5 分钟，洗涤完毕后在吸水纸上拍干。加 0.5%的 BSA 封闭，放 4℃过夜后洗涤。

(2) 选择 12 个孔，依次加入梯度稀释的 IgE 标准品 200μl，浓度依次为 640、320、160、80、40、20、10、5、0ng/ml。

(3) 加入 1∶10 和 1∶100 稀释的待测血清样品 200μl，每个样品重复两孔，同时设置阴性、阳性和空白对照。加盖，置 37℃温育 1 小时。按步骤 1 洗涤。

(4) 加入工作浓度的 HRP 标记的羊抗人 IgE，每孔 200μl，加盖置 37℃温育 2 小时后，按步骤 1 洗涤。

(5) 每孔加底物 200μl，室温下，置于暗处，显色 20 分钟。

(6) 向上述各孔内加入终止液 50μl，终止反应。

(7) 490nm 波长测各孔吸光度值（*A* 值）。

【实验计算】

以 IgE 标准品的参考含量（ng/ml）为横坐标，以对应的 *A* 值为纵坐标，绘制标准曲线。根据待测样品的 *A* 值，在标准曲线中查出稀释后样品中 IgE 的浓度，再乘以稀释倍数，即为原样品中 IgE 的浓度。

【注意事项】

同血清总 IgE 测定。

【思考题】

(1) 测定血清 sIgE 有何临床意义？

(2) 除 ELISA 外，还有什么方法可以测 sIgE？

（赵祖国）

第三篇 综合性实验

第十章 多克隆抗体的制备

抗原与抗体是免疫学检测的两个重要因素，也是免疫反应的基本条件。抗体包括多克隆抗体、单克隆抗体和基因工程抗体。其中多克隆抗体是用抗原免疫动物所获得的含多种抗体的免疫血清。免疫血清的制备技术是免疫学基础技术，本章主要介绍免疫血清的制备、纯化和鉴定。

实验三十六 免疫血清的制备、纯化及鉴定

【实验目的】

掌握免疫血清制备的原理和方法、鉴定方法、纯化方法，熟悉颗粒性抗原和可溶性抗原的抗血清制备方法。

【实验原理】

应用颗粒性抗原（如细菌、红细胞等）或可溶性抗原（如人全血清等）反复多次注射到实验动物体内，使之产生免疫应答，经过一段时间，在其体内产生高效价的特异性抗体，然后采集该动物血液制备出血清，并且进行纯化和鉴定，此血清即为含有特异性抗体的免疫血清，可用于病原体的鉴定和血清学鉴定与分型。本实验以细菌抗原和人全血清抗原的免疫血清制备为例，说明免疫血清制备的全过程。

【实验材料】

（1）家兔 2～3kg（健康雄兔或未怀孕的雌兔）。

（2）抗原：伤寒沙门菌标准菌株，人全血清。

（3）无菌生理盐水（normal saline，N. S）、含 0.4%甲醛无菌生理盐水、羊毛脂、石蜡油、卡介苗（Bacille Calmette-Guerin，BCG）、消毒用碘酒、饱和硫酸铵溶液、石炭酸溶液、Sephadex G-25 或离子交换剂等。

（4）棉签、一次性注射器（1ml、5ml、10ml）、大试管、中试管、含无菌玻璃珠的三角烧瓶、无菌研钵等。

（5）细菌培养基：柯氏培养瓶。

（6）恒温培养箱、恒温水浴箱、镊子、剪刀、酒精灯、接种环、透析袋、离心机等。

【实验步骤】

1. 取 2～3kg 健康雄兔 测量其体温、心跳和呼吸等生命指征 3 天，如无异常则可选用。

2. 抗原制备

（1）伤寒沙门菌菌体抗原（O 抗原）的制备：取伤寒沙门菌标准菌株的典型光滑型菌落，

接种于柯氏培养瓶，于37℃恒温箱中培养24小时。取出培养瓶，用适量无菌生理盐水洗刮下菌苔，并移入含无菌玻璃珠的三角烧瓶中，充分振摇使得菌体分布均匀，然后置于100℃水浴箱中水浴2～2.5小时，以达到杀菌和破坏H抗原的目的。把菌悬液移进离心管，4000r/min离心10分钟，弃去上清液，菌体用无菌生理盐水洗涤，4000r/min离心10分钟，弃去上清液。上述菌液做无活菌试验合格后，用无菌生理盐水稀释成8×10^9 CFU/ml～10×10^9 CFU/ml，加入石炭酸并调节石炭酸浓度至5%，即成O抗原。

(2) 伤寒沙门菌鞭毛抗原(H抗原)的制备：取鞭毛典型的伤寒沙门菌标准菌株划线接种，24小时后，挑选典型的光滑型菌落接种于柯氏培养瓶中，涂布均匀，置37℃培养24小时，取出培养瓶，用适量含0.4%甲醛的无菌生理盐水洗刮下菌苔，移入锥形瓶中，置37℃水浴24小时(或于4℃放置3～5天固定杀菌)，将处理过的菌液进行无活菌试验，确证无活菌存在后，用生理盐水稀释成8×10^9 CFU /ml～10×10^9 CFU /ml的菌悬液，即成H抗原。置于4℃保存备用。菌液的浓度用麦克法伦特标准比浊法测定。

(3) 菌液浓度测定：麦克法伦特比浊管的配制方法。①10g/L $BaCl_2$溶液：取化学纯$BaCl_2$ 1g溶解于100ml蒸馏水中。②1%硫酸：取纯硫酸1ml，加于蒸馏水中，使之稀释成100ml。③取材质相同、口径一致的试管10支，按表10-1所示比例分别加入氯化钡溶液和硫酸溶液加入，使各管最终容量相同，封固管口，标明号码备用。

表10-1 麦克法伦特标准比浊管的配制

试管号	1	2	3	4	5	6	7	8	9	10
10g/L $BaCl_2$(ml)	0.1	0.2	0.3	0.4	0.5	0.6	0.7	0.8	0.9	1.0
1% H_2SO_4(ml)	9.9	9.8	9.7	9.6	9.5	9.4	9.3	9.2	9.1	9.0
相当菌数(亿/ml)	3	6	9	12	15	18	21	24	27	30

取少量洗下的细菌原液放入与比浊管材质相同、口径一致的试管中并进行一系列稀释。与标准比浊管相比较，判断其浊度与几号管相当，然后将与该比浊管相当的细菌数乘以稀释倍数即可得到细菌浓度。

(4) 人全血清抗原的制备：人全血清作为抗原免疫动物时，由于是可溶性抗原，免疫时常常需要加入佐剂以提高免疫反应。常用弗氏佐剂，配置时先将羊毛脂与石蜡油按比例(羊毛脂1份、石蜡油2～4份)混合，置0.055kPa 20分钟后，4℃保存备用。临用前与等量抗原混合，乳化后即为弗氏不完全佐剂乳化抗原。若再加入2～4mg/ml的卡介苗，则为弗氏完全佐剂乳化抗原。

弗氏佐剂乳化方法有以下几种：

1) 研磨法：将羊毛脂加热后加入研钵，加入石蜡油研磨一段时间后，加入卡介苗和混合人血清，继续研磨至乳化完全。此法制备抗原需时较长，大约需要3～5小时。

2) 注射器法：一人将佐剂吸入一只10ml注射器中，用一根长约6cm的塑料管连接，推动针管，使液体进入塑料管直至距离开口端1cm处，另一人将等量抗原吸入另一只10ml注射器中，并将注射器连接另一开口端，两人各用左手固定塑料管与注射器的连接处，右手交替推动针管，至佐剂与抗原完全乳化(若制备弗氏完全佐剂乳化抗原，则加入卡介苗)。此法约1小时可完成。

3) 微型振荡混合器法：即将抗原液与佐剂按比例混合后，置于混合器上使之剧烈振荡。用此法制备大约1小时即可使佐剂乳化抗原完全乳化。

检查佐剂乳化抗原乳化情况，可取 1 滴佐剂乳化抗原滴于冷水表面，如完整而不散开则乳化完全。

3. 免疫家兔

(1) 免疫方案

1) 可溶性抗原制备抗血清：免疫方案 1 见表 10-2。

表 10-2　可溶性抗原制备抗血清免疫方案

注射日期	第 1 天	第 15 天	第 22 天
注射途径	皮内多点	耳缘静脉	耳缘静脉
抗原剂量(ml)	弗氏佐剂乳化抗原 1.5	人全血清 1.0	人全血清 1.5

第 15 天注射时，为避免家兔因过敏反应而死亡，可采取少量多次注射的方法，即首先注射 0.1ml，观察家兔状况，如 5 分钟后无异常反应，再注射 0.9ml。若有过敏反应，则应待其状态平稳后再注射 0.1ml，然后观察，如此反复，直到注射完成。

第 27 天，取少量已免疫家兔的血(约 1ml)分离出血清，用人全血清作为抗原，通过双向琼脂扩散试验检测抗血清的效价，若抗血清的效价达到 1∶16 以上则为合格，可于第 29～32 天(要求家兔禁食一天)采血并分离血清。若效价未达到实验要求，可用不加佐剂的人全血清于家兔耳缘静脉内注射，在 1 周内免疫注射 3 次，注射剂量分别为 0.1ml、0.3ml 和 0.5ml，间隔 1 周后再检测抗血清的效价，如效价达到要求则待家兔禁食一天后采血分离血清。

2)颗粒性抗原制备抗血清：所注射的抗原为已制备好的伤寒杆菌 O 抗原或 H 抗原，免疫方案 1 见表 10-3。

表 10-3　颗粒性抗原制备抗血清免疫方案 1

注射日期	第 1 天	第 15 天	第 22 天
注射途径	皮内多点	耳缘静脉	耳缘静脉
抗原剂量(ml)	1.5	1.0	1.5

第 15 天注射时同样要注意避免动物因过敏反应死亡，最好采用少量多次注射方案。

第 27 天，取少量已免疫家兔的血(约 1ml)分离出血清，用已制备的抗原作玻片凝集试验检测抗血清的效价，若抗血清的效价达到 1∶1600 以上则为合格，可于第 29～32 天(将家兔禁食一天)采血并分离血清。如果效价不合要求，则需加强免疫。

另外，如果实验周期安排较短，可采用表 10-4 的免疫方案 2。

表 10-4　颗粒性抗原制备抗血清免疫方案 2

注射日期	第 1 天	第 2 天	第 3 天	第 4 天	第 5 天	第 6 天
注射途径	耳缘静脉	耳缘静脉	耳缘静脉	耳缘静脉	耳缘静脉	耳缘静脉
抗原剂量(ml)	0.2	0.4	0.6	1.0	2.0	2.0

于免疫的第 14、15 天，采少量已免疫家兔血液(约 1ml)，分离出血清，用已制备的抗原作玻片凝集试验，如果抗血清的凝集效价达到 1∶1600 以上，则待家兔禁食 1 天后，采集血液并分离血清，如果效价不合要求，可再加强免疫。

（2）家兔的观察和护理：家兔进行免疫注射后，可按照下列要求进行观察和护理。

1）外观：观察家兔注射部位的皮肤有无红肿、水肿、脓肿及坏死；检查眼结膜有无肿胀发炎及有无分泌物；体表淋巴结有无肿胀、发硬或软化等。

2）体温：进行免疫注射后家兔体温有无升高和体温稽留、回升、下降等表现。

3）呼吸：检查呼吸次数，呼吸状态（节律、强度等），观察鼻分泌物的数量、色泽和黏稠度等。

4）循环器官：检查家兔心脏搏动情况，有无心动衰弱、紊乱和加速，并注意脉搏的节律等。

4. 家兔采血及分离血清　为了防止乳糜血形成，应将家兔禁食 1 天后采血。采血方法常用的有心脏采血法和颈动脉放血法。

（1）心脏采血法

1）将家兔仰面，并将其四肢固定于动物架上（或由人抓住四肢固定）。

2）剪去家兔左胸部的毛发，用碘酒消毒其暴露出来的皮肤。

3）操作者手指消毒后，用左手大拇指摸到家兔胸骨剑突处，食指及中指放在右胸处轻轻向左推其心脏，并使心脏固定于左胸侧位置。然后，以左手大拇指触摸心脏搏动最强的部位。

4）用 20ml 一次性注射器，倾斜 45°，对准家兔心脏搏动最强处刺入抽血。

5）将抽取到的家兔血液注入无菌烧瓶中。

（2）颈动脉放血法

1）家兔仰卧同上固定。使其头部略放低以暴露颈部，剃光其颈部毛发并消毒局部皮肤。

2）沿颈部正中线从下颌到胸骨柄切开皮肤约 10cm，分离皮下组织，直至暴露出气管两侧的胸锁乳突肌。

3）轻轻分离胸锁乳突肌与气管间的颈三角区疏松组织，暴露颈总动脉后使之完全分离开来。

4）在颈总动脉下套入两根丝线，分别置于远心端和近心端，结扎远心端的丝线，近心端的动脉则用止血钳夹住。

5）用小剪刀在两根丝线间的动脉壁上剪一小口，插入一根塑料放血管。再将近心端的丝线结扎固定于放血管上，以免放血管滑脱。

6）松开近心端的止血钳，使血液流入无菌烧瓶中。

将装有血液的烧瓶放于 37℃恒温箱中 1 小时，再 4℃放置 3～4 小时，待血清充分渗出后用毛细滴管吸取血清。若血清混有红细胞，则可于 3000r/min 离心 15 分钟，取上清液。

5. 抗血清的鉴定和效价测定

（1）抗血清的鉴定：用已制备的抗原鉴定相应的抗血清，颗粒性抗原用玻片凝集实验，可溶性抗原可用双向琼脂扩散实验和免疫电泳。

（2）抗血清的效价测定

1）抗血清稀释：取 1 排试管依次编号，按图 10-1 所示操作。

试管数量与血清效价有关，如效价超过 1∶5120 以上，则需继续倍比稀释。另外，每支试管中加入血清后应充分混匀。

2）抗血清效价测定：颗粒性抗原用玻片凝集实验测定效价，出现凝集的最高稀释度即

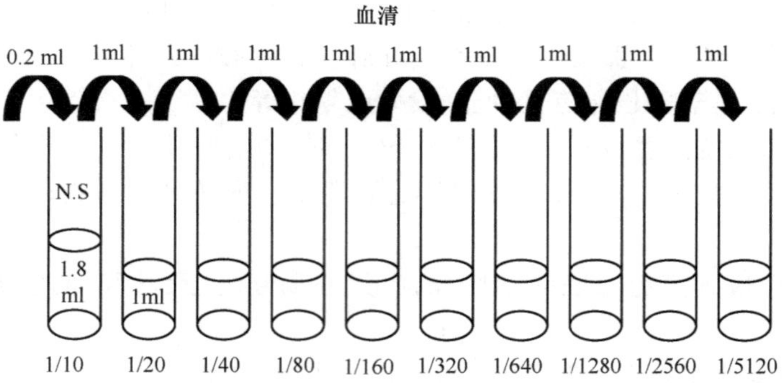

图 10-1 抗血清稀释方法

为抗血清的效价(操作详情见实验十四)。

可溶性抗原效价测定可用环状沉淀实验、双向琼脂扩散实验和免疫电泳等方法,其中双向琼脂扩散实验由于操作简便而被多数人使用。实验过程中一般采用梅花孔型(操作详情见实验九),每个抗体孔中加入一种稀释度的抗血清,以出现沉淀线的最高稀释度作为抗血清的效价。

6. 抗血清的纯化 抗血清纯化的目的是尽量除去抗血清中与目的抗体不相关的成分,以避免抗体外的其他血清成分对试验结果产生干扰。故此需要从抗血清中除去容易产生干扰的某些成分,或提取相应的免疫球蛋白。抗血清的纯化包括粗提和精制两个过程。粗提法常用硫酸铵盐析。精制法分非特异性和特异性两种类型,非特异性方法如葡聚糖凝胶过滤法、离子交换层析法,这些方法属于物理学方法。特异性方法如免疫吸附法,与抗原抗体的特异性有关。

(1) 粗提血清中的γ球蛋白:常使用盐析法(salt fractionation)。利用蛋白质在不同浓度的盐溶液中相对溶解度不同而将他们分离开来,如血清γ球蛋白在饱和度为50%的硫酸铵溶液中容易沉淀析出,而白蛋白则不易沉淀。

1) 用50%饱和硫酸铵提取血清中β、γ球蛋白:①取免疫血清20ml加20ml生理盐水混匀,然后逐滴加入40ml饱和硫酸铵溶液,边加边搅拌,混匀后室温静置30分钟或置4℃冰箱中过夜;②于4℃高速10 000r/min离心10分钟,弃去上清液(含白蛋白),取沉淀物(含球蛋白)溶于40ml的生理盐水中。

2) 用33%饱和硫酸铵提取γ球蛋白:①取免疫血清20ml加20ml生理盐水混匀,然后逐滴加入20ml饱和硫酸铵溶液,边加边搅拌,混匀后室温静置30分钟或置4℃冰箱中过夜;②于4℃高速10 000r/min离心10分钟,弃去上清液(含白蛋白),取沉淀物(含球蛋白)溶于40ml生理盐水中。

3) 用33%饱和硫酸铵再提取1次。

4) 将提取物装入透析袋,置于生理盐水中透析,除去其中所含的硫酸铵。

(2) 凝胶过滤法提取IgG:以具有分子筛效应的多孔网状凝胶为介质,在凝胶过滤过程中,分子量大的物质因为不能进入凝胶网孔而沿凝胶颗粒间空隙先流出凝胶柱外,分子量小的物质因能进入凝胶网孔而受到阻滞,导致流速变缓,最后才流出柱外,这样就能将分子量大小不同的物质分离开来。具体操作方法如下:

1) 处理凝胶:将Sephadex G-25用蒸馏水浸泡充分溶胀后使其悬浮。

2) 装柱：在层析柱下端流出口夹住，然后将洗脱液和凝胶粒子沿插入柱底的玻璃棒缓慢倾注到层析柱中。

3) 加样：在凝胶柱表面盖上一层滤纸，沿管壁慢慢滴加抗血清，所加抗血清的体积不能超过凝胶柱体积的10%，打开流出口使抗血清渗入凝胶柱中。

4) 洗脱：用洗脱液洗脱，控制流速为20ml/h，定量分段收集洗脱液。

(3) 离子交换层析法提取IgG：离子交换层析是以具有离子交换性能的物质作为固定相，它与流动相中的离子能进行可逆交换，以此来分离离子型化合物。

实验中利用带电离子的纤维素吸附带相反电荷的蛋白质，而不同种蛋白质的等电点又不尽相同，在相同pH条件下，它们所带电荷量不同，故与纤维素结合的能力有差别。用pH7.4磷酸盐缓冲液洗脱时，血清蛋白中IgG所带电荷最少，与纤维素结合最差，故最先被洗脱下来，以此来达到分离纯化目的。

1) 离子交换剂的预处理和装柱：用蒸馏水浸泡纤维素过夜，除去漂浮物，然后用0.5mol/L的NaOH浸泡30分钟后用蒸馏水反复冲洗，直到pH为7.4，再用PBS冲洗一次后适当加压装柱，装好后用PBS冲洗平衡。

2) 加样：当层析柱上端的PBS液面与纤维素相切时，加入待纯化的抗血清。

3) 洗脱：待抗血清渗入柱内与柱面相切时，沿管壁加入洗脱液，形成1cm液面后，用PBS洗脱，控制流速为1ml/min。分段收集洗脱液。

4) 用透析法浓缩洗脱液。

(4) 吸附法提取单价特异性抗血清：用不含特异性抗原而含有杂抗体的已知混合抗原液，用交联剂交联，制成固相吸附剂。将这种吸附剂加至抗血清中，抗原与杂抗体结合，上清液中就是不含杂抗体的单价特异性抗血清。

(5) 亲和层析法提取单价特异性抗血清：将含杂抗原但不含特异性抗原的血清交联到琼脂糖凝胶4B上，装柱后，将抗血清通过亲和层析柱，杂抗体被吸附在柱上，流出液中则是单价特异性抗体。

7. 抗血清的保存　加入5%石炭酸防腐，并使石炭酸的最后浓度为0.25%～0.5%，用无菌小试管或无菌中试管分装，用橡胶塞密封，标明抗血清的名称、效价及其制备日期，置于－20℃保存，有条件的可以进行真空干燥保存，如近期使用则放4℃保存。

【实验结果】

(1) 用颗粒性抗原免疫家兔制备的抗血清做玻片凝集实验，出现凝集的最高稀释度则为该抗血清的效价。

(2) 用可溶性抗原免疫家兔制备的抗血清做双向琼脂扩散，出现沉淀线的最高稀释度即为该抗血清的效价。

【注意事项】

(1) 应选择合适的实验动物进行免疫，免疫用实验动物的抗体反应性个体差异性较大，因此免疫时应选用两只或两只以上的动物。此外，不能使用妊娠期的动物进行免疫注射。实验动物免疫过程中应注意无菌操作，以防家兔发生感染。

(2) 颗粒性抗原一般不加佐剂，可溶性抗原加入佐剂后效价可提高几倍，但免疫用的抗原应要求是高纯度抗原，因抗原不纯时，可使抗原中极微量的污染物（即使是0.005mg的氮）产生抗体，从而影响抗血清的纯度。另外免疫所用的抗原必须完全乳化后才能注射，否则会明显影响抗原的免疫效果。

(3) 有些实验动物种系对卡介苗过敏,如豚鼠、家兔等,当其体内被再次注射完全佐剂时,可发生变态反应,从而导致实验动物死亡,因此第二次免疫注射时不使用佐剂。

(4) 免疫注射的剂量应根据抗原分子量的大小、免疫原性强弱和动物大小等因素而决定。免疫原性弱的抗原剂量可相对较多,反之免疫原性强的抗原剂量应相对较少。抗原的用量一般以体重来计算,若使用佐剂,一次免疫注射的总剂量以 0.5mg/kg 体重为宜,如不使用佐剂,则剂量可增大 10 倍。另外,免疫周期长者可少量多次注射,免疫周期短者可多量少次注射。

(5) 制定免疫计划时应以注射次数少、免疫时间短、获得的抗体效价高为原则。

(6) 分离血清所用器皿要清洁干燥,以免发生溶血。

(7) 制备好的血清,应少量分装,－20℃或－70℃保存,避免反复冻融,而导致效价降低。

【思考题】

(1) 抗血清制备过程中应注意哪些问题,我们应如何提高免疫血清的效价、特异性和亲和力?

(2) 为什么盐析法可提取纯化 γ 球蛋白,此外还有哪些方法可以纯化免疫血清?

(阎祖炜)

第十一章　单克隆抗体的制备

单克隆抗体(monodonal antibody McAb)是由单个杂交瘤细胞的克隆产生的,针对某一抗原决定簇、理化性状高度均一、生物活性单一的特异性抗体。单克隆抗体的制备技术是由 Kohler 和 Milstein 于 1975 年创建立的,他们发现将小鼠骨髓瘤细胞与绵羊红细胞免疫的小鼠脾细胞进行融合,形成既可产生抗体又可无性繁殖的杂交瘤细胞,每个杂交瘤细胞株仅一种抗原表位,合成及分泌单一特异性抗体。单克隆抗体在疾病诊断、防治、预后判断以及疾病发生机制研究等方面起着巨大的促进作用。为此,两位发明者于 1984 年获得诺贝尔医学奖。

实验三十七　单克隆抗体的制备

【实验目的】

掌握单克隆抗体制备的技术,主要包括动物免疫、细胞融合、杂交瘤细胞的筛选和克隆化等。

【实验原理】

B 淋巴细胞在抗原的刺激下,能够分化、增殖并形成具有针对该抗原分泌特异性抗体的能力,但不可能持续分化增殖下去。将这种 B 细胞与非分泌型的骨髓瘤细胞融合形成杂交瘤细胞,这种克隆化的杂交瘤细胞既具有瘤的无限生长的能力,又具有产生特异性抗体的 B 淋巴细胞的能力。用 HAT 选择培养筛选出融合的杂交瘤细胞,经反复克隆化,获取产生单克隆抗体的杂交瘤细胞克隆,将这种克隆化的杂交瘤细胞进行培养或注入小鼠体内,即可获得大量的高效价、抗一种抗原决定簇的特异单克隆抗体。

【实验材料】

(1) 抗原:依实验所需选用相应的抗原作免疫原(以纯度越高的抗原为好)。

(2) 选择与所用骨髓瘤细胞同源的 BALB/c 健康小鼠,鼠龄在 8～12 周,雌雄不限。

(3) 细胞株:骨髓瘤细胞。

(4) RPMI 1640 培养液、小牛血清、HAT 培养液、青霉素、链霉素、PEG-4000、弗氏完全佐剂、DMSO、降植烷(pristane)或石蜡油、无菌 PBS。

(5) 剪刀、镊子、细胞培养瓶、培养板、离心管、冻存管、CO_2 培养箱、倒置显微镜、离心机、液氮及液氮罐、水浴箱等。

【实验方法】

单克隆抗体的制备是一个复杂、精细的工艺过程,包括动物免疫、细胞融合、选择杂交瘤与检测抗体、杂交瘤细胞的克隆化以及单克隆抗体的大量生产,通常要经过几个月时间完成一系列的实验步骤,下面按照单克隆抗体的制备流程顺序进行介绍。

1. 动物免疫　免疫所用的抗原如为细胞抗原,可取 1×10^7 个细胞作腹腔免疫。可溶性抗原需加完全弗氏佐剂并经充分乳化，为避免小鼠反应不佳或免疫过程中死亡，可同时免疫3～4只小鼠。一般被免疫动物的血清抗体效价越高，融合后细胞产生高效价特异抗体的可能性越大，免疫间隔一般2～3周，通常共免疫4次，末次免疫后3～4天，分离脾细胞进行融合实验。免疫过程和方法参见多克隆抗血清制备。

2. 细胞融合

(1) 骨髓瘤细胞的制备

1) 骨髓瘤细胞的选择：为获取较高的杂交融合率，骨髓瘤细胞系应和免疫动物属于同一品系。目前可用于单克隆抗体制备的骨髓瘤细胞有多种，如NS1、SP2/0、X63 Ag8.653等，其中以不分泌Ig的SP2/0细胞系等较为常用。

2) 细胞培养：骨髓瘤细胞的培养适合于一般的培养液，如RPMI 1640、DMEM培养基。取约10^5个SP2/0细胞，用10ml RPMI 1640培养液培养，每2天换液1次，3～5天传代1次(1∶10稀释传代)，待细胞生长至对数生长期时用于融合。

3) 骨髓瘤细胞悬液的制备：融合前1天换液1次，次日用弯头滴管轻轻吹打轻度贴壁生长的SP2/0细胞，用无血清的RPMI 1640培养液洗涤3次，800r/min离心10分钟，用5 ml RPMI 1640培养液重悬细胞，计数后，调整为1×10^7的细胞悬液备用。

(2) 饲养细胞的制备：饲养细胞一般选用小鼠腹腔巨噬细胞。

1) 选择与免疫小鼠相同品系的小鼠，常用BALB/c小鼠，6～10周。

2) 拉颈处死小鼠，75%乙醇溶液浸泡消毒10分钟。

3) 用手术剪将小鼠腹部剪开一小口，剥开皮肤，露出腹膜。

4) 用无菌注射器注入5～6ml预冷的培养液至腹腔，用手指轻揉1分钟，仍用该注射器回抽腹腔液体，加入离心管。

5) 1000r/min离心10分钟，弃上清。

6) 用含20%小牛血清(NCS)或胎牛血清(FCS)的培养液混悬沉淀细胞，调整细胞数至2×10^5/ml。

7) 加入96孔板，100ml/孔，置CO_2孵箱培养37℃，即可供细胞融合和克隆化之用。接种2～4块培养板。

(3) 小鼠脾细胞的制备

1) 小鼠经末次加强免疫3天后，用眼球摘除法放血，分离血清备用。

2) 拉颈处死小鼠，75%乙醇溶液浸泡消毒5分钟。

3) 将小鼠右侧卧，用经灭菌处理的剪刀剪开颈部皮肤，然后用镊子将皮肤撕至尾部，充分暴露左侧背部，用酒精棉球消毒后，剪开左侧背部肌肉，暴露条状脾脏。

4) 剥离后用镊子取出脾脏放入平皿中，用RPMI 1640培养液洗涤。为防污染，操作在超净工作台内进行。

5) 取一无菌平皿，将200目铜网或不锈钢筛网置入平皿内，加入一定量的培养液，用注射器内塞充分研碎脾脏，释放出单个细胞，过滤后弃筛网。

6) 用注射器将脾细胞悬液吸入预冷的离心管中，4℃，1200r/min离心10分钟，弃上清。

7) 收集的脾细胞中混有较多红细胞，须去除。轻弹管底转动细胞沉淀，加入0.87% NH_4Cl 3ml，充分混匀后加入预冷的RPMI 1640培养液6ml，混匀后作用6分钟。

8) 4℃，1200r/min离心10分钟，弃上清。

9）用培养液洗涤所收集的细胞3次。

10）加入2 ml培养液，重悬收集的细胞。

11）用计数板计数细胞，调整成浓度为1×10^8/ml的脾淋巴细胞悬液，备用。

(4) 细胞融合：细胞融合的方法有多种方法，如物理融合、化学融合和生物融合等方法，其中以化学法中的用聚乙二醇(PEG)为融合剂的方法最为常用。

1）将骨髓瘤细胞与脾细胞按1∶10或1∶5的比例混合在一起，在50ml离心管中用无血清不完全培养液洗1次，1200r/min，离心8分钟。弃上清，轻弹离心管底，使细胞沉淀略松动。

2）于1.5分钟内加入37℃预温的45%PEG(分子量4000)溶液1ml，边加边轻微摇动，于37℃水浴作用1.5分钟。

3）加37℃预温的不完全培养液以终止PEG作用，每隔2分钟分别加入1ml、2ml、3ml、4ml、5ml和6ml。

4）800r/min离心5分钟，弃上清，用含20%小牛血清HAT选择培养液重悬细胞，制备成浓度为2.5×10^6的细胞悬液。

5）将上述细胞，加到已有饲养细胞层的96孔板内，每孔加100㎕。

6）将培养板置37℃、5%CO_2培养箱中培养。

3. 选择杂交瘤与检测抗体　脾细胞和骨髓瘤细胞经PEG处理后，形成多种细胞的混合体，只有脾细胞与骨髓细胞形成的杂交瘤细胞才有意义。在HAT选择培养液中培养时，由于骨髓瘤细胞缺乏胸苷激酶或次黄嘌呤鸟嘌呤核糖转移酶，故不能生长繁殖，而杂交瘤细胞具有上述两种酶，在HAT选择培养液可以生长繁殖。

(1) 在融合后第2、3、4、5、7、9、11日换入1/2体积的新鲜HAT培养液。注意轻轻吸取上清液，勿将固定于孔底的细胞吸出，根据需要加入适量的饲养细胞。

(2) 第14日起同上法加入用含有HT的培养液，换液2次。后续换液则用不含HAT或HT的完全培养液。每次换液前用倒置显微镜观察。

(3) 大约在10天左右就可观察到杂交瘤细胞生长出来，大多数杂交瘤细胞在10～20天内出现，杂交瘤细胞布满孔底1/10面积时，即可吸取上清液，开始检测特异性抗体，筛选出所需要的杂交瘤细胞系。但也有在1个月左右才出现特异性抗体的。

(4) 对继续生长的杂交瘤细胞进行增殖传代。在传代过程中，依情况取消选择培养液，改用10%FCS-RPMI 1640液。同时保存于液氮和进行克隆化，在这期间每代都要检查抗体，以防止产生抗体细胞的变异和丢失。

(5) 检测抗体的方法应根据抗原的性质、抗体的类型不同，选择不同的筛选方法，一般选择检测特异、敏感、简便、快速的方法。常用的方法有：酶联免疫吸附试验(ELISA)、放射免疫测定法、免疫荧光试验(适合于细胞表面抗原的单克隆抗体检测)以及其他一些方法如双向扩散试验、对流免疫电流试验等，其中以ELISA法最为常用(具体操作参见第六章实验十七)。

4. 杂交瘤细胞的克隆化　杂交瘤克隆化一般是指将抗体阳性孔进行克隆化。因为经过HAT筛选后，有的培养孔没有杂瘤细胞，有的一个孔内可能只有一个克隆，有的则可能有数个甚至更多的克隆。杂交瘤克隆化是将经检测抗体阳性孔的细胞进行克隆化，以获取单细胞克隆。克隆化的方法有多种，如有限稀释法和软琼脂平板法等，其中有限稀释法最为常用。

(1) 96 孔板中的细胞长到占 1/4～1/2 时，将筛选取出的阳性细胞用吸管移至 24 孔板。

(2) 2～3 天后，待 24 孔板的细胞长满 1/4～1/2 孔底时，可收集细胞进行克隆化。

(3) 克隆前 1 天制备饲养细胞层(方法同前)。

(4) 从上述 24 孔板中取出杂交瘤细胞，进行计数，并用台盼蓝染色计算出活细胞的比例，调整细胞浓度为 10 个/ml。

(5) 取头天准备有饲养细胞层的细胞培养板，每孔加入稀释细胞 100 ml。于 37℃、5% XO_2 孵箱中孵育 7～10 天。

(6) 在第 7 天换液，以后每 2～3 天换液 1 次。

(7) 8～9 天可见细胞克隆形成，及时检测抗体活性。用显微镜观察细胞，板底有一簇紧密生长的细胞，可认为是单一克隆可用下一步克隆化；几簇细胞生长的，可认为是多克隆来源的细胞(可不用)。

(8) 将阳性孔的细胞调整成 10 个细胞/ml 的浓度，接种至新的 96 孔板中，再次克隆化(重复上述克隆化步骤)。

(9) 每个克隆应尽快冻存。

(10) 用完全培养液，每天按 1∶2 比例将重新克隆的细胞传代，如果细胞稳定生长，可以认为已建立了杂交瘤细胞系。

5. 单克隆抗体的大量生产 体外大量培养杂交瘤细胞和体内接种杂交瘤细胞是大量制备单克隆抗体的两种主要方法。体外法是从细胞培养上清液中获取单克隆抗体，此方法产量低(一般培养液内抗体含量为 10～60 mg/ml)且费用较高。体内法可获高浓度的单克隆抗体(腹水中抗体浓度可达 5～10mg/ml)，成本较低，较为常用，方法如下。

(1) 注射 0.5ml 降植烷或石蜡油至小鼠腹腔内。

(2) 1～2 周后，取对数生长期的杂交瘤细胞，800r/min 离心 5 分钟，弃上清，用 PBS 洗涤 3 次，离心后用 PBS 重悬细胞，调整细胞浓度为 $1\sim2\times10^6$/ml。注射 1ml 细胞悬液至小鼠腹腔内，接种细胞 7～10 天后可产生腹水。

(3) 密切观察动物的健康状况与腹水征象，待腹水尽可能多时，用注射器抽吸腹水。腹水中单克隆抗体含量可达到 5～10mg/ml。

(4) 约 2～3 天后，小鼠继续长出腹水，可按上法再次进行腹水收集，直至不长腹水(通常不超过 1 周)。

(5) 可将腹水中细胞冻存起来，复苏后转种小鼠腹腔。

6. 单克隆抗体的鉴定 单克隆抗体的鉴定通常进行其效价、特异性、Ig 类与亚类、亲和力等方面的鉴定。

(1) 抗体效价测定：效价的测定可用双向琼脂扩散法和 ELISA 法(具体操作方法参见第四章实验九和第六章实验十七)。

(2) 抗体特异性鉴定：除了用免疫原进行抗体的检测外，还应该用与抗原成分相关的其他抗原进行检测，了解其交叉反应性。检测方法以双向免疫扩散法和 ELISA 法为常用(具体操作方法参见第四章实验九和第六章实验十七)。

(3) Ig 类型与亚类的鉴定：采用兔(或羊)抗小鼠 Ig 类型和亚型的标准抗血清，用 ELISA 或双向免疫扩散法进行鉴定(具体操作方法参见第四章实验九和第六章实验十七)。

(4) 亲和力的鉴定：抗体亲和力是反映抗体质量的一个重要指标，通过测定计算抗体反应达到平衡时游离和结合抗原(或半抗原)的浓度，计算出达到平衡时的速度常数 K 即为抗体亲和力，其测定方法有多种，如平衡透析法、结合抗原沉淀法、ELISA 法等，其中以 ELISA 实验较为常用(第六章实验十七)。

【实验结果】

(1) 在小鼠免疫血清中检测出高效价的特异性抗体。

(2) 细胞融合实验完成后，在显微镜下观察到培养孔有融合和(或)未融合的细胞。

(3) 初步筛选时，在显微镜下观察有单一簇紧密生长的细胞或几簇细胞融合生长的杂交瘤。

(4) 经反克隆化，有效筛选获得能稳定增殖和分泌特异性单克隆抗体的杂交瘤细胞克隆。

【注意事项】

(1) 在细胞培养过程中，须注意防止污染的发生。

(2) 除 RPMI 1640 培养基外，DMEM 培养液也常用于骨髓瘤细胞的培养。小牛血清的浓度一般在 10%～20%，细胞浓度以 10^4～5×10^5/ml 为宜，最大浓度不得超过 10^6/ml。每 3～5 天传代一次。

(3) 融合试验最大的失败原因是污染，融合成功的关键是无菌操作技术。加 PEG 融合剂前，弃上清后要用吸管吸净残留液体，以免影响 PEG 浓度。一般选用分子量为 4000 的 PEG，常用浓度为 50%，pH8.0～8.2，偏碱时融合效应较高。

(4) 单个或少数分散的细胞不易生长繁殖，在制备 McAb 的过程中如在杂交瘤细胞筛选、克隆化和扩大培养过程中，加入饲养细胞是十分必要的。小鼠腹腔巨噬细胞为较常用的饲养细胞。

(5) 体内法大量制备时，接种的动物一般应选择与杂交瘤同系的动物。接种抽取腹水时宜小心，防止刺破肠管。收集腹水后，56℃水浴 30 分钟灭活补体。

(6) 骨髓瘤细胞系的选择要求骨髓瘤细胞应和免疫动物属于同一品系，这样杂交融合率高，也便于接种杂交瘤在同一品系小鼠腹腔内产生大量单克隆抗体。

(7) 细胞在传代过程中，部分细胞可能有返祖现象，应定期用 8-氮鸟嘌呤进行处理，使生存的细胞对 HAT 呈均一的敏感性。

(8) 筛选出的阳性杂交瘤细胞株应及时保存以备用。

【思考题】

(1) 简述单克隆抗体制备技术的基本原理。

(2) 单克隆抗体的鉴定主要指标有哪些?

(3) 单克隆抗体的制备主要包括哪些过程?

(陈章权)

第十二章　ELISA 检测方法的建立

酶联免疫吸附试验(enzyme-linked immunosorbent assay，ELISA)是继免疫荧光和放射免疫技术之后发展起来的一种免疫酶技术。此项技术自 20 世纪 70 年代初问世以来，发展十分迅速，目前已被广泛用于生物学和医学科学的许多领域。由于抗原、抗体的反应在一种固相载体——聚苯乙烯微量反应板的孔中进行，每加入一种试剂孵育后，可通过洗涤除去多余的游离反应物，从而保证试验结果的特异性与稳定性。在实际应用中，通过不同的设计，具体的方法步骤可有多种。下面介绍常用的 ELISA 双抗体夹心法的建立。

实验三十八　酶联免疫吸附试验检测 IL-2 方法的建立

【实验目的】

掌握 IL-2 检测的原理和方法，熟悉 IL-2 检测的结果分析和临床意义。

【实验原理】

本试验通过建立 ELISA 双抗体夹心法检测 IL-2。采用抗人 IL-2 A 抗原表位的单克隆抗体包被载体表面，然后加入可能含有相应抗原的血清，再加入 HRP 标记的抗人 IL-2 B 抗原表位的单克隆抗体作为检测抗体，最后加入底物 TMB，若待测标本中含有 IL-2，HRP 会使无色的显色剂 TMB 呈现蓝色，加终止液变黄色。在波长 450nm 处测吸光度，IL-2 浓度与吸光度成正比，可通过绘制标准曲线求出标本中的 IL-2 浓度。

【实验材料】

(1) 杂交瘤细胞、小鼠。

(2) 已知浓度的 IL-2 标准品、待测血清。

(3) HRP、TMB。

(4) 包被液：pH9.6 0.05mol/L 碳酸盐缓冲液。

(5) 封闭液：0.2%牛血清白蛋白(bovine serum albumin，BSA)。

(6) 洗涤液：含 0.05%吐温 20 的 0.01mol/L pH7.4PBS。

(7) 终止液：1mol/L H_2SO_4。

(8) 定量加样器、37℃水浴箱、酶标仪或全自动酶联免疫检测仪。

【实验方法】

(1) 抗人 IL-2 A、B 抗原表位的单克隆抗体的制备：采用小鼠体内生产系统，批量生产单克隆抗体。在注射杂交瘤细胞前 2 周给小鼠腹腔注射石蜡油或降植烷 0.5ml 以刺激腹水生成，然后将产生抗人 IL-2 A、B 抗原的杂交瘤细胞分别配制成悬液注入两只小鼠腹腔，收集腹腔积水即获得高浓度的抗人 IL-2 A、B 抗原的单克隆抗体(具体操作过程参阅实验三十七)。

(2) 包被：用 pH9.6 的 0.05mol/L 碳酸盐缓冲液将抗人 IL-2 A 抗原的单克隆抗体稀

释后包被聚氯乙烯或聚苯乙烯塑料板，每孔 50㎕，设置空白对照孔，湿盒 4℃过夜，第二天取出，倾去液体，洗涤液洗涤 3 次，3 分钟/次，挖干。用玻璃纸封存，4℃保存备用。

(3) 封闭：以 0.2%牛血清白蛋白(BSA)封闭 2 小时。

(4) 标记：经纯化、鉴定后的抗人 IL-2 B 抗原单克隆抗体采用过碘酸钠法进行辣根过氧化物酶(HRP)标记，标记完成后，对酶标记物进行纯化、鉴定。

(5) 加样：取适量包被孔，加不同浓度的 IL-2 标准品及待测标本 50㎕ 于各孔中，设置阳性、阴性、空白对照。

(6) 加酶标抗体：加酶标抗 IL-2 B 抗原单克隆抗体 50㎕ 于各孔中，37℃温育 30 分钟。

(7) 洗涤：倾去液体，用洗涤液充分洗涤 5 次，拍干。

(8) 显色：每孔加入显色剂 TMB 50㎕，轻轻振荡混匀，37℃温育 10 分钟，观察颜色变化。

(9) 测 *OD* 值：加入终止液 50㎕ 后，轻轻振荡混匀。用酶标仪(450nm 波长)测定各孔吸光度。

(10) 作标准曲线：以 *OD* 值为横坐标，IL-2 含量为纵坐标，半对数坐标纸作标准曲线，在标准曲线上查出标本对应的浓度。

【实验结果】

(1) 目测法：蓝色为 IL-2 阳性，无色为阴性。

(2) 比色法：用空白孔校零，读取各孔 *OD* 值，制作标准曲线，并计算样品 IL-2 的含量。

【注意事项】

(1) 固相载体的选择：目前常用的有聚氯乙烯、聚苯乙烯、聚丙酰胺和纤维素等。不管何种载体，在使用前均要进行筛选：用等量抗原包被，在同一实验条件下进行反应，观察其显色反应是否均一性，据此判明其吸附性能是否良好。

(2) 包被抗体的选择：将抗体吸附在固相载体表面时，要求纯度要好，吸附时一般要求 pH9.0～9.6。吸附温度、时间及其蛋白量也有一定影响，一般多采用 4℃ 18～24 小时。蛋白质包被的最适浓度需进行滴定：即用不同的蛋白质浓度(0.1㎍/ml、1.0㎍/ml 和 10㎍/ml 等)进行包被后，在其他试验条件相同时，观察阳性标本的 *OD* 值。选择 *OD* 值最大而蛋白量最少的浓度。对于多数蛋白质来说通常为 1～10㎍/ml。

(3) 滴加试剂时应垂直滴加，注意勿将试剂滴在孔壁上。

(4) 洗涤时各孔均需加满洗涤液，并浸泡 30～60 秒，防止孔内有游离酶不能洗净。

(5) 所有样品和废弃物都应按传染源处理。

(6) 每批样本应同时做标准曲线，若标本 *OD* 值在标准曲线测定范围以外，应适当稀释后重测。

【临床意义】

IL-2 主要由活化的 $CD4^+$ 细胞产生，可诱导活化 T 淋巴细胞及胸腺细胞生长，诱导 T 淋巴细胞产生淋巴因子，诱导 T 淋巴细胞的细胞毒作用，增强 NK 细胞、LAK 细胞及单核细胞的细胞毒作用，加强活化的 B 细胞增殖及分化。在某些病毒性疾病中，如反复发作的尖锐湿疣、重症肝炎、慢性病毒性肝炎等病人中，IL-2 显著降低。

【思考题】

(1) 简述 ELISA 的方法类型及原理。

(2) 简述 ELISA 双抗体夹心法测 IL-2 的程序及结果判定。

(张文玲)

第十三章 机体免疫功能的评价

机体的免疫包括体液免疫、细胞免疫和非特异性免疫，三者协同配合、共同作用，维持机体内环境稳定。体液免疫主要由B细胞承担，反映体液免疫功能的项目有B细胞计数及其亚群分析、B细胞分泌的免疫球蛋白或自身抗体水平、补体及循环免疫复合物水平测定等；T淋巴细胞介导细胞免疫，检测T细胞功能的项目有迟发性皮肤过敏试验、T细胞计数及其亚群分析、淋巴细胞增殖转化试验等；非特异性免疫主要由组织屏障、固有免疫细胞（如NK细胞、中性粒细胞）和固有免疫分子完成，NK细胞活性、中性粒细胞吞噬功能、巨噬细胞吞噬功能等项目均可反映机体的非特异性免疫功能。

实验三十九 机体免疫功能的综合评价

环磷酰胺是常用免疫抑制剂，利用环磷酰胺建立免疫抑制动物（小鼠）模型，与正常动物（小鼠）比较，从体液免疫、细胞免疫和非特异性免疫三方面对免疫抑制动物（小鼠）机体免疫功能进行综合评价。

【实验目的】

熟悉动物实验操作技术和机体免疫功能评价的方法。

【实验原理】

（1）免疫抑制模型建立：环磷酰胺属烷化剂，其主要作用是抑制DNA复制和蛋白质合成，具有较强的免疫抑制作用。

（2）抗体形成细胞测定：当B细胞受抗原后，可分裂增殖并分化成熟为浆细胞，并分泌相应抗体。B细胞功能减低或缺陷，可表现为抗体形成细胞减少。溶血空斑试验是一种体外测定B细胞功能的方法。经绵羊红细胞(SRBC)免疫的小鼠脾细胞与一定量的SRBC混合后温浴，在补体参与下，抗体形成细胞周围的SRBC溶解，形成肉眼可见的溶血空斑。每个空斑表示一个抗体形成细胞，计算溶血空斑数，可推算脾内存在的抗体形成细胞总数。

（3）T淋巴细胞计数及亚群分析（参见第七章）。

（4）NK细胞活性测定（参见实验二十九）。

【实验材料】

（1）阿式保存液、新鲜补体、SRBC悬液、0.25%戊二醛（用生理盐水配制）、琼脂糖；大鼠抗小鼠单克隆抗体CD3-PE、CD4-PE-Cy5和CD8-FITC、LDH底物液（用前配制）、1%NP-40溶液、酸化异丙醇、ConA、终止液、K562细胞（细胞活性在95%以上）；PBS、Hank液、RPMI 1640培养液、10%胎牛血清、生理盐水、去离子水、0.5%台盼蓝等。

（2）96孔培养板、二氧化碳培养箱、超净工作台、100目筛网、无菌滤器、剪刀、镊子、培养皿、青霉素小瓶、注射器内芯、试管、离心机、恒温箱、0.22μm的滤膜、显微镜、酶标仪、加样器、37℃温箱、45℃水浴箱、内装湿纱布的保湿湿盒等。

（3）雌性6～7星期BABL/c小鼠（18～20 g，具体数据实际情况而定）。

【实验方法】

1. 动物分组　小鼠按体重随机分为 3 组：①抗体形成细胞测定组；②T 淋巴细胞亚群分析组；③NK 细胞活性测定组，各小组内均设置实验组和对照组。

2. 免疫抑制模型建立　第 1 天开始，实验组小鼠，每鼠腹腔注射环磷酰胺 80～100mg/kg 小鼠体重(参考剂量)，对照组注射等量无菌生理盐水，连续 5 天。

3. 指标检测

(1) 抗体形成细胞测定

1) 绵羊红细胞致敏(第 6 天)，第①组小鼠每鼠腹腔注射 20%SRBC 悬液 1ml 或尾静脉注射 20%SRBC 悬液 0.2ml。

2) 制备表层和底层琼脂：表层为 0.7%琼脂(2ml/管)，使用前溶化 45℃保温备用；60mm 平皿中加入用 Hank 液溶化的 1.4%的琼脂 5ml，冷却凝固后，湿盒 37℃保温备用。

3) 第 9 天处死小鼠，无菌分离脾细胞并用 Hank 液调整脾细胞浓度为 1×10^7/ml。

4) 制备脾细胞琼脂：45℃预温的表层琼脂中依次加入以下试剂：1%DEAE-右旋糖酐 0.05ml，2×10^9/ml SRBC 悬液 0.1ml，1×10^7/ml 脾细胞悬液 0.1ml。迅速混匀后，倾注于已铺好底层琼脂的平皿内，使之均匀铺平凝固后，37℃温育 1 小时。

5) 加补体：每皿加入 1∶30 稀释的新鲜补体 1.5ml，37℃ 30 分钟，室温 30 分钟，倾去补体，即可见空斑形成，观察计数。如需保存，可加入 0.25%戊二醛 6ml 进行固定。

(2) T 淋巴细胞计数和亚群分析(参见第七章，采用流式细胞术对 T 细胞进行计数和亚型分析)：第 6 天处死第②组小鼠，无菌分离脾细胞并用生理盐水调成 5×10^5/ml 的单细胞悬液后，取 50㎕ 细胞悬液与抗 CD3、CD4 及 CD8 荧光抗体各 4㎕ 混合，避光孵育、溶血、离心、洗涤，在流式细胞仪上进行。

(3) NK 细胞活性测定(参见实验二十九，采用 MTT 法检测 NK 细胞活性)：第 6 天处死第③组小鼠，无菌分离小鼠脾细胞作为效应细胞，使用 K562 细胞株作为靶细胞，测定实验组和对照组小鼠的 NK 细胞活性。

【实验结果】

(1) 抗体生成细胞测定：将平皿划分小格，用肉眼或放大镜观察并记录平皿中的空斑数，算出每 100 万个脾细胞中含空斑形成细胞的平均值。根据动物只数选择统计学方法行统计分析，评价环磷酰胺对体液免疫的影响。

(2) T 淋巴细胞计数及亚群分析：计数 T 淋巴细胞、$CD3^+CD4^+$ T 细胞及 $CD3^+CD8^+$ T 细胞，计算($CD3^+CD4^+$)/($CD3^+CD8^+$)比值，进行统计分析，评价环磷酰胺对细胞免疫功能的影响。

(3) NK 细胞活性测定：参照实验二十九，计算实验组和对照组 NK 细胞活性，进行统计分析，评价环磷酰胺对非特异性免疫功能的影响。

【注意事项】

不同厂家生产的环磷酰胺毒性不同，用前作预实验确定其使用剂量。

【思考题】

(1) 什么是机体的免疫功能？

(2) 评价机体免疫功能的指标有哪些？

(3) 机体的免疫功能是否能被环磷酰胺抑制？为什么？

(唐晓华)

第十四章　临床免疫学检验

临床免疫学检验领域检测项目日益增多,内容涉及变态反应性疾病、自身免疫性疾病、感染性疾病、免疫增殖与免疫缺陷疾病、肿瘤、生殖以及器官移植的免疫学检验;该领域中诸多新的实验技术和方法不断涌现,检测方法朝着敏感、快速以及自动化方向发展。下面介绍临床免疫学检验领域中一些常见的检测项目及其临床意义。

实验四十　感染性疾病的免疫学检验

一、抗链球菌溶血素O测定

【实验介绍】

A族溶血性链球菌(A链)在生长过程中可产生多种毒素和酶,如链球菌溶血素O(streptolysin O,SLO)、脱氧核糖核酸酶、链激酶、透明质酸酶等。链球菌溶血素O,具有一定抗原性,其刺激机体免疫系统产生的相对应抗体,称抗链球菌溶血素O(anti-streptolysin O,ASO)。检测病人血清中的ASO抗体,有利于A族溶血性链球菌感染性疾病的诊断。

采用胶乳凝集反应试验测定病人血清中抗链球菌溶血素O。

【实验结果】

无凝集者为阴性,有明显凝集者为阳性。

【应用与临床意义】

(1) 试剂的使用应在大于10℃室温条件下进行,使用前必须充分混匀。

(2) 应在2分钟内判读结果。

(3) 不同批号的试剂组分不可混用。

(4) 血清溶血、黄疸、高胆固醇和血清污染长菌者皆可使ASO升高。

(5) 每次试验应以已知血清作阴、阳性对照。

(6) 溶血性链球菌感染1周后,ASO即开始上升,4～6周内达高峰。风湿热病人于感染后4～6周时,80%可见ASO增高,如有血沉增快及白细胞增多,应结合临床表现,考虑风湿活动。

(7) 高胆固醇血症、巨球蛋白血症及多发性骨髓瘤病人,ASO也可增高,可能被检血清中有某种抑制溶血的物质存在。

ASO检测主要用于A族溶血性链球菌感染引起的疾病,如风湿热、感染性心内膜炎、扁桃体炎以及链球菌感染后肾小球肾炎等。

二、肥达反应

【实验介绍】

伤寒(typhoid)、副伤寒(paratyphoid)是由伤寒沙门菌(*Salmonella typhi*)、副伤寒甲、

乙、丙型沙门菌（*Salmonella paratyphi A*，*B*，*C*）引起的急性肠道传染病。肥达反应（Widal reaction）是用已知伤寒沙门菌的 H（鞭毛）和 O（菌体）以及甲型（A）与乙型（B）和丙型（C）副伤寒沙门菌的标准液与待测病人血清做凝集试验，又称为伤寒沙门菌凝集试验。主要用于伤寒、副伤寒的辅助诊断或用于流行病学调查。

【实验结果】

根据凝集反应的强弱和有无，分别以"卌"、"卅"、"廾"、"＋"、"－"记录，以呈现"廾"的血清最高稀释度为终点效价。

卌：液体清澈透明，菌体全部被凝成块，沉于管底。

卅：液体较透明，大部分菌体被凝集而沉于管底。

廾：液体稍透明，管底有少量凝集沉淀物。

＋：液体较混浊，可见极少量凝集物。

－：液体混浊，细菌因重力下降于管底呈边缘光滑圆点（与对照管相似）。

【应用与临床意义】

(1) 透过光线观察管底凝集状态，判定结果，不能剧烈振荡。

(2) 菌液稀释后应及时使用。

(3) 菌液过期或有凝块时，不能使用。

(4) 每 10ml 稀释菌液中，加入 20.0 g/L 亚甲蓝溶液 5ml 或石炭酸复红染液 10ml，在 U 型大孔反应板内进行试验，较传统的肥达反应结果更加清晰。

(5) 首先应考虑当地正常人效价（正常效价）。一般以单份血清凝集效价：O 效价应达到 1∶80 以上、H 效价应在 1∶160 以上，PA 或 PB 或 PC 应达到 1∶80 以上才有诊断伤寒、副伤寒的价值；若病程中第 2 次血清效价比第 1 次高 4 倍以上亦有诊断价值。

(6) 若 O 效价高而 H 效价不高（对正常效价而言），则可能是感染早期或与伤寒沙门菌 O 抗原有交叉反应的其他沙门菌感染。

(7) 采血时间不同，肥达反应的阳性率也不同。发病第 1 周约为 50%，第 2 周 80%，第 4 周 90%以上。恢复期效价最高，以后逐渐下降，直至转阴。一般以双份血清（急性期和恢复期）对比，效价有明显上升者作为新近感染的指征。

三、甲型病毒性肝炎血清学检测

【实验介绍】

诊断甲型病毒性肝炎的特异性血清学指标是抗甲型肝炎病毒（HAV）的 IgM 类抗体（抗 HAV-IgM）和 IgG 类抗体（抗 HAV-IgG）。检测抗 HAV- IgM（或 IgG）的常用方法是酶联免疫吸附法（ELISA）。

【实验结果】

用酶联仪测定波长 450 nm，读吸光度（*A*）。待测样本 *A* 值/阴性对照 *A* 值（P/N）≥2.1 时为阳性。正常人抗 HAV-IgM 阴性。

【应用与临床意义】

(1) 试剂盒与待测血清、阳性对照以及废弃物均应视为生物危险品妥善处理。

(2) 人类感染 HAV 后，血中首先出现抗 HAV-IgM，于发病后 2～3 周可达到高峰，

1～2个月后随即下降，3个月后消失。故抗 HAV-IgM 是公认的早期诊断甲型肝炎的指标。

(3) 抗 HAV-IgG 一般在急性感染期后 3～12 周出现，滴度缓慢上升，至 6 个月后可达到高峰，然后下降，维持时间较长，可以终生存在。故抗 HAV-IgG 可作为人群 HAV 既往感染的一个指标。

(4) 抗 HAV-IgM 阳性提示近期感染 HAV，结合临床可作为甲型病毒性肝炎诊断标准。

四、乙型病毒性肝炎血清学检测

【实验介绍】

乙型肝炎病毒（HBV）抗原包括：①表面抗原（HBsAg），是 HBV 感染的主要标志，具有抗原性，刺激机体产生特异性抗 HBs。抗 HBs 可中和 HBV，是一种保护性抗体。②核心抗原（HBcAg），是病毒的核衣壳，为颗粒状态抗原，被 HBsAg 包被，因此在感染者血液中不易测出。HBcAg 刺激机体产生抗 HBc 抗体。③e 抗原（HBeAg），是 HBV 核心的可溶性抗原，HBeAg 阳性，表示病毒在体内复制，传染性较强。HBeAg 刺激机体产生抗 HBe 抗体。

目前检测的 HBV 特异血清标志物主要有 HBsAg、抗 HBs、HBeAg、抗 HBe、抗 HBc-IgM 和抗 HBc-IgG，常用的检测方法为 ELISA 双抗体夹心法和竞争法、金标记免疫层析法和化学发光法。

【实验结果】

不同的试剂盒其结果判定方法不同。

(1) 检测 HBsAg 和抗 HBs 以 P/N≥2.1 为阳性，阳性对照平均 *A* 值应>0.5；阴性对照平均 *A* 值< 0.1。阴性对照 *A* 值如<0.05，按 0.05 计算。

(2) 检测 HBeAg 以 P/N ≥2.1（或 S/CO≥1.0）为阳性。

(3) 检测抗 HBe 以 S/CO<1.0 为阳性。

(4) 检测总抗 HBc 以 S/CO<1.0 为阳性。检测抗 HBc-IgM 以 P/N≥2.1 为阳性。

【应用与临床意义】

(1) 试剂盒与待测血清、阳性对照以及废弃物均应视为生物危险品妥善处理。

(2) 急性和慢性乙型病毒性肝炎的各期均出现 HBsAg。

(3) 乙型肝炎恢复期、既往感染、隐匿性慢性乙型肝炎及接种过乙肝疫苗者均可出现抗 HBs。

(4) 一般认为 HBeAg 阳性是具有传染性的标志。在乙型肝炎潜伏期乃至整个病程中，HBeAg 均可检出。一般认为 HBeAg 消失和抗 HBe 出现是病情好转的征象。但并不意味着 HBV-DNA 复制停止或传染性消失。

(5) 抗 HBc 是 HBcAg 的相应抗体，也是 HBV 感染后血清中最早出现的 HBV 的标志性抗体。抗 HBc 抗体连续检测，抗体滴度逐渐增高，或抗体滴度达 10000 以上时，抗 HBc 才作为感染指标。

五、ToRCH 感染的血清学检测

【实验介绍】

ToRCH 是指引起孕妇围产期感染的一些病原体，"To"即 *Toxoplasma*(弓形虫)，"R"即 Rubivirus(风疹病毒)，"C"即 Cytomegalovirus(巨细胞病毒)，"H"即 Herpesvirus hominis(人疱疹病毒，或 Herpes simplex virus Ⅰ、Ⅱ，单纯疱疹病毒Ⅰ、Ⅱ型)。这组病原体感染孕妇后导致胎儿宫内感染，导致流产、早产、死胎、畸胎。ToRCH 感染的血清学检测方法最常用的有 ELISA 法。

【实验结果】

(1) 抗弓形虫抗体以 P/N≥2.1 或 S/CO≥1.0 为阳性。正常人血清抗弓形虫抗体(IgM 类、IgG 类)为阴性。

(2) 抗风疹病毒抗体阴性：S/CO＜0.90。可疑：S/CO 为 0.91～0.99，需重新测试。阳性：S/CO≥1.00。

(3) 抗巨细胞病毒抗体阴性对照平均 *A* 值必须＜0.2；弱阳性对照平均 *A* 值应在 0.20～0.65；弱阳性对照与阴性对照平均 *A* 值之比必须大于或等于 2。符合以上 3 个条件，本次试验结果可信，否则须重复检测。若待测血清孔呈色较弱阳性对照孔深则判为阳性，反之为阴性。但在弱阳性(对照 *A* 值±10%)范围内应复测一次，如确实高于弱阳性对照则判为阳性。

(4) 抗单纯疱疹病毒抗体 S/CO≤0.90 为阴性。S/CO 在 0.91～0.99 为可疑，需重复测定。S/CO≥1.00 为阳性。

【应用与临床意义】

(1) 抗弓形虫 IgM 抗体阳性提示近期感染。IgG 抗体阳性提示有弓形虫既往感染。

(2) 抗风疹病毒 IgM 抗体在发病 2～5 天即时测出，6～25 天检出率可达高峰，常用于风疹急性期或新近感染的诊断。

(3) 血清中抗巨细胞病毒(HCMV-IgM)抗体阳性有助于对急性期或活动期 HCMV 感染的诊断。

(4) 抗单纯疱疹病毒(HSV-IgM)抗体阳性提示有近期感染。

(5) 鉴于技术上的原因和生物学上的交叉反应，对阳性结果的意义应结合临床综合判断，不能仅以此结果作为孕妇终止妊娠的依据。

实验四十一　自身免疫性疾病的免疫学检验

一、类风湿因子的检测

【实验介绍】

类风湿因子(rheumatoid factor，RF)是以变性免疫球蛋白 G(IgG)为目标抗原的自身抗体，主要出现在类风湿性关节炎(rheumatoid arthritis，RA)病人体内，无种属特异性。RF 与正常 IgG 结合能力较差，但容易与免疫复合物中的 IgG 或聚合 IgG 发生抗原抗体反应。

检测 RF 对病人的类风湿性关节炎(RA)的诊断、分型和疗效观察有着非常重要的意义。常用胶乳凝集反应试验和免疫比浊法测定病人血清中类风湿因子。

【实验结果】

(1) 出现肉眼可见凝集者为阳性,无凝集出现者为阴性。正常人类风湿因子为阴性。

(2) 免疫比浊法测定正常人血清 RF <20 U/ml 。

【应用与临床意义】

类风湿性关节炎(RA)病人类风湿因子(RF)阳性检出率为 70%~90%,RF 阴性不能排除 RA 诊断。除 RA 外,还有多种疾病可检出高效价 RF,如系统性红斑狼疮(SLE)、亚急性细菌性心内膜炎、干燥综合征、混合性结缔组织病、2 型混合性冷球蛋白血症、肾移植、慢性活动性肝炎、多种细菌、真菌、螺旋体、寄生虫、病毒感染等。因此,RF 阳性时应结合临床作出综合分析。

二、抗核抗体检测

【实验介绍】

抗核抗体(antinuclear antibody,ANA)是以真核细胞的核成分为目标抗原的一组自身抗体的总称,最常出现于自身免疫性风湿病(结缔组织病)病人血清中。抗核抗体(ANA)主要是 IgG 类,针对的细胞核抗原无种属特异性和器官特异性,主要存在于血清中。间接免疫荧光显微技术(indirect immunofluorescence microscopy, IIFM)是目前广泛采用进行总 ANA 检测的最有效方法和"金标准"。也可以采用 ELISA 间接法。

【实验结果】

荧光显微镜下见抗核抗体(ANA)结合的细胞核呈黄绿色,胞质不发荧光。根据细胞核荧光图像,可区分为均质型、周边型、颗粒型和核仁型。

(1) 均质(homogeneous)型:又称弥散型,核呈均匀一致的荧光。

(2) 核仁(nucleolar):仅核仁着染荧光或核内呈现块状荧光。

(3) 周边(peripheral)型:又称核膜(membranous)型。细胞核周围呈现荧光,而核的中心部位荧光相对较暗。

(4) 颗粒(particle)型或斑点(speckled)型:细胞核内呈现颗粒状荧光。

正常人血清中 ANA 阴性(不同试剂盒判定阳性的滴度不同,有的为>1∶40,有的定为>1∶80,有的则定为>1∶100)。

ELISA 法定性试验以 P/N≥2.1 判为阳性。

【应用与临床意义】

判定荧光图谱时,物镜选用 40×。荧光染色图谱只有相对的参考意义,不能据此作出某种抗核抗体的肯定判断。

已证实抗核抗体(ANA)对很多自身免疫性疾病有诊断价值。在不同疾病中,特别是风湿性疾病,其抗体谱有一定的特征性。ANA 阳性已被美国风湿病学会列为系统性红斑狼疮(SLE)的诊断标准之一。

三、抗环瓜氨酸肽抗体测定

【实验介绍】

检测抗环瓜氨酸肽(cyclic citrullinated peptide,CCP)抗体是用人工合成的环瓜氨酸肽段包被聚苯乙烯反应板的间接ELISA法。

【实验结果】

定性试验以待测血清与阴性对照吸光度比值(P/N)≥2.1判为阳性。正常人血清抗环瓜氨酸肽(CCP)抗体P/N<2.1。

【应用与临床意义】

抗环瓜氨酸肽(CCP)抗体的检测对类风湿性关节炎(RA)的诊断有高度的特异性,并可用于RA的早期诊断。

四、抗双链DNA抗体测定

【实验介绍】

抗DNA抗体可分为两种基本类型:抗双链DNA(double-stranded DNA ,dsDNA)抗体和抗单链DNA(single-stranded DNA,ssDNA)抗体。除采用间接免疫荧光显微技术(IIFM)测定抗dsDNA抗体外,也可采用ELISA间接法。

【实验结果】

待测血清与阴性对照吸光度比值(P/N)≥2.1判为阳性。正常人血清P/N<2.1。

【应用与临床意义】

(1) 抗dsDNA自身抗体是SLE最重要的标志性自身抗体,美国风湿病学会已将抗dsDNA阳性列为SLE诊断标准之一。

(2) 抗dsDNA抗体对SLE特异性很高,高滴度抗dsDNA抗体提示SLE处于活动期。

五、抗核小体抗体测定

【实验介绍】

抗核小体抗体(anti-nucleosome antibody, AnuA)是针对天然的核小体以及核小体亚结构(H_{2A}-H_{2B})DNA起作用的自身抗体。抗核小体抗体的形成先于抗dsDNA抗体的产生,因而该抗体可能是SLE比较早期的一个指标。检测AnuA最常用ELISA法。

【实验结果】

待测血清与阴性对照吸光度比值(P/N)≥2.1判为阳性。正常人血清P/N <2.1。

【应用与临床意义】

AnuA对SLE的敏感性为60%~80%,特异性为97%~99%。该抗体在SLE活动期以及狼疮性肾炎病人和62%的SLE非活动期病人中检测到。

实验四十二　肿瘤标志物的检测

一、甲胎蛋白测定

【实验介绍】

甲胎蛋白(alpha-fetoprotein,AFP)是一种分子量为70 000的糖蛋白,在胚胎期由肝细胞和卵黄囊合成,存在于胎儿血清中,正常成人血清中仅有极微量的AFP(＜25 ng/L)。当发生原发性肝癌时,约80％的病人血清中AFP含量增高(＞300 ng/L),并且比临床症状提前出现3～8个月。因此,检测人体血清中AFP是肝癌普查、早期诊断、疗效判断和复发预测的重要指标。检测AFP的最常用方法是ELISA法。

【实验结果】

用标准品的浓度与吸光度值计算出标准曲线的直线回归方程式,将样品的吸光度值代入方程式,计算出样品浓度。通常由酶联仪直接打印报告。

(1) 一般参考值(ng/ml):

出生时	60 000 ～ 120 000
0～2个月	25～1 000
2～6个月	25～100
6个月～成年	20
成人	＜20
妊娠3个月	18～113
妊娠4～6个月	160～550
妊娠7～9个月	100～400

(2) 结果判断:

待检测血清AFP浓度≤20ng/ml:阴性。

待检测血清AFP浓度≥400ng/ml:阳性。

待检测血清AFP浓度＞20ng/ml且＜ 400ng/ml:弱阳性。

【应用与临床意义】

(1) 血清AFP水平高于400ng/ml持续4周或(200～400)ng/ml持续5周以上,在排除其他因素后,结合影像学检查,高度提示为肝细胞性肝癌。

(2) AFP是监测肝细胞性肝癌治疗效果或病人临床变化的一个良好指标。

ELISA法测定AFP快速简便,特异性强,检测灵敏度≤0.5ng/ml,但缺点在于ELISA法检测的线性范围较窄,且存在"钩状效应"。

二、癌胚抗原的测定

【实验介绍】

在胚胎发育过程中,癌胚抗原(carcinoembryonic antigen,CEA)作为细胞表面糖蛋白,产生于胃肠道和胰腺,并分泌于体液中。成人时CEA的合成存在于许多与胃肠或肺来源有关的外胚层组织的癌细胞中。检测 CEA 的常用方法 RIA、ELISA 法和金标记免疫渗滤法等，其中以 ELISA 法最为常用。

【实验结果】

用标准品的浓度与吸光度值计算出标准曲线的直线回归方程式，将样品的吸光度值代入方程式，计算出样品浓度。通常由酶联仪直接打印报告。

(1) 正常人血清 CEA≤3～5 ng/ml。

(2) 目测：若被测定孔显色浅于或等于 5ng/ml 标准对照孔，可判为≤5ng/ml 或阴性。若被测定孔显色深于 5ng/ml 并浅于 20ng/ml 标准对照孔，可判为＞5ng/ml 或弱阳性。若被测定孔显色等于或深于 20ng/ml 标准对照孔，可判为≥20ng/ml 或阳性。

(3) 比色：用标准品的浓度与吸光度值计算出标准曲线的直线回归方程式，将样品的吸光度值代入方程式，计算出样品浓度。

【应用与临床意义】

血清 CEA 浓度＞20 ng/ml 常提示有结直肠癌、肺癌、胃癌、乳腺癌、膜腺癌、卵巢癌和子宫癌等恶性肿瘤。首次治疗成功后，CEA 浓度下降至正常水平并持续稳定，CEA 水平再次缓升提示癌的复发。

ELISA 法快速简便，特异性强，检测灵敏度≤0.5 ng/ml。

三、CA19-9 测定

【实验介绍】

CA19-9 是胰腺癌、胆囊癌及胆管癌的首选肿瘤标志物。CA19-9 的测定通常采用免疫放射分析法、ELISA 法、化学发光法。

【实验结果】

以 CA19-9 标准品浓度为横坐标，相应吸光度(A)为纵坐标，绘制标准曲线。待测标本中的 CA19-9 浓度即可从标准曲线获得。正常人血清含量为(8.1 ±3.9)U/ml。

【应用与临床意义】

CA19-9 的检出率以胰腺癌和胆管癌最高(达 85 %～95 %)，大部分病例的测定水平可超过 240U/ml。结直肠的腺癌、黏液腺癌病人的 CA19-9 水平也较高，而乳头状腺癌和鳞癌较低。应注意的是 CA19-9 不适于在人群中进行肿瘤的筛查，其血清水平也不能作为是否存有肿瘤的绝对证据，结果的判断应结合临床与其他检查。

四、CA125 测定

【实验介绍】

CA125 是妇女卵巢浆液性囊腺癌的首选标志物。检测 CA125 最适用的方法为 ELISA 法。

【实验结果】

以 CA125 标准品浓度为横坐标，相应 A 值为纵坐标，制备标准曲线。待测血清中 CA125 浓度可从标准曲线获得。正常妇女血清 CA125＜35U/ml。

【应用与临床意义】

(1) 卵巢癌时 CA125 的检出率可达 70% ~90%。浆液性囊腺癌和未分化的卵巢癌较高。黏液性卵巢癌阳性率较低。检测结果不能用作卵巢癌是否存在的绝对评价,应结合临床其他检查综合分析。

(2) 不宜用作卵巢癌筛查,也无早期诊断价值。可用于治疗效果的监测和判定有无复发与转移。

五、CA15-3 测定

【实验介绍】

MUC-I 乳腺癌黏蛋白(CA15-3 抗原)由肿瘤细胞分泌,可作为乳腺癌的血清学标志。检测 CA15-3 最简便和经济适用的是 ELISA 法。

【实验结果】

以标准品 CA15-3 浓度为横坐标,各浓度相应 *A* 值为纵坐标,制备标准曲线。样品中 CA15-3 浓度可从标准曲线查得。正常妇女血清 CA15-3<30 U/ml。

【应用与临床意义】

所测 CA15-3 水平不应作为有无恶性肿瘤的绝对评价,应结合临床和其他检查进行综合分析。不宜用作乳腺癌的筛查,无早期诊断价值,但可用于治疗效果的监测和判定术后有无转移。

六、CA72-4 测定

【实验介绍】

CA72-4 对胃癌、卵巢黏液性囊腺癌和非小细胞肺癌具有相对较高的敏感性和特异性。CA72-4 的测定采用 ELISA 法等。

【实验结果】

以 CA72-4 标准品浓度为横坐标,相应 *A* 值为纵坐标,制作标准曲线。待测血清中 CA72 -4 浓度可从标准曲线获得。正常人血清 CA72-4<6.7 ng/L。

【应用与临床意义】

CA72-4 对胃癌、卵巢黏液性囊腺癌和非小细胞肺癌的敏感性较高,联合 CA 19-9 或 CEA 检测则可以进一步提高其敏感性。

【思考题】

(1) 简述乙型肝炎血清学标志检测的临床意义。

(2) ToRCH 感染的血清学检测有何临床意义?

(3) 常见的自身抗体有哪些?简述抗体检测的基本原理。

(4) 简述 AFP 检测的临床意义。

(贯铁文　刘杰麟)

第十五章　免疫自动化分析系统和试剂盒简介

现代自动化免疫分析仪器的出现是多学科技术发展整合的结果，是临床免疫学检验一次重要的变革。20 世纪 80 年代以前，免疫学检验主要是由人工操作完成，费时、效率低。自 20 世纪 80 年代末以来，各种先进的自动化免疫分析仪器相继投入使用，例如自动化浊度分析仪、自动化发光免疫分析仪、自动化酶联免疫分析仪、荧光免疫自动化分析仪和流式细胞仪等。这些先进检测仪器的投入使用，将免疫学检验过程中的取样、加试剂、混合、温育、固相载体分离、信号检测、数据处理、打印实验报告和检测后的仪器清洗等程序均由计算机控制、自动化完成，适应了现代测定快速、自动化的要求。本章节简要介绍临床上常用的免疫自动化仪器及其配套免疫诊断试剂盒。

实验四十三　免疫自动化分析系统简介

一、免疫比浊分析系统

免疫比浊分析克服了经典的免疫沉淀反应中操作繁琐、敏感度低、反应时间长和不能自动化检测的几大缺点。20 世纪 70 年代出现的微量免疫沉淀法主要包括了免疫透射浊度分析和免疫散射浊度分析。这些技术已常规用于临床体液特定蛋白的检测，特别是散射比浊法的原理，被国外一些公司用于自动免疫化学分析仪的设计，其生产的有关仪器已广泛用于国内外各大中型医院，成为一项常规的临床免疫检测手段。

按照仪器设计的不同免疫比浊分析系统分为免疫透射比浊仪测定法和免疫散射比浊仪测定法，其检测基本原理如下。

（1）免疫透射比浊法：可溶性抗原抗体反应后形成的免疫复合物，使介质浊度发生改变，当光线通过反应溶液时，可被其中的免疫复合物微粒吸收，在保持抗体过量的情况下，用透射比浊仪测量吸光度（A 值），吸光度和免疫复合物量成正比。

（2）免疫散射比浊法：当一定波长的光通过溶液遇到抗原抗体复合物时，光线被折射，发生偏转，偏转的角度可因光线的波长和复合物大小不同而有所区别。散射光的强度与复合物的含量成正比，即待测抗原越多，形成的复合物也越多，散射光也越强。

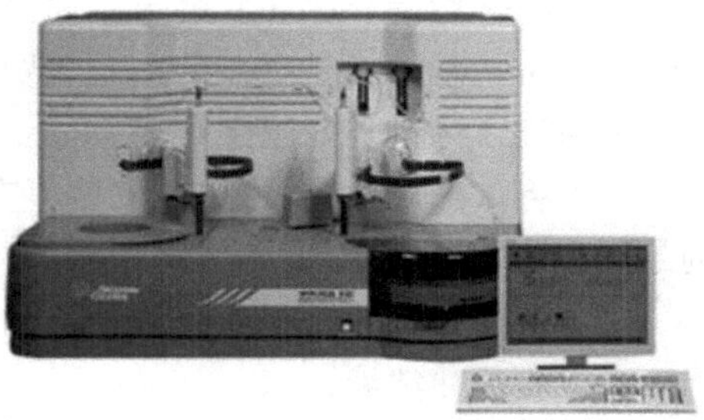

图 15-1　双光径免疫浊度分析仪

现以临床上常用的美国 BECKMAN IMMAGE800 双光径免疫浊度分析仪为例进行介绍（图 15-1）：

（一）仪器简介

双光径免疫浊度分析仪有两套光路系统，分别配合两种测定系统。第一光径的检测原理采用速率散射浊度法，主要测定小分子；第二光径采用速率透射法，测定中、大型分子。其采用近红外波长，可有效排除生物活性物质的干扰，采用乳胶包被技术，可提高检测精度。双光经免疫浓度分析仪具有全项目抗原过量自动监测功能，避免出现假阴性结果；全程反应动力学空白对照，排除本底噪音。双光经免疫浓度分析仪具有两个加样臂，分别为加样针和试剂针，可同时完成取样和加试剂动作，提高检测速度；穿刺式试剂盖，不需要开关试剂瓶，防止试剂污染；最大一次可编程 72×24 个检测项目，可全天 24 小时不停机检测；原试管上机、条码管理，可自动读取样本、试剂和定标信息。

（二）标本处理

1. 血液 按常规方法采集 2ml 静脉血于普通试管中或含有分离胶的真空采血管中，应注意避免溶血。血液标本采集后应立即送检。如不能及时送检或分析，必须采取保存措施，血清标本应在 4～8℃冷藏，但低温保存时间不可超过 7 天，如需较长时间保存时应将血清存放于－20℃。检测前注意充分混匀，标本应避免反复冻融。

2. 脑脊液 由临床医师进行腰椎穿刺采集，标本必须立即送验，放置过久将影响检验结果。

3. 尿液 可以采用随机尿或定时尿作为标本进行检测，不需添加防腐剂，采集后应及时送检。若无法及时送检时应 4℃保存，保存时间不可超过 7 天。

（三）操作流程

1. 开机

(1) 打开打印机、显示器、电脑开关。

(2) 确认 UPS 在开机状态后，打开仪器开关。

(3) 当显示“在检测稀释孔”状态时，选择“OK”。显示温度警告说明时，选择“OK”。

(4) 等待仪器进入主菜单，预温直至出现 Standby 状态。

2. 分析参数设置程序

(1) 项目设置：①在主菜单下按“Setup”，选择“Chemistry protocol Diskette”，插入软驱安装盘，安装后按“OK”；②在系统设置界面，选择“Chemistry Configuration”，定义分析项目位置，按 F1，显示仪器所有项目和名称，按所要项目名称前的数字键即可定义项目。

(2) 组合设置：①在主菜单下进入系统设置界面，按“Panel”选择定义的位置；②在“Panel name”输入自定义组合名称，选择所需分析项目组合，保存。

3. 试剂/材料装载程序

(1) 将试剂瓶放在试剂架上，在主菜单下进入试剂装载界面，根据相关程序开始扫描试剂条码。

(2) 根据定义放置相应的缓冲液和稀释液。

(3) 装载冲洗液。

(4) 在仪器 Standby 状态下，选择“Status”界面，选择所要置换的稀释块位置，置换新的稀释块。

4. 校准程序

(1) 将试剂或校准条形码卡片放在标本架上，将架子放至标本盘中，按“Rgts/Cal”界面，按提示进行读卡。

(2) 将试剂载入试剂架上,按“Read Reagent”扫描试剂信息,在POS位置按数字选择需校准的项目,按“Request Cal”,输入样品架号及位置,输入校准液批号,保存,返回主菜单。

(3) 按“Run”键开始运行校准。

5. 标本测定程序

(1) 标本装载:标本架贴上条形码,在标本架上直接放置已加入标本的标准试管。

(2) 样本编程:①进入“Samples”屏幕,在“Rack”中输入架号,在“pos”中输入位置号,在“Sample ID”中输入样本号;②在“panel”中输入组合号和(或)选项目,按“Save”保存。

(3) 运行:选“Run”,运行检测程序。

6. 结果查询 在主菜单按“Results”,显示“Recall Results”界面。

(四) 质量控制

1. 运行质控 将质控品放入标本架中,在主菜单下按“QC”,进入质控界面,确定质控项目,按“Run”键开始运行质控。

2. 质控信息查询与处理 在主菜单下按“QC”进入质控界面,按F1查看质控品定义内容。按F5、F6、F7查看相应的质控品及质控项目信息。

(五) 日常保养与维护

1. 每日保养

(1) 检查冲洗液余量及冲洗管道。

(2) 检查废液桶及排废管道。

(3) 检查仪器底部有无液体渗漏。

(4) 检查注射器阀,管道和活塞头。

(5) 清洁试剂针、样品针、试剂搅拌针和样品搅拌针外表面。

2. 每月保养

(1) 清洁仪器表面。

(2) 清洗仪器所有风扇的过滤网。

(3) 记录仪器工作次数。

3. 特殊保养

(1) 清洁及消毒样品盘,试剂盘和样品架。

(2) 每做11 000个测试需要更换反应杯。

(3) 每做11 000个测试或注射器漏水需要更换注射器活塞头。

4. 特别注意

(1) 在仪器通电时不要拔插电路板,不要连接或断开管道的任何接头。

(2) 对电路板操作时要戴防静电护腕。

(3) 注意观察仪器保养工作的正确过程,安全操作。

(4) 清洁仪器的任何部件时要在仪器Standby状态下。

(5) 在仪器启动和退出诊断程序时仪器所有机械部件必须没有阻碍。

(六) 注意事项

1. 抗原抗体的比例 抗原抗体的比例是浊度形成的关键因素。当抗原过量时,会造成高剂量钩状效应，造成测定的准确性降低。保持抗体比例适当过量是免疫比浊测定的必要条件，现在很多仪器已具有抗原过量的自动监测程序，一经发现便可对样品稀释后复测。当病人症状与检测结果明显不符时，应怀疑其存在。

2. 抗体的质量 免疫比浊测定法要求抗体的特异性强、效价高、亲和力强，并使用R型抗体。

3. 抗原抗体反应的溶液 抗原抗体反应液的最适pH为6.5～8.5，超过此限度则不易形成免疫复合物，甚至可引起复合物解离。一般常使用磷酸盐缓冲液作为免疫比浊法的反应液。

4. 增浊剂 某些非离子型亲水剂对促进免疫复合物的形成有显著的增强作用，如聚乙二醇、吐温20。

5. 入射光波长 浊度测定的波长选择很重要。无论是透射还是散射比浊，入射光波长均影响浊度测定的敏感度。若血清成分能吸收部分入射光，透射比浊法会误测为抗原的高浓度，散射比浊法会误测为抗原的低浓度。

6. 内源性光散射 血清中的乳糜微粒、极低密度脂蛋白等都会产生杂散射光，这是影响浊度测定灵敏度的重要因素之一。

7. 伪浊度 非抗原抗体特异性结合形成的浊度，即伪浊度。伪浊度形成的主要原因如下。

(1) 标本：混浊、高血脂、长期保存或反复冻融、灭活处理不当。

(2) 试剂：①低效价抗体会增加伪浊度；②抗血清灭活处理；③抗血清含有交叉反应性抗体；④PEG浓度过高可引起血清中杂蛋白的非特异性沉淀；⑤试剂污染（如细菌、尘埃等）和变质等。

(3) 器材：不够清洁、尘埃污染等，尤其是比色杯。

(4) 其他：缓冲液的离子类型与强度、pH、温度等都对浊度形成有影响。

8. 校准与质量控制 选用合适的校准品制备剂量-反应曲线；每更换一批试剂，应重新制备校准曲线；选取合适的质控材料进行质控以保证结果的准确性。

（七）方法学评价

免疫浊度法同其他免疫学分析相比，最大的优点是校正曲线比较稳定，简便快速，易于自动化，无放射性核素污染，适合大批量标本同时检测，但仪器和试剂价格比较贵，对抗体的质量要求很高。

（八）临床应用

1. 免疫功能监测 IgG、IgA、IgM，免疫球蛋白轻链κ、λ链，补体成分C3、C4等的检测。

2. 心血管疾病监测 载脂蛋白A、B，脂蛋白，C-反应蛋白等的检测。

3. 炎症状况监测 C-反应蛋白，α-酸性糖蛋白，铜蓝蛋白等的检测。

4. 风湿性疾病检测 ASO，RF，CRP等的检测。

5. 肾脏功能检测 尿微量白蛋白，α-微球蛋白，β-微球蛋白，转铁蛋白，IgG等的检测。

6. 营养状态监测 白蛋白，前白蛋白，转铁蛋白等的检测。

7. 凝血及出血性疾病的检测 抗凝血酶Ⅲ，转铁蛋白等的检测。

8. 血脑屏障监测 脑脊液白蛋白，IgG、IgA、IgM。

9. 药物浓度的检测　庆大霉素、苯妥因等。

【思考题】

(1) 免疫比浊法的检测原理是什么？

(2) 免疫浊度仪可检测哪些项目？有何临床意义？

(3) 免疫浊度技术的影响因素有哪些？

二、全自动酶免疫分析系统

根据其所用试剂是否为专用，全自动酶免疫分析仪可分为试剂“限定”和试剂“开放”两类。这两类全自动酶免疫分析仪均采用ELISA测定的基本原理，尤其是试剂开放类，其只不过是将加样、温育、洗板等ELISA基本测定过程由手工操作改为机器操作而已。酶联免疫试验的自动化，使检测结果更加准确，缩短试验时间，减轻劳动强度，提高工作效率。现以临床中常用的澳斯邦全自动酶免分析仪为例进行介绍。

(一) 仪器简介

本仪器由全自动酶免分析系统前处理中心(斯达尔全自动样本加样系统，图15-2)及后处理中心组成(费米全自动酶联免疫分析系统，图15-3)。全自动样本加样系统具有4～16通道，带气压监控的气动置换加样技术；具有专利的三模式液面传感系统，确保监测所有类型液体；创新的平行洗针工作站，即实现彻底地洗针，又不影响液体处理速度；完全按需配置的工作台面批处理量(标准处理15块板，最大可处理45块板)。全自动酶免分析系统后处理中心完全开放系统，可同时运行12个不同厂商的系统试剂；完全模块化设计，可根据用户工作量，调整模块组合；配置高通量酶免自动化的标准常规装备，具有24个试剂位、20～30个密闭式孵育位、双洗板模块、高效试剂分配功能模块、进板架可进行批量进板等。

图15-2　斯达尔全自动样本加样系统

图15-3　费米全自动酶联免疫分析系统

(二) 标本处理

按常规方法采集2ml静脉血于普通试管中或含有分离胶的真空采血管中，应注意避免溶血。血液标本采集后应立即送检。如不能及时送检或分析，必须采取保存措施，血清标本应4～8℃冷藏，但低温保存时间不可超过7天，如需较长时间保存时应将血清存放于－20℃。检测前注意充分混匀，标本应避免反复冻融。

（三）操作流程

1. 开机 打开工作站电源开关，打开仪器电源。

2. 试剂/材料装载程序

（1）加样模块准备：①将准备好的试剂载架和对照试管载架手动推入仪器平台；②将标本载架和酶标板载架放置在待装平台。

（2）温育、洗板模块准备：按需求配好各实验的洗涤液。

3. 标本测定程序

（1）加样：①双击“Star”图标，点击“文件”，点击“打开”，双击“XXX 检验科”，选取相应的实验名称；②仪器开始运行，输入标本数，点击“确定”。

（2）温育：①点击“工作”→“工作表管理”→“编辑”，点击“插入板架”，选取已编辑的板架组合→“插入”，依据当天的工作量插入若干个板架或板架组合；②双击“最早开始时间”，更改试验开始时间，建议为 0，批次之间的时间间隔可依据加样完成时间确定；③点击“操作”，点击“模拟”，依据模拟图指示将试剂及洗液放入提示位，点击“操作”→“开始运行”。

4. 结果查询 进入酶标实验室管理系统，点击“结果”可查询吸光度值及判断结果。

（四）质量控制

（1）每天质控物随日常标本进行检验项目的测定。

（2）质控信息查询：进入酶标实验室管理系统，点击“质控”，进入室内质控管理界面，选择试验项目及输入试剂批号，在质控图上观察质控结果是否在控。

（五）日常保养与维护

1. 加样模块 每年应进行两次预防维护，包括体积校正。使用标准程序清洁设备的工作台。

2. 温育、洗板模块

（1）冷启动维护：每日开机必须且只需进行一次冷启动维护，按软件界面提示进行操作。冷启动维护的内容是检查洗板机的功能并冲洗管路。

（2）日维护：每日工作完成后，必须进行日维护。可通过维护菜单进行。也可在关闭软件时根据界面提示进行。关闭计算机和仪器后，用去离子水清洁洗液桶、试剂槽和注射器，清空废液桶，检查终止模块的试剂仓，及时清理溢出的酸液。

（3）周维护：每 7 日必须进行周维护，可通过维护菜单进行。使用 50～60℃去离子水进行管路清洗并根据软件界面提示进行。检查并清理真空泵溢气桶的管路内的积水。检查并清洁酶标仪的玻璃镜片。

（4）月维护：每 28 日必须进行月维护，可通过维护菜单进行。使用 50～60℃去离子水进行管路清洗并根据软件界面提示进行。

（5）数据库清理：实验结果的存储数量有限，要定时删除数据。

（六）注意事项

1. 标本因素 血清是最常用的 ELISA 标本，标本引起的假阳性和假阴性结果主要是干扰性物质所致，分为内源性物质和外源性物质两种。

（1）内源性物质：类风湿因子、补体、嗜异性抗体、嗜靶抗原自身抗体、交叉反应物质和其他物质等。

（2）外源性物质：外源性物质常常是由于用于 ELISA 测定的血标本的采集、储存等不当所致。如标本溶血、细菌污染、储存过久、凝集不全和采血管中添加物等影响。

2. 试剂因素　试剂应在有效期内使用，储存于 4～8℃低温冰箱。

3. 操作因素

（1）试剂的准备：必须用新鲜和高质量的蒸馏水或去离子水配制所有试剂，包括用洗涤液。从冰箱中取出的试剂应待温度与室温平衡后才使用。

（2）洗涤：洗涤是决定着实验成败的关键步骤。通过洗涤可以清除残留在板孔中没能与固相抗原或抗体结合的物质，以及在反应过程中非特异性地吸附于固相载体的干扰物质。因此要保证洗涤管道通畅，洗涤时间充分。

4. 质控

（1）仪器质控：为使仪器保持最佳工作状态，实验室应建立维护和校正仪器的标准操作程序。

（2）室内质控：每天均需进行室内质控以保证结果准确可靠。

（七）方法学评价

全自动酶免疫分析仪集自动加样、加试剂、孵育、洗板、出结果于一身，全程采用电脑控制，实现了操作过程的自动化、标准化，适用于大批量样品测定，易于进行质量控制，克服了以往手工操作的局限性和繁琐性，从而节省了人力和时间，可大大提高工作效率。同时也避免了某些人为因素所造成的偶然误差，使试验的精密度、重复性、灵敏度及特异性均有所提高。

（八）临床应用

酶免疫分析法现已广泛应用于临床检验、微生物学、流行病学、免疫学、内分泌学等科学领域。

1. 病原体及其抗体　广泛用于传染病的诊断、病情与病理分析以及预后判断等。病毒如肝炎病毒、疱疹病毒、艾滋病毒等，细菌如链球菌、结核杆菌、幽门螺杆菌等，寄生虫如弓形体、阿米巴、疟原虫等及其相应抗体的检测。

2. 蛋白质　各类免疫球蛋白、补体成分、肿瘤相关抗原（AFP、CEA 等），各种血浆蛋白、自身抗体、酶和同工酶、受体以及各种激素（如 HCG、FSH、TSH）等的检测。

3. 非肽类激素　如 T3、T4、雌激素、皮质醇等。

4. 基因工程产物。

5. 药物（地高辛、苯巴比妥）、**毒品**（吗啡等）**及兴奋剂等**。

【思考题】

（1）酶免疫分析可应用于哪些方面？

（2）哪些因素会影响酶免疫分析的实验结果？

（3）如何保养和维护酶免疫分析仪？

三、荧光免疫分析系统

荧光免疫分析技术发展之初，更多的是应用于形态学检验方面，近几年自动荧光免疫检测领域得到了很大发展。荧光免疫自动化分析主要是将抗原-抗体结合反应与荧光物质发光分析及计算机技术有机结合的一项自动化免疫分析技术，最常用的有时间分辨荧光免疫测定和荧光偏振免疫测定两种类型。

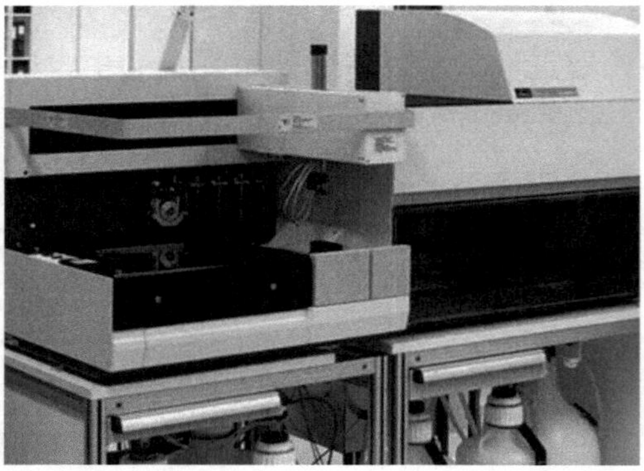

图 15-4 Auto DELFIA 时间分辨荧光免疫分析仪

(1) 时间分辨荧光免疫测定：用镧系元素标记抗原或抗体，根据镧系元素螯合物的发光特点，用时间分辨技术测量荧光，同时用检测波长和时间两个参数进行信号分辨，可有效地排除非特异荧光的干扰，极大地提高了分析灵敏度。

(2) 荧光偏振免疫测定：是一种利用荧光物质在溶液中被单一平面的偏振光(波长 485nm)照射后，可吸收光能而产生另一单一平面的偏振发射荧光(波长 525nm)，该荧光强度与荧光标记物质在溶液中旋转的速度与分子大小呈反比，是主要用于测定小分子药物的技术。

现以临床中常用的 Auto DELFIA 时间分辨荧光免疫分析仪为例进行介绍(图 15-4)。

(一) 仪器简介

Auto DELFIA 全自动时间分辨荧光免疫分析仪是由芬兰 Perlin Elmer Life Sciences 生产的。该仪器为台式仪，由样本处理系统、实验运行系统、检测系统和电脑数据处理系统四部分组成。成批样本测定每小时可做 1152 个测试；一次可同时放置 36 架标本，每架可放 12 个标本管；可自动识别贴有条形码的试剂盒、样本管和 96 孔板；该设备具有检测灵敏度高、操作简便、示踪物稳定、有效期长、标准曲线范围宽、不受自然荧光干扰、无放射性污染等许多优点。

(二) 标本处理

按常规方法采集 2ml 静脉血于普通试管中或含有分离胶的真空采血管中，应注意避免溶血。血液标本采集后应立即送检。如不能及时送检或分析，必须采取保存措施，血清标本应 4～8℃冷藏，但低温保存时间不可超过 7 天，如需较长时间保存时应将血清存放于－20℃。检测前注意充分混匀，标本应避免反复冻融。

(三) 操作流程

1. 开机

(1) 依次打开样品处理器电源，微孔板处理器电源，打印机电源。

(2) 打开计算机显示器，启动计算机。

(3) 运行系统软件：Auto DELFIA 与 Multicalc 系统软件在 Windows 启动后自动运行。

2. 分析参数设置程序

(1) 在操作主界面点击“Settings”菜单,选择“Assay Protocols(检验项目)”。

(2) 根据需要选择校准曲线、样品复管数、批号和质控。

3. 试剂/材料装载程序

(1) 准备微孔板处理器及样品处理器洗液。

(2) 样品处理器准备:在 Wash bottle(清洗液瓶)、Rinse bottle (冲洗液瓶)分别注入足够用量的清洗液和去离子水;倒空废液瓶,拧紧各瓶盖,确保废液瓶管路向下。

(3) 点击“Load”菜单下的“Load System Liquids”,选择“Option-Show Temperature”显示温度和压力。

(4) 检查洗板机功能:点击“Maintenance” → “Plate Processor” → “Washer test”,系统自动提示检查步骤。

(5) 在试剂仓内插入足量干净、不弯曲的吸嘴。

(6) 装载足量干净的稀释杯。

(7) 检查检测帽(白色)是否放入试剂舱最左边第一个帽架位置,并且其他位置没有黑色防蒸发帽。

(8) 确认传送器下方的废物盘已倒空。

(9) 校准品:每瓶校准品瓶中精确加 1.1ml 去离子水,轻轻混匀,30 分钟后去除泡沫使用。需再次使用的校准品保存于−20℃。

(10) 准备 Eu/Sm 标记物溶液:在使用前 1 小时,根据每条板条需 30ml 标记物和 30ml 缓冲液配制标记物溶液。

(11) 将测定试剂盒放入试剂栏中。

4. 校准程序

(1) 选择校准模式:在“Assay Protocol Editor”对话框选择合适的校准模式。

(2) 在“Assay Protocol Editor”对话框输入校准品批号,输入正确的校准品浓度值。

(3) 进入“Map Of Standards”对话框,拉出校准品抽屉,按屏幕提示顺序依次放入校准品,放好后合上校准品抽屉,按“OK”。

5. 标本测定程序

(1) 创建工作表:点击“AutoMate(自动操作)”键,系统会按预定的程序执行。或选择“Load Work list”或“Create list”一步一步运行。可在 Auto DELFIA 软件中创建工作表,也可在已存在的工作表中添加样品:用鼠标点击空位置,然后输入所需的项目即可(如果试管已经放入样品处理器中,则不能添加项目)。

(2) 点击“Start run”图标,开始自动运行。

6. 结果查询

在主菜单按“Results”查看结果。

(四) 质量控制

(1) 点击屏幕右边“Controls”进入 Controls 界面,输入质控的允许范围、质控代码、质控批号。

(2) 在屏幕左边“Controls”栏选择质控所放位置(是做在第一块板或下一块板或最后一块板),在屏幕下部的测试板图上已显示有校准品。在屏幕右边“Control Operation”栏中选择所用的质控水平(Low、Medium、High),然后移动光标到板上所要放置的位置。

(3) 然后按"OK"键完成编辑,按"Close"键保存。

(4) 运行。

(五) 日常保养与维护

1. 每日保养

(1) 洗板机功能测试:①点击"Maintenance /Plate processor",进入 Plate washer 界面;②把一块 96 孔空的微孔板平稳地放于微孔板的支架上,按"IN/OUT"按钮。板被送入仪器内,系统检查板条数并灌满洗液后返回到载板位;③检查每个孔是否均注满,再放入载板位,按"IN/OUT"按钮;④板进入仪器后孔内液体被吸干,然后板被送出。

(2) 清理废物盘:倒空废物盘内的吸头,用自来水冲洗,晾干。

(3) 样本处理器管道:检查样本处理器管路系统在灌水过程中是否有气泡。如有气泡,可用"Maintenance /Sample processor /Rinse"命令冲洗系统将气泡排出;如有大量气泡不能被排除,先检查蠕动泵内管路连接和四个阀门是否有故障。

(4) 冲洗:进入"Maintenance /Sample processor/Rinse",用去离子水冲洗样本探针并浸泡针管。

(5) 温度:点击"Options /Show temperature",检查温度调节功能。

2. 每周保养

(1) 仪器清洗:进入"Maintenance/instrument cleaning",显示消毒或清洗项目及所需的时间,根据需要可选择进行。

(2) 增强液出口:检查增强液出口处是否有液体溅出,如有用棉签拭干净。

(3) 样本处理器瓶:启用 Load menu 菜单下"Load system liquids"命令,要求倒空废液瓶内液体,对洗液瓶和清洗瓶做排空和再灌满,然后按"OK"。

(六) 注意事项

(1) 标本应新鲜,需充分离心分离血清,严重脂浊、溶血、污染或纤维丝等都会影响检测结果。

(2) 荧光免疫反应是在室温状态下不断振荡完成,所以实验时应严格控制室温在一个恒定的状态(最好 25℃) 。

(3) 实验环境要保持干净,仪器内外要定期清洁,否则空白发光值会上升,影响测定结果。

(4) 试剂加样应准确,稀释液要充分混匀后再用。

(5) 定期进行校准,不同批号的试剂、标准曲线不能混用,冻干品复溶后在规定时间内用完(2 周内)。

(6) 每天均采用试剂配套质控品进行室内质控,绘制质控图表,以衡量工作质量,保证结果准确可靠。

(七) 方法学评价

荧光免疫分析系统在灵敏度、特异性、稳定性及测量自动化程度等方面都可与放射免疫相媲美,而其标准曲线范围宽(跨越 4～5 个数量级),最小检出值可达 10^{-18} mol/L,分析速度快，并具有标记技术容易、稀土离子标记的螯合物较稳定、试剂有效期长、无放射性污染、应用范围广等优点。但荧光技术也有一定的局限性：①荧光对温度和黏滞度敏感；②多数生物样品中所含物质都能产生自然荧光；③内部滤光片效应。

（八）临床应用

荧光免疫分析系统应用范围十分广泛，包括内分泌激素、肿瘤标志物、病原体抗原、抗体的检测，药物代谢分析以及各种体内或外源性超微量物质的分析等。

1. 内分泌学　这方面的测定主要有血清中孕酮、雌二醇、睾酮、甲状腺激素、前列腺素等。

2. 肿瘤学　主要包括血清癌胚抗原、血清甲胎蛋白等。

3. 免疫学　可以用于测定 NK 细胞、杀伤性 T 淋巴细胞和 LAK 细胞的活性，细胞介导、补体介导以及抗体依赖的细胞活性等。

4. 微生物学　目前已广泛应用于乙型肝炎病毒、脑炎病毒、流感病毒、呼吸道合胞体病毒（RSV）、副黏病毒、风疹病毒、人类免疫缺陷病毒（HIV）以及某些细菌和寄生虫抗体的检测。

【思考题】

（1）常用的荧光免疫测定法有哪些？试述其原理。

（2）时间分辨荧光免疫测定具有什么特点？

四、免疫发光分析系统

化学发光免疫分析是将具有高灵敏度的化学发光测定技术与高特异性的免疫反应相结合，用于各种抗原、半抗原、抗体、激素、酶、脂肪酸、维生素和药物等的检测分析技术。该技术具有分离简便、可进行自动化分析等特点，在免疫学检验中应用日趋广泛，是继放免分析、酶免分析、荧光免疫分析之后发展起来的一项最新免疫测定技术，现已成为生命科学领域中一种很重要的免疫学分析手段。

根据发光免疫分析中发光反应体系中标记物及标记方法的不同，大体上可分为以下三种类型。

（1）化学发光免疫分析：用化学发光剂（如吖啶酯）直接标记抗原或抗体，在发生免疫反应后，不需要催化剂，可直接引起化学发光反应，其发光强度与被测物质的量成正比。

（2）化学发光酶免疫分析：是用参与催化某一化学发光反应的酶来标记抗原或抗体，在免疫反应发生后，加入发光剂（如鲁米诺），酶催化底物发光，其发光强度与被测物质的量成正比。

（3）电化学发光免疫分析：以电化学发光剂三联吡啶钌标记抗原或抗体，三丙胺为电子供体，在电场中因电子转移而发生特异性化学发光反应，其发光强度与被测物质的量成正比。

现以临床常用的瑞士 ROCHE Modular E170 自动电化学发光分析仪为例进行介绍（图 15-5）。

图 15-5　ROCHE Modular E170 自动电化学发光分析仪

（一）仪器简介

该系统是采用电化学发光技术、生物素-链霉亲和素技术、二维条码技术、以磁性微粒为固相载体进行标记免疫测定的全自动模块式分析仪。目前最多可将 4 个 E170 模块组合在一起，每小时最多可进行 680 个测试，有 100 个试剂通道。亦可在该组合中加入其他模块如生化模块和（或）电解质模块，即成为可进行免疫测定、生化测定和（或）电解质测定的联合血清分析仪。这种多模块组合而成的系统只需一台电脑主机控制，只需一个用户界面，故可以大大节约人力成本，而且因为采用同一设备及同样标准、质控进行检测，可保证报告结果的一致性、准确性。

（二）标本处理

（1）一般采血时间以早晨空腹为宜，需经常复检者应固定每次采血时间。具有昼夜节律性的激素应注明采血时间，如 Cortisol、ACTH、PRL、睾酮等；雌激素如 E-2、FSH、LH、P 等应注意月经周期的变化；呈脉冲分泌的垂体激素如 PRL、GH、ACTH 等可采用间隔 15 分钟分三次抽血后分别检测。

（2）按常规方法采集 2ml 静脉血于普通试管中或含有分离胶的真空采血管中，应注意避免溶血。血液标本采集后应立即送检。如不能及时送检或分析，必须采取保存措施，血清标本应 4～8℃冷藏，但低温保存时间不可超过 7 天，如需较长时间保存时应将血清存放于－20℃。检测前注意充分混匀，标本应避免反复冻融。

（3）对温度较为敏感的待测物质如 ACTH、INS、C-P 等采集与保存应在低温条件下完成。

（三）操作流程

1. 开机

（1）打开供水系统。

（2）按下面板上绿色的操作电源，开启启动程序。

（3）屏幕显示“Login”登录画面，输入操作者号码和密码。

（4）点击“OK”键，进入软件，启动系统操作。

2. 分析参数设置程序

（1）条码模式设置：在 Barcode Setting 区域，按“Change”键，显示条码设置窗，分别选择“Stat/Routine”、“Calibrator”、“Control”检查框，选择或者删除标本、校准液、质控液的条码模式，按“OK”键，显示确认窗口，按“Yes”键。

（2）定义主机传输设置：进入 Start Condition/Host Setting 窗口，删除 Communication On 检查框，按“Host Comm”键，显示主机传输设置窗口，运行必要的内容，按“Yes”键，关闭该窗口。

（3）组合套餐设置：①按“Key Setting”键，选择标本类型；②选中所需的组合键，输入组合名称，按“Profile Setting”键，在套餐名称列表中选择一个空白栏，键入套餐名称，在 Available Tests 试验列表中选择试验项目，按“Add”键，将所选项目添入 Assigned Tests 中，按“Update”键。

3. 试剂/材料装载程序

（1）查看试剂状态：①按状态栏“Host Core E1”图形键，或按下 F12 键显示主屏幕，触摸待查看试剂的模块区域;②按"Review Reagent"键,显示所选模块的试剂盘图形,触摸试剂通道,显示该试剂的详细信息;③按"Details"键,查看当前试剂盘各试剂通道的详细信息。

(2) 更换试剂。①更换试剂盒:揭开试剂盘盖子,将相应的试剂盒放置于试剂盘中,盖上试剂盘盖,激活试剂扫描功能。②更换 ProCell M (PC):打开相关模块前面的中间门,提起绿灯闪亮的相应试剂吸样装置,更换试剂瓶并按下该试剂瓶的绿色按钮,通知系统已更换了新瓶,关闭模块门。③更换 Probe wash M:系统处于待机状态时,移走 Probe wash M 空瓶,换上新的 Probe wash M 瓶,探针进行水位检测并自动更新库存表。④更换 Assay Cup 和 Tip Magazine:仪器运行过程中且显示灯呈绿色时,拉出模块右边的抽屉,倒空废物盒,装满 Tip Magazine,关闭抽屉,检测存量,并自动更新库存表。⑤更换 Solid Waste:仪器运行过程中且显示灯呈绿色时,拉出模块右边的抽屉,倒空废物盒,更换新试剂,关闭抽屉,打开抽屉前面的透明门,按下相应更换系统的绿色键。

4. 校准程序

(1) 校准液准备:根据装载表指示,准备需要的校准液。

(2) 运行校准:①按主屏幕的"Calibration and QC Select",选择所有的启动校准;②从 Load List 区域选择"Calibration Only";③按照校准液装载表装载所需要的校准液,在"Start Condition"界面,按"Start"键,启动校准运行。

5. 标本测定程序

(1) 试验/项目选择:①在主屏按"Workplace → Test Selection"试验选择键,显示试验选择画面,选择常规选项;②点击待测项目或项目组合键,点击"Save"键保存。

(2) 常规标本测定:①将条码标本装载在灰色的常规标本架子中,条码朝向架子的开口端;②当绿灯亮时,将标本架子放置于进样端;③ 确认启动条件:按"Start Up"通用键,检查界面中设置的参数,确认本批测试标本的第一个 Sequence No,确认标本、质控和校准液已放置;④按"Star"键启动标本测定。

6. 结果查询

(1) 按"Workplace"→"Data Review"键,在屏幕 Data 区域选择数据源(硬盘或备份盘)。

(2) 在屏幕左侧选择标本,屏幕右边显示该标本各测试项的第一次结果、复查结果。

(3) 按试验查看键,显示更多详细信息;按条件键,显示条件窗口;按细节键,显示细节窗口;按"Previous"或"Next"键,显示上一个或下一个标本的结果。

(四) 质量控制

1. 运行质控

(1) 按状态栏"Host Core E1"图形键,或按下 F12 键显示 System Overview。

(2) 按"Calibration and QC Select"键,显示 Calibration and QC Select 窗口。

(3) 按"Routine QC"选择所有质控类型,从 Load List 区域选择"QC Only"键,按质控液装载表装载质控液。

(4) 按"Start"键,显示 Start Condition 画面,再在此界面按"Start",启动质控运行。

2. 查看质控结果 点击"QC"→"Individual"→"Realtime QC"显示实时质控界面,按"Chart"键显示单独质控项目列表界面,可观察质控数据的趋势。

（五）日常保养与维护

1. 每日保养

（1）在进入待机状态后，系统自动运行最终保养程序。

（2）检查供水系统。

（3）清洁探针。

（4）检查废液桶。

2. 每周保养

（1）检查供水垫圈。

（2）清洁系统试剂喷嘴。

（3）更换系统试剂瓶（Procell/Cleancell）：①从 Maintenance 列表中选择倾空 PC/CC 试剂瓶的键，按“Select”键，选择模块，按“Execute”；②当 PC/CC 瓶被排空后，模块进入待机状态；③打开顶盖和孵育器上吸样针的位置，用黑色把手拉出 PC/CC 的内插入装置，更换系统试剂瓶；④安装完毕后，按“Stop”键，执行“Utility/Maintenance/Reagent Prime”程序。

（4）清洁清洗位置：①在 Maintenance 列表中点击“Manual Cleaning”，按“Select”键，选择需要清洁的模块；②按“Execute”键，探针移至清洁位置，擦拭吸样探针；③清洁完毕后，触摸 Yes 键，探针返回待机位置；④清洁孵育器、反应杯旋涡混匀器、反应杯盖子；⑤更换消耗品，关闭盖子。

3. 需要时保养

（1）清洁试剂注射器和滑道：①在待机状态，打开需要清洁的模块中间门，拉动滑道并确保槽口功能正常；②移走试剂瓶盖，移出 E170 模块；③用蘸有蒸馏水的纱布清洁滑道，然后用纱布擦干；④从模块中移走试剂架子，用蘸有蒸馏水的纱布擦拭，再用干净的纱布重新擦拭；⑤重新安装试剂架子和试剂瓶；⑥将该滑道插入瓶中，关闭 E170 的门。

（2）清洁试剂盘和试剂槽：①移走试剂盘盖，关闭试剂盒盖，移走所有的试剂盒；②拧松螺丝，从试剂仓中移走试剂盘；③擦拭试剂盘、试剂仓内外壁；④重新安装螺丝，将试剂盒装进试剂盘中，重新安装试剂盘盖子。

（六）注意事项

1. 标本

（1）可能影响测定结果的标本因素

1）内源性干扰因素：类风湿因子、补体、异嗜性抗体、自身抗体、溶菌酶、磷脂、药物小分子、总蛋白浓度等。

2）外源性干扰因素：溶血、细菌污染、标本储存时间过长、凝固不全、反复冻融、脂血等。

（2）标本保存：新鲜标本的检测结果更能准确反映机体的真实情况，建议用户在采血后 24 小时内完成检测。如 24 小时内不能进行检测，需将血清分离后于－20℃保存，同时避免反复冻融。

（3）标本采集时间和体位要求：检测项目不同对标本的采集要求也不相同，具体内容参见试剂盒说明书。例如：Cortisone 峰值在早晨 4～6 点之间；LH 和 FSH 均以阵发性方式释放，须在密切相连的时间间隔内采取数份血样本；当从卧位变为站立位时，血清中肾素活性将出现明显增高；治疗药物的检测应根据药代动力学选择服药后的最适时间抽血检测。

用于传染性病原体抗原/抗体、肿瘤标志物和特种蛋白等的检测的血清标本收集则没有时间和体位方面的影响。

2. 试剂　试剂盒应放置于2～8℃存放。试剂盒在取用过程中禁止颠倒，以避免试剂被污染。已开封试剂盒每次使用后需及时放2℃～8℃保存，应尽可能在开封后1个月内使用。

3. 仪器　定期进行仪器的维护保养以保证结果的准确性。

4. 校准　按仪器提示定期用试剂配套标准品进行校准，每更换一个批号试剂或室内质控失控时均需进行校准。

5. 质控　每天均采用试剂配套质控品进行室内质控，绘制质控图表，以衡量工作质量，保证结果准确可靠。

（七）方法学评价

免疫发光分析技术具有明显的优越性：①敏感度高，检测线性范围在6个数量级，下限值为1pmol，达到或超过RIA水平；②精密度和准确性均可与RIA相比；③试剂稳定，无毒害，无放射性辐射危害；④测定耗时短，检测仅需十几分钟；⑤测定项目多，应用范围宽；⑥稳定性好，自动化程度高。

（八）临床应用

免疫发光分析技术广泛应用于各种激素、肿瘤标志物、药物及其他微量生物活性物质测定。

1. 甲状腺激素　T_3、T_4、TSH、FT_4、FT_3、甲状腺球蛋白抗体等。

2. 生殖激素　绒毛膜促性腺激素、催乳素、促卵泡激素、促黄体激素、孕酮、雌二醇、非结合雌三醇、甲胎蛋白、睾酮等。

3. 垂体激素和皮质激素　皮质醇、生长激素、甲状旁腺素、促肾上腺皮质激素。

4. 贫血因子　维生素B_{12}、叶酸、铁蛋白等。

5. 肿瘤标记物　AFP、CEA、PSA、游离PSA、CA19-9、CA125、CA15-3等。

6. 感染性疾病　衣原体抗体、支原体抗体、弓形虫抗体、风疹病毒抗体、巨细胞病毒抗体等。

7. 糖尿病　胰岛素、C-肽等

8. 心血管标记物　肌酸激酶、肌酸激酶同工酶、肌红蛋白、肌钙蛋白等。

9. 病毒标记物　抗-HIV Ⅰ/Ⅱ、HBsAg、抗-HBs、抗-HBc、HBeAg、抗-HBe、HCV等。

10. 骨代谢　骨胶原酶、脱氧吡啶啉等。

11. 过敏性疾病　总IgE、特异性IgE等。

12. 治疗药物监测　茶碱、地高辛、环孢素、巴比妥等。

【思考题】

(1) 比较化学发光免疫分析、化学发光酶免疫分析和电化学发光免疫测定原理、结果的异同？

(2) 免疫发光分析技术有什么优点？

五、流式细胞分析系统

流式细胞术是20世纪70年代发展起来的高科学技术，它集计算机技术、激光技术、流体力学、细胞化学、细胞免疫学于一体，同时具有分析和分选细胞功能。它不仅可测量细胞大小、内部颗粒的性状，还可检测细胞表面和细胞质抗原、细胞内DNA、RNA含量等，广泛应用于血液学、免疫学、肿瘤学、药物学、分子生物学等学科。

图 15-6　流式细胞仪

流式细胞仪以激光作为激发光源，根据待测细胞的生物学特性或细胞生化成分，选择特定荧光染料或与荧光染料偶联的单克隆抗体标记细胞，利用显微荧光光度测定技术、光电技术以及计算机测定流动相中单个细胞受激后的光信号来分析细胞的物理、生化、免疫、分子等多种特性。现以美国BECKMAN COULTER EPICS XL流式细胞仪为例进行介绍(图15-6)。

(一) 仪器简介

COULTER EPICS XL流式细胞仪具有进行四色流式细胞术分析的功能，它结合科研型细胞仪的高度分析功能和坚固耐用的临床型分析仪可进行大量样品的诊断分析的设计特点。EPICS XL系统为封闭系统，能防止生物危害；具备最新技术成果(state-of-the-art)的数码信息处理功能，可保证可靠的线性和无漂移的信息放大及颜色补偿作用，从而使该系统得以选择可靠的荧光强度和进行多位点研究；在颜色补偿计算过程中采用了完整的四路补偿矩阵。

(二) 标本处理

1. 单细胞标本的制备　可用于流式分析的样本种类很多，包括外周血、骨髓穿刺液、骨髓活检物、组织活检物、浆膜腔积液、脑脊液、皮肤、黏膜(内镜活检物)、细针穿刺物等，将以上所需检测细胞制成单细胞悬液(注：外周血标本可采用EDTA、ACD或肝素抗凝)。

2. 样品的荧光染色　免疫荧光染色法有直接法和间接法，将经特异荧光染色的单细胞悬液放入样品管，即可上机检测。

3. 样品的保存　样本应在采集后立刻进行处理和染色，在室温(18～22℃)可短期保存(约2小时)。免疫荧光染色后，标本不固定可以在4℃避光情况下保存24小时，如需保存更长时间则需要固定保存，常用的固定剂为1%～4%多聚甲醛缓冲液，固定时间可达到2～3周。

(三) 操作流程

(1) 开机之前，分别将鞘液盒及清洁液盒分别加满鞘液和清洁液，废液桶倒净。

(2) 打开稳压电源，如仪器已连接在整体稳压电源上，无需操作此步。

(3) 开启计算机，仪器自动进入程序，启动流式细胞仪。

(4) 打开电源箱门，检查 WATER TRAP(水陷阱)、AIRFILTER(空气过滤器)、VACUUM FILTER(真空泵过滤器)。

(5) 预热 30 分钟，仪器提示插入标本管。

(6) 按“Protocol”选择需要的程序，进行光路与流路检测。

(7) 在 QC-保养程序中记录。

(四) 质量控制

1. 单细胞悬液制备的质量控制　采用适当的制备方法，保证是单细胞悬液。

2. 细胞悬液免疫荧光染色的质量控制　注意温度、pH、荧光染料浓度、固定剂对荧光染色的影响。

3. 仪器操作技术的质量控制

(1) 光路与流路校正：对仪器的校准主要是利用标准微球进行监测。

(2) PMT 校准：为保证样品检测时流式细胞仪处于最佳状态，采用质控品进行 PMT 校准，以便仪器检测灵敏度不会因 PMT 的放大功率降低而改变。

(3) 绝对计数的校准：在进经行免疫学检测时，常需对测定细胞进行绝对计数，为保证仪器在计数时的准确性，需采用绝对计数品建立绝对计数标准。

4. 免疫检测的质量控制　检验人员每天将质控物随机插入病人标本中进行检验项目的测定。流式细胞仪带有全程质控软件，使日常仪器性能的质控以及质量控制评估都可自动完成。

(五) 日常保养与维护

1. 日常清洗程序　将漂白水与双蒸水 1∶1 稀释，在 Acquisition 状态栏下选择“Cleaning Panel”，按照提示，分别将装有稀释的漂白液和双蒸水的试管依次放入样本台，上机。

2. 真空管清洗程序　按主机上的“RUN”键，使其处于闪烁状态。将真空管洗器内加满双蒸水，放在样本台上，如此反复 3 次。按下主机的“CLEANSE”键，进行清洗循环，结束后整个管道内充满清洁液。

(六) 注意事项

(1) 流式细胞术在免疫学中有着广泛的应用，其免疫荧光染色的标本制备非常重要，常常由于标本的制备过程中出现人为非特异性荧光干扰或细胞浓度低等影响检测结果。

1) 细胞悬液的影响：确保标本上机检测前的浓度为 1×10^6/ml，细胞浓度过低直接影响检测结果。荧光抗体染色后充分洗涤，注意混匀和离心速度，减少重叠细胞和细胞碎片。

2) 固定剂的影响：免疫荧光染色样本一般在染色上机检测时不需要固定，当染色后不能及时上机检测时则需进行固定。固定方法要求应对细胞的体积大小、细胞内分子结构特异性抗体生物学特性及对荧光强度均无较大影响。

3) 温度对荧光染色的影响：通常情况下，环境温度升高会使溶液的黏滞性增加，荧光淬灭的可能性增大。所以应注意在冷环境下操作染色，或加入叠氮钠，保证细胞免疫荧光定量分析精确和稳定。

4) pH 对荧光发射强度的影响：不同染料对工作环境的 pH 要求各不相同，如 FITC 对 pH 特别敏感，当 pH 低于 8 时，其荧光强度显著下降。

5）荧光染料浓度的控制：合适的荧光染料浓度对于荧光定量检测是保证被检样品的最佳信号产生非常重要的技术指标。

6）判定结果时，应注意减去本底荧光，为使免疫荧光的定量分析更准确，应用计算机程序软件，用拟合曲线方法从实验组的曲线峰值中减去对照组的曲线峰值，可以得到更准确的免疫荧光定量结果。

7）细胞染色操作尽可能避光，以免荧光衰减。

（2）流式细胞仪在整个工作过程中处于最佳状态，能保证定量检测的准确性和检测精度。

1）使用标准样品调整仪器的变异系数在最小范围，分辨率在最好状态，能避免在测量过程中仪器条件的变化引起的检测误差。

2）保证激光光源稳定：要求激发光束的功率高、稳定性好、光场分布一致。

3）保证细胞流速稳定：流速稳定，每个细胞通过测量区受光照时间要一致。

4）进行 PMT 校准、绝对计数的校准。

（3）质量控制：检验人员每天将质控物随机插入病人标本中进行检验项目的测定。

（七）方法学评价

流式细胞仪是一种测量细胞荧光信号的精密仪器，能在保持细胞不被破坏的状态下，通过荧光探针的协助，从分子水平上获取多种信号对细胞进行定量分析或纯化分选，具备高通量、高灵敏度、高精确度定量及多通道测量等特点，其高速细胞分选的纯度更可达 99%以上。

（八）临床应用

流式细胞仪是集单克隆抗体、荧光化学、激光、计算机等高技术发展起来的一种先进仪器，已广泛应用于免疫学、生物化学、生物学、肿瘤学以及血液学等方面的研究和临床常规工作。

1. 细胞生物学　细胞凋亡研究；细胞周期分析；细胞核型分析。

2. 肿瘤学　癌前病变诊断（测量 DNA 含量的改变有助于作出早期诊断）；肿瘤细胞学诊断。此外，对肿瘤预后预测及评价肿瘤化疗疗效也有较大意义。

3. 免疫学　免疫功能研究（包括细胞介导细胞毒测定、吞噬功能实验、其他免疫指标的检测等）；用于细胞表面标记及抗原决定簇的研究；细胞抗原表达的研究；免疫缺陷病如艾滋病的诊断；器官移植后的免疫学监测等。

4. 血液学　血细胞学研究；血小板病的研究。

5. 药学　检测药物在细胞中的分布，研究药的作用机制；亦可用于筛选新药，如化疗药物对肿瘤的凋亡机制，可通过测 DNA 凋亡峰、Bcl-2 凋亡调节蛋白等。

【思考题】

（1）流式细胞仪的基本原理是什么？

（2）如何校正流式细胞仪的光路？

（3）样品荧光染色有哪些方法？

（王　慧）

实验四十四 常见免疫检验试剂盒简介

免疫诊断试剂是运用特异性免疫反应的原理，对样本中标志性的抗原或抗体进行测定的一种体外诊断试剂。将免疫诊断试剂经严格的质量控制，标准化和规范化后成套批量生产即免疫诊断试剂盒。免疫诊断试剂盒在临床应用广泛，可检测病原体相关抗原和抗体、肿瘤标记物、特定蛋白、自身抗体、激素等多种物质。

一、肝炎病毒血清学标志物检测

临床开展了甲、乙、丙、丁、戊等多种肝炎病毒的血清标志物检测。常用酶联免疫吸附法(ELISA)、放免法、胶体金法、化学发光法、时间分辨免疫荧光法等，其中以 ELISA 法最为常用。

以丙型抗体(抗 HCV-IgG)ELISA 检测试剂盒为例，试剂盒包括微孔板条、HRP 标记抗人 IgG、阴阳对照、浓缩洗涤液、底物 A 液、底物 B 液、终止液等。该试剂盒利用包被在酶标板上重组或合成的丙肝病毒多肽(如 C22、C33、NS5 等蛋白)，采用间接 ELISA 法检测标本中的抗 HCV。该试剂盒敏感性高，特异性较强，适用于高危人群筛查，也可用于 HCV 感染者的初筛。

二、其他病毒血清学标志物检测

除肝炎病毒外，其他病毒如人类免疫缺陷病毒、风疹病毒、巨细胞病毒(CMV)、单纯疱疹病毒 1 型和 2 型、EB 病毒等相关抗原、抗体检测均在临床常规开展。常用 ELISA、胶体金法、免疫荧光法、免疫印迹法检测。

以 CMV IgM ELISA 检测试剂盒为例，该试剂盒由抗人 IgM μ 链微孔板条、阴阳对照、浓缩洗涤液、CMV 抗原-酶结合物、类风湿因子吸附剂、底物 A 液、底物 B 液、终止液等组分构成。采用捕获法定性或定量测定人血清、脑脊液或血浆中的抗巨细胞病毒 IgM，可用于判断 CMV 近期感染和活动性感染期。

三、病原微生物血清学检测

临床开展了多种病原微生物相关抗原或抗体的检测，如梅毒螺旋体抗体、伤寒、副伤寒、肺炎支原体、沙眼衣原体、结核杆菌等。常用 ELISA、凝集法和免疫荧光法测定。

以梅毒甲苯胺红不加热血清试验(TRUST)诊断试剂盒为例。该试剂盒包括甲苯胺红抗原悬液、专用环状卡片、阴性对照、阳性对照等。甲苯胺红抗原悬液采用纯化的心磷脂、卵磷脂、胆固醇配制的 VDRL 抗原重悬于含甲苯胺红的特制溶液中制成。当待测样本中存在反应素时，即与其发生凝集反应，出现肉眼可见的粉红色凝块，反之则无凝块出现。本试剂可用于献血员的筛选及梅毒病人的辅助诊断。本法仅为初筛试验，阴性结果不能排除梅毒感染，阳性样本必须行确证试验。

四、免疫球蛋白、补体及其他特定蛋白测定

免疫球蛋白及亚类、补体 C3 和 C4、C-反应蛋白(CRP)、抗链球溶血素 O、类风湿因子、

前白蛋白、白蛋白、微量白蛋白、$β_2$ 微球蛋白等蛋白测定均常规开展。常用免疫比浊法、ELISA 法测定。

以 CRP(速率散射比浊法)测定试剂盒为例,该试剂盒主要包括缓冲液、抗 CRP 血清试剂、CRP 标准品等。可用于多种自动化检测仪,操作简便,能快速、准确地测量样品中 CRP 含量。

五、肿瘤标志物的检测

临床常用的肿瘤标志物主要有甲胎蛋白、癌胚抗原(CEA)、前列腺特异抗原、CA19-9、CA125、CA15-3、鳞状上皮细胞癌抗原、神经元特异性烯醇化酶等。常用化学发光法、ELISA 和放免法检测。

以微粒子化学发光法检测 CEA 试剂盒为例。该试剂盒由 CEA 标准品、包被大鼠抗人 CEA 抗体的磁性微粒、ALP 标记的大鼠抗人 CEA 第二位点单抗、Lumi-phos530、缓冲液、CEA 质控品等成分组成。该试剂盒检测灵敏度高、精密度好、准确性高、无放射性污染、检测线性范围宽。

六、自身免疫性疾病诊断检测

自身免疫性疾病病人血循环中常出现针对自身组织器官、细胞及细胞内成分的抗体,称为自身抗体。临床开展检测的自身抗体有多种:抗核抗体(ANA)、抗双链 DNA 抗体、抗 ENA 抗体、抗组蛋白抗体、抗核小体抗体、抗线粒体抗体、抗中性粒细胞胞质抗体、类风湿因子、抗环瓜氨酸肽抗体、抗甲状腺球蛋白抗体等。常用间接免疫荧光法(IIF)、ELISA 和免疫印迹法测定。

以 ANA 检测试剂盒为例,其由加样板、细胞片、荧光素标记的抗人 IgG、阴性对照、阳性对照、PBS-吐温缓冲液和封片介质等组成。该试剂盒以 HEp-2 细胞为抗原,采用 IIF 检测,在与病人待测血清反应后,加入荧光素标记的兔抗人 IgG 抗体,最终在荧光显微镜下观察结果。ANA 阳性常见于自身免疫性疾病病人的血清中,可作为自身免疫性疾病的筛选试验。

七、激素及药物浓度检测

临床常规开展的激素测定项目有 T_3、T_4、促甲状腺激素(TSH)、皮质醇、卵泡刺激素、黄体生成素等。临床常进行浓度测定的药物有免疫抑制剂(环孢素、FK506)、抗癫痫药物(卡马西平、丙戊酸)、强心苷类药(地高辛)、抗肿瘤药物(甲氨蝶呤)。常用化学发光法、ELISA、放免法检测。

以 ACS 发光仪定量检测 TSH 为例。其配套试剂盒由 TSH 标准品、包被大鼠抗人 TSH 抗体的磁性微粒、吖啶酯标记的抗人 TSH 多克隆抗体、缓冲液、TSH 质控品等成分组成。ACS 发光仪测定血清 TSH 灵敏度高,线性范围广,结果准确、快速,对于甲亢、甲低的及早发现与治疗起着非常重要的作用,且无放射源的污染,但剂盒成本较高,需特殊仪器,只适合在有条件的医院开展。

(唐晓华)

第四篇　创新性实验

大学生创新性实验是高等院校本科教学"质量工程"的重要组成部分，创新性实验项目的实施，旨在探索并建立以问题和课题为核心的教学模式，倡导以学生为主体的创新性实验改革，调动学生的主动性、积极性和创造性，激发学生的创新思维和创新意识，全面提升学生的创新实验能力。

创新性实验是在完成基础性实验和综合性实验的基础上进行的，与一般性传统实验相比有本质的区别。创新性实验从提出问题开始，到设计、实施、解决问题为止，学生始终处于独立思考、积极探索的学习情景中；同时，创新性实验也不像学科竞赛那样重成绩、重成果，关键是培养学生对科学研究或者创造发明的兴趣，使学生在兴趣驱动下参与实验过程，掌握思考问题、解决问题的能力，具备创新思维、创新意识和创新能力。

第十六章　实验选题、设计、实施与总结

创新性实验过程与科学研究过程相一致，整个过程包括实验选题、设计、实施和总结，全过程都由学生自主完成，教师只给予适当的指导。本章重点介绍创新性实验选题、设计、实施和总结的一般原则和基本过程。

一、创新性实验的选题

科研选题是指经过选择来确定所要研究的中心问题。选择和确定研究课题是进行科学研究的第一步，是关键性的一步。选题在一定程度上决定了科学研究应采取的方法与途径，也决定了研究成果的大小，能否确定一个有创见、有意义的问题也是争取科研立项及获得项目资助的关键。因此，选题在研究工作中具有重要的战略地位，必须认真对待。创新性实验是科学研究的初级形式，与科研选题基本一致。

（一）创新性实验选题应遵循的原则

1. 创新性　创新性是指学术思想的创新，指在国际、国内或某地区范围内没有人做过，而又具有使用价值和理论意义的科研问题。创新是科研的灵魂，是科学发展的动力。科研创新主要表现在三个方面，一是概念和理论上的创新，二是方法上的创新，三是应用上的创新。

2. 科学性　选题的理论依据、设计的原则、实施的方法与技术路线都必须以一定的科学理论和事实材料为依据，并以此为基础，借助文献资料和个人的经验体会，经过归纳、演绎、类比、分析、推理等科学思维而形成科学假说。为保证选题的科学性必须做到：①选题要以辩证唯物主义为指导思想，与客观规律相一致；②以事实为依据，从实际出发、实事求

是；③正确处理继承与发展的关系，选题不能与已经确认的基本规律和理论相矛盾；④要充分反映出研究者研究思路的清晰度和深刻性。

3. 实用性 实用性是指选题应从实际出发，满足实际需求、社会需要和社会发展的要求。不论是侧重于解决理论问题还是实践问题，科学研究最终都将应用于生产领域，因此必须选择有理论意义和实用价值的研究课题。

4. 可行性 科研工作是认识世界、改造世界的一种探索性创造性活动，总要受到一定条件限制。如果选题不具备可以完成的主客观条件，再好的选题也只能是一种愿望，因此可行性原则是决定选题能否成功的关键。选题，必须考虑将要遇到的困难，如理论方面、技术方面、设备方面、资料方面的等困难，应当均有解决这些困难的可能性。

大学生创新性实验选题主要由学生自主选择，因此，除遵循以上基本原则以外，创新性实验选题还应注意以下几个方面。

(1) 创新项目的选题要贴近学生的需要。选题在遵循创新性原则的同时，不要过分苛求创新，要将重点放在培养学生对科学研究或者创造发明的兴趣上。在校大学生绝大多数都具有一定的创新意识，但由于其自身知识积累以及认识能力等方面的局限，往往很难把握本学科最新发展的前沿动态和相关学科知识的横向关系，由此使选题的创新性、方案设计的合理性都受到了一定的限制，若盲目确定选题和方案，则很难在项目研究过程中使学生的知识水平和创新能力真正得到提高。

(2) 选题要重视创新技能的培养。通常愿意参与创新项目的学生多数都具有创新意识和敏捷的思维，但缺少必备的创新技能。只有通过参与一些科技创新活动，参与社会实践，进行实地研究与调查，开展实实在在的工作，才有可能提高创新能力。创新实验的选题要引导学生脚踏实地从具体工作做起，使他们在经历创新项目的实践中提高各种技能。

(3) 选题要与培养大学生团结协助精神相结合。大学校园浓厚的科研氛围，有助于创新人才的培养。创新人格与创新思维的形成，有赖于学术氛围的长期熏陶。和谐、安全的精神环境，是创新素质成长不可缺少的土壤与气候。只有在和谐的氛围当中，才会有人格的自由与舒展，才会有思维的活跃与激荡，进而才有创新潜能的迸发。

（二）临床免疫学检验科研选题的类型

科研课题的类型包括基础研究、应用基础研究、应用研究和开发研究，临床免疫学检验的选题主要定位于应用基础研究以及应用与开发研究范围内，具体选题类型包括以下几个方面。

1. 实验研究 介于基础医学与临床应用研究之间的课题。如人 B7-H4 基因克隆表达及其产物对 T 细胞增殖的影响。

2. 新技术 自行研发或从其他领域移植来的新技术。如免疫 PCR 在感染性疾病诊断中的应用。

3. 新观点 对现有理论的补充修正。如慢性乙肝病人血中 HBsAg、抗-HBs 共存与“a”决定簇变异有关。

4. 经验体会 对常规检验中存在问题的思考与分析。如 HB sAg 检测结果弱反应的分析与处置。

5. 调查研究 有助于指导医学实践的调查研究。如广州地区健康居民血清抗 SARS 病毒抗体水平的调查分析。

6. 临床应用总结 某种新技术、新试剂、新仪器临床应用总结和评价。如糖尿病肾病病人血清炎性细胞因子水平的变化及其临床意义。

7. 资料分析 通过对文献资料的回顾总结提出指导性意见。如溶血性输血反应不规则抗体的20年国内文献分析。

（三）创新性实验选题的基本过程

1. 提出问题 所谓科学研究，就是对人类未知的问题作出解答。科学研究始于问题，发现并提出有意义的问题是科学研究的起点。研究问题往往是根据自己掌握的知识和经验提出的。虽然科学研究问题的提出与研究问题的水平与研究者的学术水平及研究基础密切相关，但在校大学生创新意识较强，应该勇于提出自己的设想。

2. 文献调研 通过查阅中外文期刊和书籍，检索工具以及互联网获取大量相关信息和资料，并根据文献资料进一步修订完善初步设想。

3. 确定选题 对从文献资料中获得的信息和知识进行分析、整理，构思课题研究的思路，确定课题的名称。

通过上述三个步骤基本上能形成科研选题，但是在后续的课题设计过程中要不断地对所选课题进行修正，使研究课题不断完善。

二、创新性实验项目申请书的撰写

创新性实验项目申请书的撰写与科研课题申请书一样，其内容包括以下方面。

1. 题目 也叫课题名称，即对科研选题做一个准确的命名。题目应该反映研究的目标、内容和特点，做到言简意赅、主题明确、准确涵盖，切忌大项目带小帽，小项目带大帽。

2. 研究背景与立项依据 这部分内容反映申请者对本课题国内、外发展动向的熟悉程度及学术思路是否宽广，通常包括以下内容。

（1）本课题研究背景和现状：包括过去研究情况，已解决的问题以及有何新技术、新方法，国内、外达到的研究水平。

（2）国内、外动向与发展趋势及立题的科学依据：阐明和分析课题的动向和发展趋势，找出该领域中尚未解决的问题或空白点，作为立题的科学依据。

（3）课题研究的内容和重要意义：提出本研究拟解决的问题，阐述研究的重要意义。

3. 研究目标或研究内容 明确研究目标，即具体要解决什么问题，根据研究目标确定研究内容（即具体任务），要求研究内容和研究目标相一致，即完成研究内容能达到研究目标。

4. 研究方案和技术路线 包括研究工作的总体安排、理论分析、计算、实验方法和步骤及工艺流程，试验规模和质量控制。具体包括以下内容。

（1）研究工作的总体安排及设计方案：概括该课题的整个安排及各阶段的关键所在。在执行措施中可能遇到的问题及采取解决的技术措施。

（2）明确研究对象及检测指标：研究对象要说明标本来源（人、动物或培养的细胞）、样本数量及选择标准，分组的方法以及如何保持基线的一致性。选择效应（检验）指标，应与课题密切相关，具有较好的敏感性、特异性，结果确实可信。

（3）确定技术路线与实验方法：技术路线指为执行研究方案所采取的研究方法和手段，

应详细写明具体的方法和操作步骤，包括重要的仪器和试剂。技术路线要求周密、完善、科学、可行。

(4) 质量控制：防止偏倚及系统误差的措施。

5. 可行性分析 阐述研究方案和技术手段是否可行；说明实验设备、试剂器材、实验动物或标本来源是否有保障。

6. 研究进度与预期结果 制定研究进度计划，按照计划可能得到什么结果和结论。

7. 经费预算 包括实验材料、动物、加工、测试及小型仪器等具体预算。

8. 项目组成员与分工 列出研究小组成员名单和分工情况。

以上是各种课题设计的基本步骤，不同课题涉及的方法技术、关键问题各不相同。要写好课题申请书只有通过不断实践才能达到要求。创新性实验申请书的撰写是对学生科研能力培养的一种很好的形式，通过申请书的撰写能培养学生的科研思维和创新意识。为便于学生理解创新实验书写的各个环节，本章最后列举一申请书范例供参考。

三、创新性实验的组织和实施

大学生创新性实验强调以学生为主体，以教师为指导，充分发挥学生在选题、研究、管理等方面的自主性，但是由于学生受到自身各方面因素的影响，还需要高水平的教师给予指导。创新性实验的组织和实施的过程一般包括以下几个环节。

1. 科研基本知识和创新性实验讲座 在创新性实验开展之前应该组织学生以讲座的形式进行科研基本知识的学习，同时向学生介绍创新性实验的基本过程，向学生介绍如何进行选题、如何设计实验、怎样填写申请书、如何做好开题报告等。然后介绍相关研究领域的研究状况或参考性选题，以及实验室能提供的条件。最后安排学生进行实验分组和实验进度。

2. 撰写项目申请书 学生以课题小组为单位，在指导老师指导下进行科研选题，并完成创新性实验申请书的撰写，申请书经指导老师修改定稿后，制作电子幻灯片，准备开题。

3. 课题评审和立项 课题评审可采用书面评审和答辩相结合的形式进行，可将课题申请书请3～5位教学经验丰富、科研能力较强的教师评审，根据初评结果择优确定参与答辩的项目。答辩中课题汇报人员介绍立题依据、研究目标、研究内容和具体实施计划，并回答与会人员提出的问题，认真听取提出的意见和建议。项目组织者根据评审结果确定立项课题。

4. 提交正式实验申请书 研究小组根据评审老师和答辩中提出的意见和建议进一步修改项目申请书，在指导老师的指导下进一步修改实验方案，并将完整的申请书提交项目组织机构。

5. 实验的实施 实验在指导老师的指导下和实验室技术人员的协助下进行，实验过程中必须注意以下几个方面。

(1) 周密的实验计划和安排：制订实验进度的时间表，做到心中有数，合理安排实验程序，提高工作效率。

(2) 充分的实验准备：实验组成员分工合作，准备好实验对象、药品试剂、仪器设备、器材等。

(3) 详细的实验记录：对实验结果做详细记录，包括技术条件与参数、各种数据和结果，对图像、照片要保存完好，实验记录不得任意涂改，并有指导教师签名。

四、实验结果的总结

创新性实验完成后应该对实验结果做全面的总结，形成书面报告。创新性实验研究成果主要形式包括论文、设计说明书、专利等，但以研究论文多见。研究论文格式可参考国内相关期刊的征文要求，内容主要包括以下各部分。

1. 文题　是论文的高度概括，点睛之笔。揭示论文的主题，简短、扼要、鲜明。

2. 作者与单位署名　署名包括作者和作者所在单位，署名者是参与课题研究与论文撰写者，应能回答读者质疑和承担学术责任。作者排名顺序按贡献大小排列。

3. 摘要　对论文内容做简单介绍，一般在200～300字。国内期刊的摘要大多包括目的、方法、结果和结论。目的说明为什么研究、达到何目的。方法包括分组、所用材料和技术、数据的统计分析方法。结果列出研究结果与数据，本项研究的新发现、新贡献，主要局限。结论主要为研究结果的理论意义与实用价值。

4. 前言　简单介绍本论文相关领域的国内外研究概括、立题依据、研究思路、研究目的和意义、拟采用的研究方法。

5. 材料与方法　列出研究对象(包括各种对照)，有直接关系的试剂与仪器(包括PCR用的引物序列与设计依据)，方法的原理与主要操作，对方法可靠性的考核以及统计学分析方法。

6. 结果　方法建立与考核的结果；实验(临床)研究结果；对结果的统计学分析。可用图表表示，但勿与文字说明重复。

7. 讨论　对研究结果评价(包括不足)；与他人研究的比较，指出本研究的创新与贡献；对研究结果的理论和实用意义进行分析。同时要客观分析存在的问题和不足，提出有待解决的问题和进一步研究的方向。

8. 参考文献　列出与本研究相关的、必要的参考文献。

9. 致谢　对在课题研究和论文写作过程中给予过指导和帮助的人致谢。

(徐军发)

第十七章 创新性实验选题参考

为了便于同学们学习，以下提供一些选题参考。这些选题参考只是一个较局限的研究方向，没有固定的设计模式。同学们可以根据研究背景和设计提示查找相关文献，再结合实验室的条件在指导老师的指导下进行实验设计。

一、免疫 PCR 在感染性疾病诊断中的应用

【研究背景】

免疫 PCR(immuno-polymerase chain reaction，IM-PCR)是 1992 年 Sano 建立的一种检测微量抗原的高灵敏度技术。该技术把抗原抗体反应的高特异性和聚合酶链反应的高敏感性有机结合起来，其本质是一种以 PCR 扩增一段 DNA 报告分子代替酶反应来放大抗原抗体结合率的一种改良型 ELISA。它的基本原理是用一段已知 DNA 分子标记抗体作为探针，用此探针与待测抗原反应，PCR 扩增黏附在抗原抗体复合物上的这段 DNA 分子，电泳定性，根据特异性 PCR 产物的有无，来判断待测抗原是否存在。免疫 PCR 是迄今最敏感的一种抗原检测方法，理论上可以检测单个抗原分子，但实践中它的敏感性受许多因素的影响，如连接分子、显示系统的选择、DNA 报告分子的浓度、PCR 循环次数等。据国内外报道的免疫 PCR 的敏感性一般比现行的 ELISA 法高 10^2～10^8 倍。由于 PCR 产物在抗原量未达到饱和前与抗原抗体复合物的量成正比，因此 IM-PCR 还可用于抗原的半定量试验。最近，也有采用 IM-PCR 技术检测抗体的报道。目前，IM-PCR 主要用于检测肿瘤标志物、细胞因子、神经内分泌活性多肽、病毒抗原、细菌、酶、支原体、衣原体等微量抗原。

某些病原体感染后，其抗原(如 HIV-p24 抗原)在体内含量极低或者诱导机体产生抗体的水平极低(如梅毒螺旋体抗体)，难以用 ELISA 等免疫学技术检测到，因此研究 IM-PCR 技术在感染性疾病诊断中的应用，对提高感染性疾病的诊断率具有重要意义。

【设计提示】

(1) 选择一到两种病原微生物，确定检测的是抗体还是抗原。

(2) 免疫 PCR 有不同方法类型，选择合适的检查方法是技术的关键。

(3) 设计中一定要考虑检测的质量控制。

(4) 选择一种目前公认较好的检测方法作为对照。

(5) 注意设立阴性、阳性对照。

【实验目的和要求】

(1) 通过查阅文献，做出正确的实验设计，撰写详细的创新性实验申请书。

(2) 通过实验将解决如下问题

1) IM-PCR 对在所选病原微生物的临床诊断中的应用价值。

2) IM-PCR 与目前公认较好的检测方法相比较具有优越性。

(3) 根据实验结果总结出实验研究报告或科研论文。

二、糖尿病肾病病人血清炎症细胞因子水平的变化及其临床意义

【研究背景】

糖尿病肾病(diabetic nephropathy，DN)是糖尿病严重的微血管并发症之一，DN 的发生发展是多因素综合作用的结果，其中糖代谢紊乱、肾血流动力学的改变、细胞因子以及遗传背景等均起非常重要的作用。既往研究主要集中在血糖、血脂代谢紊乱和血流动力学异常等方面，近来越来越多的实验与临床研究表明炎症是糖尿病肾病发生与持续进展的关键因素。因此，检测糖尿病肾病病人血清炎症细胞因子水平的变化不仅对探讨炎症反应与糖尿病肾病的关系有重要意义，而且也可为糖尿病肾病的抗炎症治疗提供观察指标。

【设计提示】

(1) 选择什么方法、检测哪几种炎症细胞因子。

(2) 要确定纳入研究对象，需要考虑病人的严重程度、治疗状况等。

(3) 收集全面的临床资料和实验室常规检查资料。

(4) 设立合适的对照组。

(5) 血液样本采集的时间及注意事项，确定各组的样本数。

(6) 采用什么样的统计分析方法。

【实验目的和要求】

(1) 通过查阅文献，做出正确的实验设计，撰写详细的创新性实验申请书。

(2) 通过实验将解决如下问题

1) 糖尿病肾病病人炎症细胞因子水平与正常对照组是否有差别，与病人病情、治疗状况是否相关，与糖尿病肾病常规实验室检查指标的相关性。

2) 初步掌握新的检查指标在某种疾病辅助诊断、疗效观察中的意义及同类研究课题的实验设计要点。

(3) 根据实验结果总结出实验研究报告或科研论文。

三、中药抗同种移植排斥反应的实验研究

【研究背景】

近年来，器官移植技术取得了突破性的进展，而术后的免疫排斥反应已成为阻碍该项技术开展的主要因素。移植排斥反应的主要机制为细胞免疫，同时也有体液因素的参与。目前应用于抗排斥反应的药物主要为环孢素 A(CysA)、FK506，同时配合硫唑嘌呤、糖皮质激素治疗。这些药物毒副作用大，长期应用往往诱发感染、肿瘤等，同时对肝脏、肾脏造成损害。而且这些药物价格昂贵，病人往往难以承受。在传统中药中寻找有效、低毒副作用的免疫抑制剂成为当今医学界关注的课题。目前，具有不同程度免疫抑制作用的多种中草药正逐渐被人们发现和研究。如已经发现雷公藤、冬虫夏草、苏木、青风藤等在抗移植排斥反应的实验和临床研究中都有较好的效果。

【设计提示】

(1) 选择哪一种中药及其剂型。

(2) 采用什么样的器官移植动物模型。

(3) 怎样设立对照组。

(4) 选择哪些观察指标。

(5) 选择合适的统计学处理方法。

【实验目的和要求】

(1) 通过查阅文献,做出正确的实验设计,撰写详细的创新性实验申请书。

(2) 通过实验将解决如下问题

1) 所选中药是否可以延长同种器官移植物存活?

2) 所选中药抑制同种移植排斥反应的初步机制是什么?

(3) 根据实验结果总结出实验研究报告或科研论文。

四、海藻多糖对巨噬细胞功能的影响

【研究背景】

海藻多糖(seaweed polysaccharide)是一类重要的海洋天然产物,属于植物多糖中的一种,特指海藻中所含的各种高分子糖类,化学结构极其复杂,一般为水溶性,是一种天然活性物质,具有许多药用活性。研究表明,海藻多糖能促进小鼠 T 细胞增殖反应,对细胞免疫具有免疫调节作用,还具有抗肿瘤、抗突变、诱导细胞分化、抗病毒等多种功效。随着海藻的广泛应用以及对海藻多糖认识的深入,人们对海藻多糖生物活性的研究越来越重视,从而使多糖成为目前生命科学中研究最活跃的领域之一。深入研究海藻多糖的免疫调节功能对海洋药物的综合开发利用具有重要意义。

【设计提示】

(1) 选择哪一种海藻多糖。

(2) 建立培养巨噬细胞的方法,包括传代和原代细胞。

(3) 选择哪些检测巨噬细胞功能的指标。

(4) 考虑多糖对巨噬细胞的作用条件,包括作用时间、剂量等。

(5) 怎样进行实验分组。

(6) 设立阴性对照组和阳性对照组。

【实验目的和要求】

(1) 通过查阅文献,做出正确的实验设计,撰写详细的创新性实验申请书。

(2) 通过实验将解决如下问题

1) 所选海藻多糖是否具有免疫调节作用?

2) 对巨噬细胞的哪些功能有影响?

(3) 根据实验结果总结出实验研究报告或科研论文。

五、人 α-防御素基因在中国仓鼠卵巢细胞中的稳定表达、纯化及活性的研究

【研究背景】

α-防御素是由 29～36 个氨基酸组成的短肽,主要分布于人、大鼠、豚鼠、兔、猕猴的中性

粒细胞和人、小鼠的小肠潘氏细胞内。在人的中性粒细胞中发现 4 种 α-防御素，即 HNP-1 (human neutrophil peptide-1)、HNP-2、HNP-3、HNP-4，它们存在于中性粒细胞的胞质颗粒内。体外抑菌试验表明，其能对革兰阳性和阴性细菌、真菌、分枝杆菌、螺旋体、披膜病毒等病原微生物产生较强的杀伤作用，甚至对支原体、衣原体、螺旋体以及一些恶性细胞（如肿瘤细胞）和艾滋病病毒也具有杀伤作用。目前，对于哺乳动物防御素的生物活性、基因结构及抗微生物活性的研究已取得许多进展，进一步深入研究防御素的合成途径、生物学活性，开发出无毒、高效抗病原微生物防御素类新药或免疫调节剂将是防御素研究领域的发展趋势。

天然提取防御素工艺复杂、成本昂贵，并且资源有限；化学合成抗菌肽也存在成本高，大批量生产困难的弱点；通过基因工程技术，在原核生物中表达抗菌肽基因，则因获得的产物二级结构与天然活性抗菌肽存在差异而无功能，或是由于宿主微生物的自杀而不能获得相应产物。因此怎样获得大量的、高活性防御素对防御素的开发利用具有重要意义。

【设计提示】

(1) 选择什么样的真核表达系统。

(2) 选择什么细胞克隆 α-防御素基因。

(3) 怎样筛选稳定表达细胞株。

(4) 选择什么方法纯化 α-防御素。

(5) 怎样鉴定纯化的 α-防御素的抗菌活性和免疫调节功能。

【实验目的和要求】

(1) 通过查阅文献，做出正确的实验设计，撰写详细的创新性实验申请书。

(2) 通过实验将解决如下问题

1) 什么样的真核表达系统更有利于 α-防御素在中国仓鼠卵巢(Chinese hamster ovary，CHO)细胞中表达？

2) 所获得稳定转染细胞株是否高表达 α-防御素？

3) 表达的防御素是否具有生物学活性？

(3) 根据实验结果总结出实验研究报告或科研论文。

（徐军发）

六、新型肿瘤标志物的检测及其临床意义分析

【研究背景】

根据世界卫生组织的报道，肿瘤的发病率在逐年上升，并有年轻化的趋势，早期发现、早期诊断、早期治疗仍然是治疗肿瘤最有效的措施。为了提高对肿瘤的早期检测、鉴别诊断、疗效观察以及预后判断，许多学者从肿瘤细胞的化学特性、细胞病理、免疫反应和基因表达产物等诸多方面入手，寻找各种特异性强、灵敏度高的肿瘤分子标志。肿瘤标志物是细胞癌变过程中所产生的、正常细胞缺乏或含量极微的物质，检测该类物质的存在或量的变化可以提示肿瘤的性质，借以了解肿瘤的组织发生、细胞分化、细胞功能，以帮助肿瘤的诊断、预后判断以及治疗指导。肿瘤标志物常常是无症状者能早期发现肿瘤的重要线索，

其检测对肿瘤的早期诊断与治疗有极其重要的意义，有助于其早期治疗。

【设计提示】

(1) 检测什么肿瘤标志物用于何种肿瘤的诊断。

(2) 选择用何种技术检测目的肿瘤标志物。

(3) 与目前临床应用的某种肿瘤标志物相比有何优缺点。

【实验目的和要求】

(1) 通过文献调研，做出正确的实验设计，写出详细的计划任务书。

(2) 通过实验解决以下问题：检测的肿瘤标志物用于何种肿瘤的鉴别诊断、预后判断、疗效监测、肿瘤复发的指标，或其中某一方面的应用。

(3) 根据实验结果总结出研究工作报告或科研论文。

七、几种免疫学方法检测病毒感染标志物的比较

【研究背景】

病毒感染机体，机体产生特异性免疫应答，在感染者血清中可检测到病毒的相关抗原成分或其特异的抗体，特异性抗体或抗原的检测有助于疾病的诊断。明确病原学的诊断，有助于指导临床用药，提高疗效。对其抗原或抗体可用多种方法进行检测，不同的方法具有不同的灵敏度和特异性。不当的方法可能会出现假阳性或假阴性，造成误诊或漏诊。病毒感染标志物的检测也用于流行病学调查，检测的标本量往往较大，不仅要求检测方法敏感、特异，还要求方法简便、经济、易行。

【设计提示】

(1) 检测何种病毒感染标志物。

(2) 对哪几种方法进行比较。

(3) 根据实验结果总结出研究工作报告或科研论文。

【实验目的和要求】

(1) 通过文献调研，做出正确的实验设计，写出详细的计划任务书。

(2) 通过实验解决以下问题：比较检测某一指标的若干种方法，获取不同检测方法的敏感性和特异性。

(3) 根据实验结果总结出研究工作报告或科研论文。

八、某地区健康人群甲型 H1N1 流感病毒血清抗体调查

【研究背景】

甲型 H1N1 流感为急性呼吸道传染病，其病原体是一种新型的甲型 H1N1 流感病毒。人群对甲型 H1N1 流感病毒普遍易感，并可以人传染人，人感染甲流后的早期症状与普通流感相似。甲型 H1N1 流感最初发现于 2009 年 3 月，在墨西哥暴发了“人感染猪流感”疫情，并迅速在全球范围内蔓延。世界卫生组织(WHO)初始将此型流感称为“人感染猪流感”，后将其更名为“甲型 H1N1 流感”。据世界卫生组织 2009 年 12 月 30 日公布的最新疫情通报，截至 2009 年 12 月 27 日，甲型 H1N1 流感在全球已造成至少 12220 人死亡，据中国

卫生部通报，截至 2010 年 1 月 10 日，中国内地已有 124 764 例甲型 H1N1 流感确诊病例，其中 744 例死亡，而隐性感染人数则难于统计。随着甲型 H1N1 流感疫苗的上市，国内也有一定数量人群接种了甲型 H1N1 流感疫苗，加上自然感染，较多人已产生免疫力，但全人群的整体免疫保护水平仍较低，具体感染水平尚不清楚，通过血清学检查获取相关资料，为进一步的甲型 H1N1 流感防控提供科学依据。

【设计提示】

(1) 用什么方法检测甲型 H1N1 流感抗体。

(2) 收集哪些人群的血清样本进行检测（注意不同区域、不同年龄组、是否接种疫苗等）。

【实验目的和要求】

(1) 了解某地区健康人群甲型 H1N1 流感病毒的隐性感染情况。

(2) 分析某地区人群对甲型 H1N1 流感病毒是否具有免疫力，并探索该病毒对人类的潜在危险性。

(3) 根据实验结果总结出研究工作报告或科研论文。

（陈章权）

参 考 文 献

巴德年，何维主编．1998．当代免疫学技术与应用．北京：北京医科大学、中国协和医科大学联合出版社
陈主初，吴端生主编．2001．实验动物学．长沙：湖南科学技术出版社
丛玉隆主编．2002．免疫学检验技术与临床．天津：天津科学技术出版社
贾永蕊主编．2009．流式细胞术．北京：化学工业出版社
刘海主编．2007．医学科研方法与论文写作．北京：科学普及出版社
刘辉主编．2008．临床免疫学与检验实验指导．北京：人民卫生出版社
吕世静主编．2008．临床免疫学检验实验指导．北京：中国医药科技出版社
沈关心主编．2002．现代免疫学实验技术．武汉：湖北科学技术出版社
陶义训主编．2002．免疫学和免疫学检验．北京：人民卫生出版社
王兰兰，吴建民主编．2008．临床免疫学与检验．北京：人民卫生出版社
武建国主编．2009．怎样写好医学检验论文．临床检验杂志，27(1)：3-5
叶应妩，王毓三，申子瑜主编．2006．全国临床检验操作规程．南京：东南大学出版社
曾照芳主编．2007．临床检验仪器．北京：人民卫生出版社
张文学主编．2007．免疫学实验技术．北京：科学出版社
朱道银，吴玉章主编．2008．免疫学实验．北京：科学出版社

附　录

一、临床免疫学检验常用试剂的配制

（一）酸碱溶液的配制

名称	分子量	密度（20℃）(g/ml)	浓度 %（重量）	浓度 mol/L	配制 1mol/L 溶液的加入量（ml/L）
冰乙酸	60.05	1.05	99.5	17.4	57.5
乙酸	60.05	1.045	36	6.27	159.5
甲酸	46.03	1.22	90	23.6	42.4
		(1.20)	(90)	(23.4)	(42.7)
			98	25.9	38.5
盐酸	36.46	1.18	36	11.6	85.9
硝酸	63.02	1.42	71	15.99	62.5
		1.40	67	14.9	67.1
		1.37	61	13.3	75.2
磷酸	98.00	1.7	85	14.7	67.8
硫酸	98.07	1.84	96	18.3	54.5
高氯酸（$HClO_4$）	100.46	1.67	70	11.65	85.8
		1.54	60	9.2	108.7
丁酸	88.09	0.96	95	10.3	96.6
乳酸	90.08	1.20	85	11.3	88.3
氢碘酸	127.91	1.70	57	7.6	132.0
氢溴酸	80.91	1.50	48	8.9	112.4
氢氟酸	20.01	1.17	55	32.1	31.1
氢氧化铵	17.03	0.91	25	13.3	75.1
		0.898	28	14.8	67.6
		0.88	35	18.1	55.2

（二）缓冲液的配制

1. 标准缓冲液的配制(用于校正 pH 计的标准缓冲液)

	酒石酸盐	邻苯二甲酸盐	中性磷酸盐	硼酸盐
缓冲物	$KHC_4H_4O_6$	$KHC_8H_4O_4$	KH_2PO_4(a) Na_2HPO_4(b)	$Na_2B_4O_7 \cdot 10H_2O$
g/mL 溶液(25℃)	25℃饱和	10.12	a：3.39 b：3.53	3.80
mol/L	0.034	0.04958	0.02490*	0.009971
密度(g/ml)	1.0036	1.0017	1.0028	0.9996
pH(25℃)	3.557	4.008	6.865	9.180
稀释值(ΔpH1/2)	+0.049	+0.052	+0.080	+0.01
缓冲容量(β)	0.027	0.016	0.029	0.020
温度系数(Δ*t*℃)	−0.0014	+0.0012	−0.0028	−0.0082

*：a、b 均为此浓度。

2. 0.05mol/L 甘氨酸-HCl 缓冲液的配制

(取 0.2mol/L 甘氨酸 50ml，按下表加入 0.2mol/L HCl，再加水至 200ml)

pH	HCl(ml)	pH	HCl(ml)	pH	HCl(ml)
2.2	44.0	2.8	16.8	3.4	6.4
2.4	32.4	3.0	11.4	3.6	5.0
2.6	24.2	3.2	8.2		

注：甘氨酸分子量为 75.07；0.2 mol/L 溶液含 15.01 g/L。

3. 0.2mol/L 乙酸缓冲液的配制

pH(18℃)	0.2mol/L NaAc(ml)	0.2mol/L HAc(ml)	pH(18℃)	0.2mol/L NaAc(ml)	0.2mol/L HAc(ml)
3.6	7.5	92.5	4.8	59.0	41.0
3.8	12.0	88.0	5.0	70.0	30.0
4.0	18.0	82.0	5.2	79.0	21.0
4.2	26.5	73.5	5.4	86.0	14.0
4.4	37.0	63.0	5.6	91.0	9.0
4.6	49.0	51.0	5.8	94.0	6.0

注：$NaAc \cdot 3H_2O$ 分子量为 136.09；0.2 mol/L 溶液含 27.22 g/L。

4. Na_2HPO_4-柠檬酸缓冲液的配制

pH	0.2mol/L Na_2HPO_4(ml)	0.1mol/L 柠檬酸(ml)	pH	0.2mol/L Na_2HPO_4(ml)	0.1mol/L 柠檬酸(ml)
2.2	4.0	196.0	5.2	107.2	92.8
2.4	12.4	187.6	5.4	111.5	88.5
2.6	21.8	178.2	5.6	116.0	84.0
2.8	31.7	168.3	5.8	120.9	79.1
3.0	41.1	158.9	6.0	126.3	73.7
3.2	49.4	150.6	6.2	132.2	67.8
3.4	57.0	143.0	6.4	138.5	61.5
3.6	64.4	135.6	6.6	145.5	54.5
3.8	71.0	129.0	6.8	154.5	45.5
4.0	77.1	122.9	7.0	164.7	35.3
4.2	82.8	117.2	7.2	173.9	26.1
4.4	88.2	111.8	7.4	181.7	18.3
4.6	93.5	106.5	7.6	187.3	12.7
4.8	98.6	101.4	7.8	191.5	8.5
5.0	103.0	97.0	8.0	194.5	5.5

注：$Na_2HPO_4 \cdot 2H_2O$ 分子量为 178.05，0.2mol/L 溶液含 35.61g/L；
柠檬酸 · H_2O 分子量为 210.14；0.1mol/L 溶液含 21.01g/L。

5. 1/15mol/L 磷酸缓冲液配制

pH	1/15mol/L Na_2HPO_4(ml)	1/15mol/L KH_2PO_4(ml)	pH	1/15mol/L Na_2HPO_4(ml)	1/15mol/L KH_2PO_4(ml)
5.2	1.8	98.2	6.9	55.2	44.8
5.3	2.6	97.4	7.0	61.1	38.9
5.4	3.6	96.4	7.1	66.6	33.4
5.5	4.2	95.8	7.2	72.0	28.0
5.6	5.2	94.8	7.3	76.8	23.2
5.7	6.7	93.3	7.4	80.8	19.2
5.8	8.4	91.6	7.5	84.1	15.9
5.9	10.0	90.0	7.6	87.0	13.0
6.0	12.3	87.7	7.7	89.4	10.6
6.1	16.0	84.0	7.8	91.5	8.5
6.2	19.1	80.9	7.9	93.1	6.9
6.3	22.6	77.4	8.0	94.4	5.6
6.4	27.0	73.0	8.1	95.7	4.3
6.5	31.8	68.2	8.2	96.8	3.2
6.6	37.0	63.0	8.3	97.5	2.5
6.7	43.4	56.6	8.4	98.0	2.0
6.8	49.2	50.8			

6. 0.1mol/L 磷酸缓冲液的配制

pH	0.1mol/L NaH_2PO_4(ml)	0.1mol/L Na_2HPO_4(ml)	pH	0.1mol/L NaH_2PO_4(ml)	0.1mol/L Na_2HPO_4(ml)
5.7	93.5	6.5	6.9	45.0	55.0
5.8	92.0	8.0	7.0	39.0	61.0
5.9	90.0	10.0	7.1	33.0	67.0
6.0	87.7	12.3	7.2	28.0	72.0
6.1	85.0	15.0	7.3	23.0	77.0
6.2	81.5	18.5	7.4	19.0	81.0
6.3	77.5	22.5	7.5	16.0	84.0
6.4	73.5	26.5	7.6	13.0	87.0
6.5	68.5	31.5	7.7	10.5	89.5
6.6	62.5	37.5	7.8	8.5	91.5
6.7	56.5	43.5	7.9	7.0	93.0
6.8	51.0	49.0	8.0	5.3	94.7

7. 0.05mol/L Tris-HCl 缓冲液的配制

(取 0.1 mol/L Tris 50 ml,按下表加入 0.1mol/L HCl,再加水至 100ml)

pH			HCl(ml)	pH			HCl(ml)
4℃	25℃	37℃		4℃	25℃	37℃	
	7.1		45.7	8.7	8.1	7.8	26.2
	7.2		44.7	8.8	8.2	7.9	22.9
	7.3		43.4	8.9	8.3	8.0	19.9
	7.4		42.0	9.0	8.4	8.1	17.2
8.1	7.5	7.2	40.3	9.1	8.5	8.2	14.7
8.2	7.6	7.3	38.5	9.2	8.6	8.3	12.4
8.3	7.7	7.4	36.6	9.3	8.7	8.4	10.3
8.4	7.8	7.5	34.5	9.4	8.8	8.5	8.5
8.5	7.9	7.6	32.0		8.9		7.0
8.6	8.0	7.7	29.2				

注:Tris 分子量为 121.14;0.1mol/L 溶液含 12.11 g/L。

8. 0.1mol/L 巴比妥钠-HCl 缓冲液的配制

pH	0.1mol/L 巴比妥钠(ml)	0.1mol/L HCl(ml)	pH	0.1mol/L 巴比妥钠(ml)	0.1mol/L HCl(ml)
6.8	52.2	47.8	8.4	82.3	17.7
7.0	53.6	46.4	8.6	87.1	12.9
7.2	55.4	44.6	8.8	90.8	9.2
7.4	58.1	41.9	9.0	93.6	6.4
7.6	61.5	38.5	9.2	95.2	4.8
7.8	66.2	33.8	9.4	97.4	2.6
8.0	71.6	28.4	9.6	98.5	1.5
8.2	76.9	23.1			

注：巴比妥钠分子量为 206.2，0.1mol/L 溶液含 20.62g/L。

9. 0.2mol/L 硼酸-硼砂缓冲液的配制

pH	0.05mol/L 硼砂(ml)	0.2mol/L 硼酸(ml)	pH	0.05mol/L 硼砂(ml)	0.2mol/L 硼酸(ml)
7.4	10	90	8.2	35	65
7.6	15	85	8.4	45	55
7.8	20	80	8.7	60	40
8.0	30	70	9.0	80	20

注：硼砂 $Na_2B_4O_7 \cdot 10H_2O$ 分子量为 381.43，0.05mol/L 溶液(＝0.2mol/L 硼砂)含 19.07g/L；
硼酸分子量为 61.84，0.2mol/L 溶液含 12.37g/L。

10. 0.1mol/L 碳酸盐缓冲液的配制

（Ca^{2+}、Mg^{2+} 存在时不提使用）

pH		0.1mol/L	0.1mol/L	pH		0.1mol/L	0.1mol/L
20℃	37℃	Na_2CO_3(ml)	$NaHCO_3$(ml)	20℃	37℃	Na_2CO_3(ml)	$NaHCO_3$(ml)
9.16	8.77	10	90	10.14	9.90	60	40
9.40	9.12	20	80	10.28	10.08	70	30
9.51	9.40	30	70	10.53	10.28	80	20
9.78	9.50	40	60	10.83	10.57	90	10
9.90	9.72	50	50				

注：$Na_2CO_3 \cdot 10H_2O$ 分子量为 286.2，0.1 mol/L 溶液含 28.62 g/L；
$NaHCO_3$ 分子量为 84.0，0.1 mol/L 溶液含 8.40 g/L。

（三）其他试剂溶液的配制

1. 阿氏(Alsever)血液保存液

葡萄糖	2.05g
柠檬酸钠 · $5H_2O$	0.80g

柠檬酸 · H_2O	0.55g
NaCl	0.42g

加蒸馏水至 100ml,溶解后过滤,分装,115℃灭菌 10 分钟,4℃保存。血液与阿氏液混合比例为 1∶1～1∶2 。

2. Hank 液

A 液:NaCl	80g
KCl	4g
$CaCl_2$	1.4g
$MgSO_4 \cdot 7H_2O$	2g
双蒸水	约 450ml
B 液:$Na_2HPO_4 \cdot 12H_2O$	1.52g
KH_2PO_4	0.6g
葡萄糖	10g
双蒸水	约 450ml
C 液:1%酚红溶液	16ml

将 B 液缓慢加入 A 液中,边加边搅匀。然后加入 C 液,补足双蒸水至 1000ml。此为 10 倍浓缩的 Hank 母液。加入氯仿 2ml 防腐,置 4℃备用。

应用液的制备:母液 1 份加双蒸水 9 份,混匀,分装,115℃灭菌 10 分钟。置室温或 4℃保存。临用前用 $NaHCO_3$ 调 pH 至 7.2～7.4。

注意所用试剂要纯;试剂要按配方顺序逐个溶解后再依次加入,以免起化学反应产生沉淀;高压灭菌不要超过 115℃。

3. 无 Ca^{2+}、Mg^{2+} Hank 液

NaCl	8g
KCl	0.4g
$Na_2HPO_4 \cdot 12H_2O$	0.152g
KH_2PO_4	0.06g
$NaHCO_3$	0.175g
葡萄糖	1g

加蒸馏水 1000ml。溶解后 115℃灭菌 10 分钟,置室温或 4℃保存备用。

4. 1%酚红 取 1g 酚红置于乳钵中,加入少量 1mol/L NaOH 研磨,将溶解溶液移至 100ml 量瓶中。分批加入 1mol/L NaOH 研磨,直至酚红溶解,所得染液都移入量瓶中,NaOH 的用量不能超过 7ml。加双蒸水至 100ml,过滤,置室温或 4℃保存。

5. 碳酸氢钠液 调 pH 常用浓度有 7.5%、5.6%、3.7%三种。用双蒸水(或去离子水)配制,无菌过滤除菌,小量分装。或 110℃灭菌 10 分钟,分装,置 4℃保存。

6. 肝素抗凝剂 取肝素用 Hank 液(或其他溶剂)稀释至终浓度为 250U/ml,112℃灭菌 15 分钟(或 115℃ 10 分钟)后分装,－20℃保存。用时按每毫升血液加 0.1～0.2ml 肝素抗凝。或按实验要求浓度配制、使用。

7. 姬姆萨(Giemsa)染液

姬姆萨染料	0.8g
甘油	50ml

甲醇	50ml

将 0.8g 染料加到 50ml 甘油中，混匀，置 60℃ 2 小时，不时搅拌。取出凉至与室温相同时加入甲醇 50 ml，用磁力搅拌过夜。用滤纸过滤，滤液即为原液。应用时用 PBS (1/15mol/L，pH 6.4～6.8)或蒸馏水稀释 10 倍。

8. 瑞氏(Wright)染液

瑞氏染料	1.8g
纯甲醇	600ml

将 1.8g 染料置于乳体中，加入少量纯甲醇研磨，将溶解的染液移至洁净的棕色玻璃瓶中。分批加入甲醇研磨，直到染料全部溶解。配制的染液置室温 1 周后即可使用。新鲜配制的染液偏碱，放置后可显酸性。染液储存越久，染色越好。要密封保存，以免吸收水分影响染色效果。也可加入 30ml 中性甘油，染色效果更好。

9. 瑞氏-姬姆萨染液　取瑞氏染液 5ml，姬姆萨原液 1ml，加蒸馏水或 PBS(pH 6.40～6.98)6ml。如沉淀生成须重新配制。或按以下方法配制：

瑞氏染料	0.3g
姬姆萨染料	0.03g
甲醇	100ml

配制方法同瑞氏染液。

10. 0.5%台盼蓝(trypan blue)

台盼蓝	1.0g
双蒸水	100ml

将台盼蓝加入双蒸水中充分溶解(配制方法同瑞氏染液)，过滤去沉淀，置 4℃或室温保存。临用时用 18g/L NaCl 盐水 1∶1 稀释后即可应用。

11. 0.2%伊红 Y(eosin Y)

伊红 Y	0.4g
双蒸水	100ml

配制方法及使用同 0.5%台盼蓝。

12. 0.1%中性红(neutral red)

中性红	1g
双蒸水	100ml

配制方法同 0.5%台盼蓝。临用前用 Hank 液稀释 10 倍即可用于染色。

13. PRMI-1640 培养液

(1) RPMI 1640	20.8g
三蒸水	1800ml
(2) 1mol/L HEPES 缓冲液	
HEPES	11.915g
三蒸水	50ml

注：HEPES，N-2-hydroxyethylpiperagine-N′-2-ethanesulforic acid 为 N-2-羟乙基哌嗪-N′-2-乙磺酸，分子量 238.2。

(3) 将(1)和(2)分别溶解后混合在一起，补充三蒸水至 1920ml。混合后用 0.22㎜ 或更小孔经的微孔滤膜过滤除菌。分装 100ml/瓶，4℃保存。

14. 200 mmol/L L-谷氨酰胺溶液

L-谷氨酰胺	2.922g
三蒸水	100ml

溶解后过滤除菌，分装 10ml/瓶，-20℃保存。

15. 抗生素配制(1 万单位/ml)

青霉素	100 万 U
链霉素	100 万 mg
无菌三蒸水	100ml

溶解后无菌操作分装 1ml/瓶，-20℃保存。

16. 两性霉素 B 配制(25 mg/ml)

两性霉素 B	2.5mg
三蒸水	100ml

过滤除菌，分装 1ml/瓶，-20℃保存。

17. RPMI 1640 完全培养基

RPMI 1640 培养液	100ml
L-谷氨酰胺(200 mmol/L)	1ml
抗生素(青、链霉素)	1ml
两性霉素 B(25 mg/L)	1ml
7.5% $NaHCO_3$	2.8ml
灭活小牛血清	15ml

混匀后即可使用。

18. 无血清 RPMI 1640 培养液

RPMI 1640 培养液	100ml
L-谷氨酰胺(200 mmol/L)	1ml
抗生素(青、链霉素)	1ml
7.5% $NaHCO_3$	2.8ml

混匀后即可使用。

19. TC 199 培养液

TC 199 培养基	9.9g
三蒸水	1000ml

加温溶解，加入 $NaHCO_3$ 1.0g，使 pH 调至 7.2，过滤除菌，分装，4℃保存。

20. Eagle MEM(minium essential medium)**培养液**

(1) 将 MEM(标准包装)干粉倒入 500ml 三蒸水(温度为 18～20℃)中，用另外 500ml 三蒸水冲洗 EME 包装内剩余的粉末。将二者合并，搅拌至完全溶解呈透明状。

(2) 每升 MEM 加入 2.2g $NaHCO_3$(或 7.5% $NaHCO_3$ 溶液 29.3ml)。同时，也可加入其他补充物如抗生素、HEPES 等。

(3) 用 1mol/L NaOH 或 1mol/L HCl 调 pH，pH 可比需要值高出 0.1。

(4) 过滤除菌，分装，置 4℃保存。

21. pH7.4 巴比妥缓冲液(BBS)

NaCl	85g

巴比妥	5.75g
巴比妥钠	3.75g
$MgCl_2$	1.017g
$CaCl_2$	0.166g

逐一加入热蒸馏水中溶解,冷却后加蒸馏水至 2000ml,制成储存液,4℃保存。应用时,取 1 份储存液加 4 份蒸馏水稀释配制成应用液,当日使用。

22. 葡聚糖-泛影葡胺分层液(相对密度 1.077±0.001)

(1) 用双蒸水将 400g/L 葡聚糖(ficoll,分子量 40 万)溶液或干粉配成 60g/L 溶液,其相对密度为 1.020。

(2) 用生理盐水将 600g/L 或 750g/L 泛影葡胺(hypaque)配成 340g/L 溶液,其相对密度为 1.200。

(3) 取 2 份 60g/L 葡聚糖与 1 份 340g/L 泛影葡胺混合,pH 应为 7.2~7.4;一般偏酸,可用 $NaHCO_3$ 调节。

(4) 用波美比重计测相对密度应为 1.077±0.001,如超出 1.078,用 60g/L 葡聚糖溶液调节,如低于 1.076,用 340g/L 泛影葡胺溶液调节。

(5) 过滤除菌,或 112℃灭菌 15 分钟。置 4℃保存备用,一般可保存 3 个月。

(四) 重铬酸钾洗液的配制

重铬酸钾与硫酸组成的洗液氧化力强,是实验室最常用的强氧化洗液。洗液的配方较多,可自行选择。配合比例中硫酸含量高的洗涤效果好。

重铬酸钾(g)	蒸馏水(ml)	浓硫酸(ml)	氧化去污能力
63	50	1000	高强度
60	300	460	中强度
80	1000	100	低强度

重铬酸钾与浓硫酸均用工业用品。将重铬酸钾放于热水中溶化,完全溶解后边搅拌边缓慢加入硫酸,容器应用耐酸的塑料、玻璃或陶器制品。配制好的洗液呈深橙红色,经长期使用后若变绿,表明已失效。由于洗液有腐蚀性,操作时要特别注意防护。

二、创新性实验设计申请书范例

××医学院检验学院

大学生创新性实验申请书

项目名称：可溶性 CD83 ELISA 夹心法的建立及其在系统性红斑狼疮诊断中的初步应用

申 请 者：×××

指导老师：×××

所在班级：××级×班

申请日期：2009 年 9 月 6 日

××医学院临床免疫学教研室

二零零八年九月制

（一）项目负责人及主要研究人员情况

项目名称	可溶性 CD83 ELISA 夹心法的建立及其在系统性红斑狼疮诊断中的初步应用			
申请人信息	姓名	性别	分工	签名
项目负责人	×××	女	建立 ELISA 方法	
其他项目成员	×××	男	检测样本	
	×××	女	标记抗体	
	×××	女	制备抗体	
	×××	男	收集标本	
指导教师	姓名	×××	职称/职务	教授
	性别	年龄	所教研室	临床免疫学教研室
	电话、手机		E-mail	
研究起止时间	2008 年 10 月至 2009 年 7 月			

（二）研究内容摘要

系统性红斑狼疮(SLE)是一种不明原因的慢性自身免疫性疾病。目前临床缺乏特异、方便的早期诊断指标。CD83 是成熟 DC 的表面标志，研究发现可溶性 CD83(sCD83)可抑制 DC 的成熟和共刺激活性、抑制 T 细胞的活性，并发现血液系统恶性肿瘤病人、某些病毒感染病人外周血和类风湿性关节炎病人关节滑液 sCD83 水平升高，提示 sCD83 在免疫相关性疾病的发病中起重要作用。本项目拟建立检测人 sCD83 的 ELISA 方法，检测 SLE 病人外周血 sCD83 水平，探讨 sCD83 在 SLE 的诊断及疗效评估中的意义。

关键词：系统性红斑狼疮；C83；ELISA

（三）项目研究背景和立项依据

1. 项目研究意义　系统性红斑狼疮(systemic lupus erythematosus，SLE)是一种不明原因的慢性自身免疫性疾病。该病累及全身多系统、多器官，引起各种临床表现。目前临床实验室诊断 SLE 主要指标有抗核抗体(antinuclear antibodies，ANA)、抗双链 DNA(double stranded DNA，dsDNA)抗体、抗 Sm 抗体、狼疮带实验(lupus band test，LBT)等项目[1]。ANA 是一种非特异性自身抗体，抗 dsDNA 抗体、抗 Sm 抗体虽然对 SLE 有较高的特异性，但敏感性较低，部分 SLE 病人在缓解期抗 dsDNA 抗体呈阴性；狼疮带实验虽特异性高，但要从病人正常皮肤处取材，病人一般难以接受，结果受取材部位、制片等因素的影响较大。寻找新型检测指标对 SLE 的早期诊断具有重要意义。

2. 国内外研究进展　CD83 属于免疫球蛋白超家族(IgSF)成员，人类 CD83 由胞膜外区、跨膜区和膜浆区组成，胞外区含一个 Ig 样功能区。小鼠 CD83 和人的 CD83 具有 63% 的同源性，由此表明 CD83 分子的保守性。CD83 主要表达于 DC 表面，其表达受多种炎性细胞因子的诱导，跨膜型 CD83 一直作为成熟 DC 的重要标志[2]。CD83 不仅表达在成熟 DC 上，还在生发中心 B 细胞、活化的 B 细胞和 T 细胞上呈低水平表达。CD83 也存在可溶性的形式，可溶性 CD83(sCD83)可以由活化的 DC 和 B 细胞释放，在正常人血清中可以检测到[3]，研究发现 sCD83 可抑制 DC 的成熟和共刺激活性，并对 T 细胞的活化起抑制作用[4~7]，提示 sCD83 是一种负向免疫调节分子。近年来的研究发现，血液系统恶性肿瘤病人、某些病毒感染病人外周血 sCD83 水平升高[8,9]，对这些疾病的辅助诊断及预后具有重要指导意义。有关 sCD83 与自身免疫性疾病的关系亦有报道，研究发现所有类风湿关节炎病人的滑膜液中均有 sCD83 的高表达，但外周血中 sCD83 水平却与正常人无异[10]，提示 sCD83 可能与类风湿关节炎病人关节腔中的免疫调节有关。免疫调节功能紊乱是 SLE 的重要表现，DC 在 SLE 发病中起十分重要的作用，研究发现 SLE 病人外周血浆细胞样 DC(pDC) 数量增加，但髓样 DC(mDC) 数量降低，而且发现 SLE 病人外周血 DC 细胞表面 CD83 的表达下降，尤其是活动期 SLE 病人 mDC 表面 CD83 的表达下降更为明显[11]，提示 CD83 的表达与 SLE 的发病存在内在的联系，但目前有关 sCD83 与 SLE 关系未见报道。

3. 本项目研究内容 本项目拟在已经制备抗人 CD83 单抗的基础上，建立和优化适合临床快速检测 sCD83 的 ELISA 方法，收集 SLE 病人的血清样本，并进行检测，探讨 sCD83 在 SLE 辅助诊断和疗效观察中的意义。本项目将为 SLE 的诊断和治疗提供新的靶点，同时也将为 SLE 发病机制的探讨提供新的思路。

4. 参考文献

1. 邹自英，李素华，陈莉 . 13 种自身抗体检测对 SLE 的诊断价值及临床意义 . 细胞与分子免疫学杂志，2007，23(5)：443-446
2. Zhou LJ, Schwarting R, Smith HM, et al. A novel cell-surface molecule expressed by human interdigitating reticulum cells, Langerhans cells, and activated lymphocytes is a new member of the Ig superfamily. J Immunol. 1992, 149(2): 735-742
3. Hock BD, Kato M, McKenzie JL, et al. A soluble form of CD83 is released from activated dendritic cells and B lymphocytes, and is detectable in normal human sera. Int Immunol. 2001, 13(7) :959-967
4. Fujimoto Y, Tedder TF. CD83: a regulatory molecule of the immune system with great potential for therapeutic application. J Med Dent Sci. 2006, 53(2): 85-91
5. 徐军发，黄保军，熊平，等 . 小鼠可溶性 CD83 对树突状细胞表达共刺激分子和共刺激活性的影响 . 中国免疫学杂志，2006，22(09)：792-796
6. 徐军发，胡国艳，郑淑华，等 . 可溶性小鼠 CD83-Ig 对同种胰岛 β 细胞在糖尿病模型小鼠体内存活的影响 . J. 广东医学，2009，30(03)：351-354
7. Xu JF. Huang BJ. Yin H. A limited course of soluble CD83 delays acute cellular rejection of MHC－mismatched mouse skin allografts. J Transplant Int, 2007,20:266-276
8. Hock BD, Fernyhough LJ, Gough SM, et al. Release and clinical significance of soluble CD83 in chronic lymphocytic leukemia. Leuk Res. 2009, 33(8): 1089-1095. 19195701
9. Hock BD, Haring LF, Steinkasserer A, et al. The soluble form of CD83 is present at elevated levels in a number of hematological malignancies. Leuk Res. 2004, 28(3): 237-241
10. Hock BD, O'Donnell JL, Taylor K, et al. Levels of the soluble forms of CD80, CD86, and CD83 are elevated in the synovial fluid of rheumatoid arthritis patients. Tissue Antigens. 2006, 67(1): 57-60
11. Jin O, Kavikondala S, Sun L, et al. Systemic lupus erythematosus patients have increased number of circulating plasmacytoid dendritic cells, but decreased myeloid dendritic cells with deficient CD83 expression. Lupus. 2008, 17(7): 654-662

（四）研究目标和研究内容

1. 研究目标

（1）建立检测人 sCD83 的 ELISA 方法；

（2）检测 SLE 病人外周血 sCD83 的水平，阐明 sCD83 与 SLE 病情及疗效的关系；

（3）阐明 sCD83 与各种自身抗体水平的相关性，探讨 sCD83 作为 SLE 辅助诊断指标的可行性。

2. 研究内容

（1）建立检测人 sCD83 ELISA 方法并做条件优化；

（2）收集系统性红斑狼疮病人血清样本（拟收集 XX 例），采用 ELISA 法检测病人血清 sCD83 的水平；

（3）检测 SLE 病病人各种自身抗体；

（4）分析 sCD83 水平与各种自身抗体水平的相关性，分析 sCD83 水平与 SLE 临床分期、治疗效果的相关性。

（五）研究方案与技术路线

1. 抗人 CD83 单抗的标记　采用体内诱生法批量生产单克隆抗体，即将产生抗人 CD83 的杂交瘤细胞配制成悬液注入小鼠腹腔，收集腹水即获得高浓度的单克隆抗体。经纯化、鉴定后的单克隆抗体采用过碘酸钠法进行辣根过氧化物酶（HRP）标记，标记完成后，对酶标记物进行纯化、鉴定。

2. 重组人 CD83 蛋白的制备　将表达人 CD83 重组蛋白的原核表达载体（pET28-hCD83，由指导老师提供）转化大肠埃希菌 BL21（DE3），采用 IPTG 诱导表达，制备和鉴定重组 CD83 蛋白。重组人 CD83 作为参考标准品。

3. 检测人 sCD83 ELISA 方法的建立及条件优化　采用抗人 CD83 单抗作为包被抗体，采用与包被抗体结合不同抗原表位的 HRP 标记的单抗作为检测抗体，TMB 作为底物，建立 ELISA 夹心直接法检测人 sCD83。

选择重组人 CD83 作为标准品，对其纯度采用 SDS-PAGE 法进行鉴定，采用 BCA 法检测蛋白含量，并以蛋白质的含量绘制标准曲线，计算样品中 sCD83 的浓度；对抗体的特异性、亲和力进行鉴定；采用棋盘滴定法对包被抗体、检测抗体的浓度进行优化；对抗体的包被条件、酶标板进行选择；添加重组 CD83 进行回收实验；对方法的精密度采用批间误差、批内误差分析。

4. 样品检测和结果分析　收集系统性红斑狼疮病人治疗前和治疗后的血清样本，并收集相应年龄阶段正常人血清，于－70℃保存，采用上述建立的 ELISA 方法检测，同时检测各种自身抗体。

（六）可行性分析

（1）课题指导老师对 sCD83 的生物学作用有较深入的研究，已经拥有本项目的研究材料和单克隆抗体；

（2）我校附属医院可提供足够的临床观察对象；

（3）课题组所在实验室拥有完成本项目的仪器设备。

（七）进度安排与预期结果

2008.9～2008.10	课题设计、收集临床标本
2008.10～2008.12	实验准备、收集临床标本
2009.1～2009.4	建立检测人 sCD83 ELISA 方法并做条件优化、收集临床标本
2009.5～2009.6	检测标本
2009.7	总结、分析实验结果

（八）经 费 预 算

科研业务费：	1000 元
实验材料（分子生物学试剂、ELISA 方法所需材料等）：	3500 元
科研协作助费：	500 元

（九）指导教师推荐意见

（十）主管部门审批意见

（徐军发）